무릎을 **탁**치는
심리학 이야기

마하스님과 함께 듣는 - 유쾌한 108문답
무릎을 탁치는 심리학 이야기

2010년 11월 2일 초판 1쇄 인쇄
2010년 11월 9일 초판 1쇄 발행

저자   이남석
펴낸이   김인현
펴낸곳   도서출판 종이거울
영업국장   법월 김희중

디자인   선연
인쇄   금강인쇄(주)
등록   2002년 9월 23일(제19-61호)
주소   경기도 안성시 죽산면 용설리 1178-1
전화   031-676-8700
서울사무소 서울시 송파구 잠실동 312-23 201호
전화   02-419-8704
팩스   02-336-8701
E-mail   dopiansa@kornet.net
홈페이지   www.dopiansa.com

ⓒ 2010, 이남석

ISBN 978-89-90562-33-3   03100

- 책값은 뒤표지에 있습니다.
- 잘못된 책은 바꿔드립니다.
- 이 책의 내용 전부 또는 일부를 다른 곳에 사용하려면 반드시 저작권자와 종이거울 양측의 서면 동의를 받아야 합니다.

- 이 책은 2010. 7. 23. 발행한 『스님과 함께 듣는 심리학(유쾌한 108문답)』을 일부내용을 수정하고, 제목을 변경하여 발행하였습니다.

무릎을 탁 치는 심리학 이야기

글·이남석

종이거울

융복합의 물결이 세상을 바꾸고 있다

이정모 (성균관대학교 심리학과 명예교수)

자신의 분야에서 좀 더 올바른 통찰을 얻기 위해 노력하다 보면 해당분야만을 보는 것이 아니라, 다른 분야까지 넘나들며 공부해야 하는 순간이 있다. 그런데 이제 그것은 선택이 아닌 필수인 시대가 되었다. 전문가도 자신의 분야만 고집할 수 없는 융복합의 물결이 세상을 바꾸고 있다. 이런 상황에서는 아무리 지적능력이 뛰어나도 소용이 없다. 열린 마음으로 다양한 지식을 습득하느냐 마느냐에 따라 결과가 달라진다.

스님들은 구도자이지만, 세속적으로 표현을 달리하면 불교와 관련된 전문가이다. 전문가로서 스님들에게는 무엇이 필요할까? 이것을 깊이 고민한 불교계가 마침내 시대의 흐름을 읽는 도서기획을 하게 되었다는 것은 정말 환영할 일이 아닐 수 없다. 불교계에서 불교의 가르침 이외에 세간의 주요 학문적 지식을 전파하려는 것도, 스님들에게 사회와 소통할 수 있는 통로를 확보하도록 돕는 실리적 목적을 이루는 한편 궁극적으로는 불교적 진리에 대한 깨달음을 넓고 깊게 하기 위함이라 생각한다.

심리학은 인간의 마음, 그 자체와 인간의 마음에 영향을 주는 요소들을 탐구하는 학문이다. 그래서 현대의 심리학은 종합학문으로서의 특성이 더욱 강해지고 있다. 그리고 심리학은 여러 학문과 종교, 사회 등에도 긍정적인 영향을 주고 있다. 이런 상황에서 불교계가 심리학에 관심을 갖는 것은 참으로 고무적인 일이 아닐 수 없다. 스님 자신을 살피고, 다른 사람을 살피고, 세상을 살피는 데 심리학이 분명히 도움이 될 것이라 개인적으로 믿고 있다. 비록 이 책이 전공서가 아닌 심리학에 대한 기초적인 이해를 돕는 교양서이지만, 나름의 의의가 큰 것도 이 때문이다.

이 책에 나온 소주제들은 모두 대학의 학부과정에서 심리학 개론 시간에 한 번 쯤은 다루는 내용이다. 책의 마지막 질문에 대한 답과 부록에 소개된 것처럼 심리학과 관련된 분야는 아주 다양하다. 이 책에서 얻은 심리학의 재미를 통해 다른 심리학 관련서를 탐독하여 더 넓은 심리학의 세계로 스님들이 들어오시기를 바란다. 그래서 심리학적 지식을 적극 활용하며 불교도들을 이끌어 심리학의 대중적 저변 확대에 도움이 되기를 꿈꿔본다.

2010년 6월 30일

날렵한 진지함을 찾아

책을 쓰면서 내가 가장 깊게 고려한 것은 어떻게 하면 심리학 지식을 쉽게 전달할 수 있을까 하는 것이었다. 빛나는 진리가 녹아 있는 불교 설화가 겉으로는 아이도 읽을 수 있는 재미난 이야기의 형태를 갖고 있다. 저자로서 나는 이 점에 주목했다. 비록 비유적 설화로 꾸미지는 않았지만, 이 책을 문답식으로 구성한 것은 최대한 이야기 형태로 독자에게 지식을 쉽게 전달하기 위함이었고, 애초의 기획의도였다. 인간은 자신의 생각과 지식을 이야기의 형태로 기억하고 전달한다. 가끔 그림이나 영상의 형태로도 떠올리고 생각하기도 한다. 하지만, 주된 것은 전후좌우 사정이 드러나 있는 이야기이다. 만약 이야기로 만들 수 없다면 곧 잊어버리거나 아예 생각조차 못하게 된다. 아니면 생각했다고 해도 다른 사람에게 전달할 수 없어 가치가 없게 된다.

그래서 일반적인 지식 교양서의 설명 위주의 태도를 버리고, 주인공인 마하스님과 이규민 심리학 박사를 내세웠다. 그리고 그들 사이에서 서로 지식이 오가며 새로운 지평을 얻는 과정을 그대로 내보일 수 있는 대화체를 선택했다. 비록 이야기적 구성을 따르고 있지만, 대화 속에 있는 지식은 허구의 것이 아니다. 모두 국내외 유명 심리학자들이 공감하는 이론과 지평으로 이뤄져 있다.

본 도서에는 심리학과 관련된 54개의 질문이 있다. 이에 대한 주인공 사이의 세부적인 대화를 통해 결국 54개의 질문에 상응하는 답변을 독자가 얻어, 총 108개의 문답이 완성되도록 구성했다. 해당 질문들에 대한 좀 더 자세한 설명이나 심도 있는 공부를 원하는 경우 해당 질문에 나온 핵심어를 바탕으로 심리학 전공도서를 참조하면 될 것이다. 원래 질문과 답변을 구성한 뿌리가 작가의 개인적 생각이 아니라, 전공도서에 나온 이론들이기 때문이다.

나는 학계의 전통적인 권위자라기보다는 대중교양서 작가로서의 자아 정체성을 갖고 있다. 그런 작가에게 이처럼 의미 있는 작업을 열린 마음을 갖고 맡겨주시고 적극적으로 조언을 해주신 송암스님과 편집을 맡아준 문종남 선생, 종이거울 출판사 관계자 분들께 감사함을 표하고 싶다. 또한 나의 지도교수님으로서 열심히 학문의 길로 이끌어 주셨으며, 이 책의 저자로 송암스님께 추천해주신 이정모 선생님께 감사함을 표하고 싶다. 선생님은 심리학을 넘어서서 인지과학,

나아가 전체 지식의 지평에서 항상 자신의 지식과 열정을 살펴보게
해주셨다. 선생님은 구도자처럼 진리를 찾아 공부하는 학자로서의
자세를 직접 모범으로 보여주셨다. 그리고 자신이 알고 있는 것의 한
계를 항상 뛰어넘게 해주는 화두를 주셨다. 따라서 이 책은 선생님이
열정적으로 전해주신 화두에 대한 답 중의 하나이기도 하다.

불교의 가르침은 진리를 제자에게 전달하여 그 빛이 꺼지지 않게
한다는 의미에서 전등傳燈이라고 표현한다. 종교적 진리와 과학적 이
론을 비교할 것은 아니다. 하지만 이 책도 전등과 기본적으로 비슷한
과정을 통해 독자의 손에 전달되게 되었음을 밝히고 싶다. 이 책은
내가 알고 있는 지식을 가지고 새롭게 만든 것이 아니다. 이정모 선
생님을 포함한 국내외 심리학자가 열정을 다해 얻은 지평을 전달하
고자 만든 등燈이다. 나의 머리와 가슴을 환하게 밝혔던 것을 이제는
다른 사람들에게 전하고 싶다. 그리고 내가 심리학을 배우며 그러하
는 것처럼, 독자도 이 책을 통해 자신이 알고 있는 지평을 바꾸는
'작은 깨달음의 계기'를 얻게 되기를 바란다.

2010년 여름에

초은당招隱堂 이남석

1부_ 심리학 맛보기

2부_ 일상생활의 심리학

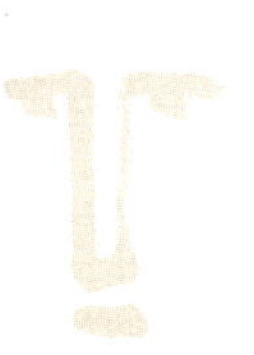

3부_ 심리학과 생각

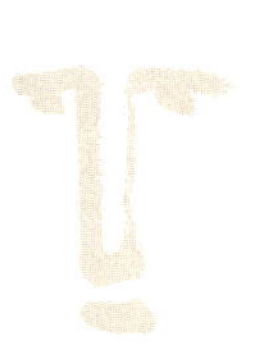

1부
심리학 맛보기

혈액형에 따라 사람의 성격은
달라지는 것일까?

01

이규민 박사는 절을 찾았다. 지인의 소개로 마하摩訶스님을 만나기 위해서였다. 이규민 박사는 마하스님이 어떤 모습을 하고 있을지 궁금했다. 수도승이 안면부지의 박사에게 일부러 연락하여 만남을 청하는 경우가 흔하지 않기 때문이었다. 이규민 박사는 기대를 갖고 마하스님의 방문을 두드렸다. 마하스님은 자리에서 일어나 손님을 맞았다. 불교의 예법에 대해서 잘 알지 못하는 박사는 큰 절을 하지 않고 일반인을 만나는 것처럼 다소 어색한 표현으로 반배를 했다. 그런 그의 두 손을 마하스님은 따뜻하게 감아쥐며 반가움을 표했다.

"박사님, 반갑습니다. 제가 심리학 공부가 필요해서 어떻게 하면 좋을까 싶어 이렇게 염치불고하고 뵙기를 청했습니다."

"마하스님, 저도 뵙게 되어 반갑습니다. 미력하나마 도움이 되었으면 합니다."

"박사님을 만나 뵙는다고 다른 스님께 말씀드리자, 대뜸 혈액형 이야기를 하시더군요. 박사님과 빨리 친해지려면 혈액형을 먼저 물어보라고요."

"혈액형이요?"

"네, 그 스님 말씀이 혈액형을 서로 알면 성격을 빨리 알게 된다고 합니다. 그래서 쓸데없는 부딪힘을 막아 친해질 수 있다고 하더군요. 절에 있는 스님들도 혈액형으로 성격 알아보는 테스트 정도는 알고 있습니다. 가령 A형은 소심하고 신중하다, B형이면 성격이 모났거나 도도하다, O형은 친화력이 좋고 적극적이다. AB형은 혼자 있는 것을 좋아하고 천재가 많다 등등의 이야기 말입니다."

"스님께서 말씀하신 바대로 세상에는 그런 말이 떠돌기는 하지요."

"박사님, 그런데 혈액형으로 사람의 성격을 알 수 있다는 것이 심리학적으로도 맞는 이야기인가요?"

"아닙니다. 이상하게도 일본과 우리나라 등에서 특히 혈액형과 성격을 잘 연관시키고 있지요. 하지만 과학적 근거는 없습니다. 재미삼아 이야기할 수는 있습니다. 그러나 절대로 진지하게 받아들일 것은 못됩니다."

"박사님, 그래도 제가 보기에는 혈액형에 대한 성격 설명이 그런 대로 어느 정도 맞는 부분이 있습니다. 한 예로 어느 불자 한 분은 스님이 자신에게 신경을 덜 써준다고 오해해서 절에 오지 않았던 적이 있습니다. 그런데 나중에 오해가 풀려 절에 직접 와서 사과를 했지만요. 그때 그 불자는 스스로 자신이 A형이라 소심해서 그런 것이니 양해를 해달라고 했어요. 그 말을 들으며 전 가만히 생각해보았습니다. 그 동안 그 사람이 혼자 토라지고 수줍어하던 모습들이 떠오르더군요. 덕분에 저는 그때 성격 특성 때문에 그 사람이 그런 것이라 쉽게 이해를 하게 되었습니다."

"마하스님, 그것은 특정 부분을 염두에 두면서 기억을 떠올리시다 보니 그 부분이 더 과장되게 보여서 그런 것입니다. 사람들은 객관적으로 상황을 보기보다는 자신이 보고 싶어하는 것을 더 집중해서 보는 경향이 있습니다. 이것을 심리학에서는 '바넘 효과Barnum effect'라고 합니다. 바넘 효과의 전형적인 예가 바로 신문에 잘 나오는 오늘의 운세나 사주, 혈액형 심리학 같은 것입니다. 이런 것들은 대개 애매모호한 말로 씌어져 있습니다. 귀에 걸면 귀걸이, 코에 걸면 코걸이 식으로 해석될 수 있도록 말이지요. 이렇게 써져 있으면 사람들은 저마다 자기가 원하는 방식으로 유리하게 해석합니다. 그 글의 내용과 다른 것은 기억하지 못하거나 생각하지 않지요. 글의 내용을 중심에 놓고 끼워맞추기 식으로 생각을 합니다. 그렇기 때문에 바넘 효과는 계속 없어지지 않고 있습니다."

"박사님의 말씀은 사람들이 보는 것을 믿는 것이 아니라, 믿고 싶은 것을 본다는 거군요?"

"네, 그렇지요. 믿고 싶은 것을 보기 때문에 잘못된 판단을 하는 것입니다. 한 예를 들어 설명하도록 하겠습니다. 사람들은 축구경기를 볼 때 자신이 응원하는 팀에게 심판이 공정하지 못하다고 생각하는 경우가 많습니다. 그런데 두 팀이 경기하는 상황에서 심판이 어느 한 팀에게 공정하지 못했다면, 다른 한 팀은 자신에게 유리한 판정을 내려줬다며 고마워해야 할 것 아닙니까? 그렇지만 이런 경우는 거의 없지요. 두 팀 응원단 모두 심판이 좀 더 상대팀에게는 가혹한 판정을 내리고, 자신의 팀에게는 유리하게 판정을 해줬어야 했다며 불만을 갖습니다. 이것은 심판의 행동에 대해서 객관적인 판단을 하지 못하기 때문입니다. 이런 것은 자신의 입장에서 특정 부분에 집중하며 주관적인 판단을 하기 때문에 생기는 현상입니다. 마찬가지로 혈액형에 따라 성격이 다르다는 오해도 특정 부분을 왜곡해 생각하여 생기는 일종의 잘못된 생각입니다."

"박사님, 그래도 어떤 혈액형이 뇌에 영향을 주어 성격을 다르게 할 수 있지 않을까요?"

"혈액은 우리 몸 구석구석에 영양분을 나르는 역할을 합니다. 그러다보니 뇌에도 혈액이 갑니다. 그러나 혈액형이 다르다고 해서 어떤 영양분은 나르고, 어떤 영양분은 나르지 않고 하는 것이 아닙니다. 혈액형은 말 그대로 혈관 속을 흐르는 피의 종류를 몇 가지로 나

눈 것에 불과합니다. 수혈을 할 때 서로 다른 종류의 피를 받으면 응고가 되어 생명이 위험합니다. 그래서 같은 종류의 피를 수혈하기 위해 만들어졌지요. 그런데도 사람들은 원래 목적과 다르게 혈액형을 생각합니다."

"박사님, 듣기로는 혈액형에 따라 사람의 성격이 다르다, 체질이 달라서 먹는 것을 다르게 해서 다이어트를 해야 살이 빠진다, 공부방법이 달라야 한다, 연애전략이 달라야 한다, 등등. 혈액형에 따라 다른 종류만 해도 수십 가지가 되더군요."

"네, 마하스님 말씀이 맞습니다. 속세에는 혈액형과 관련된 많은 이야기가 있습니다. 하지만 그런 것들은 상업적 목적으로 만든 것들일 뿐, 과학적 근거가 없습니다. 만약 정말 혈액형에 따라 사람의 성격이 다르다면 어떨까요? 쉬운 예를 들어 전세계 68억 인구를 4가지 혈액형으로 나눈다면 약 17억 명이 똑같은 성격을 갖고 있다는 말이 됩니다. 17억 명이 똑같다면 약 5천만 명이 사는 우리나라의 경우, 주변의 사람들 중 똑같은 성격을 갖고 있는 사람들이 많겠지요. 정말 그렇다면 우리는 비슷한 성격을 가진 다른 사람을 쉽게 이해해야 하지 않나요? 그러나 현실은 매우 다르지요."

"박사님의 말씀이 맞습니다. 한 부모 아래에서 태어난 형제라고 해도 서로 성격을 이해하지 못하는 경우가 많습니다. 한 명 한 명이 하나의 우주를 이해하는 것만큼이나 오묘한 세계를 갖고 있지요."

"마하스님, 그리고 덧붙이고 싶은 사실이 있습니다. 혈액형을 결정짓는 유전자는 몇 개에 지나지 않습니다. 하지만 성격에 영향을 주는 유전자와 사회적 환경의 조합수는 상상을 초월할 정도로 많습니다. 그러니 단순하게 혈액형을 통해서 인간의 복잡한 성격을 알아보고자 하는 것은 애초에 불가능한 시도입니다.”

“그렇군요. 단순한 것은 이해하기 편해서 좋지만, 혈액형 성격분류법 같이 복잡한 인간의 마음을 지나치게 단순히 설명하는 것은 경계해야겠군요.”

“앞에서 스님께서 말씀하셨듯이 한 명 한 명이 하나의 우주를 이해하는 것만큼 오묘한 세계를 갖고 있습니다. 그러니, 성격을 말씀하실 때도 성급하게 단정 짓는 것을 피하시는 것이 좋습니다.”

넉넉한 몸집의 사람이 온화한 성품을 가지고 있는가?

02

“박사님, 말씀이 나온 김에 하나 더 질문하겠습니다. 보통 마른 사람은 신경이 예민해서 살이 찌지 않아 그런 것이라는 말이 있습니다. 반면에 좀 넉넉한 풍채를 지니고 있으면 성품도 온화한 편이라는 말이 있지요. 그런데 이 말이 심리학적으로 맞는 말인가요?”

“마하스님께서 옮기신 말은 예전에만 좀 맞은 말이었을 뿐, 현재는 더 이상 유효하지 않는 말입니다. 예전에는 일명 '사장님 타입'이라고, 배가 좀 나오고 넉넉한 몸집을 갖고 있는 분들을 지칭하는 말이었습니다. 지금은 날씬하고 말쑥하게 차려입은 사장님을 더 선호하는 것과는 무척 대조적이지요? 예전 먹을 것이 귀했던 시절에는 살이 좀 있는 것이 부자이고 심리적으로도 더 여유로운 상태임을 드러내었습니다. 그리고 다른 사람들은 그런 살이 있는 몸을 보고 그 사람이 여유가 있을 것이라고 지레 생각했지요."

"박사님의 말씀이 맞습니다. 허긴 살찐 게 아니라 못 먹어서 부었다는 우스갯소리도 있었죠. 몇 십 년 전 곤궁한 시대에 넉넉한 몸은 경제력의 상징이기도 했지요."

"마하스님이 참 좋은 지적을 해주셨습니다. 넉넉한 몸은 경제력의 상징이었습니다. 그런데 경제력은 심리에도 영향을 줍니다. 끼니를 해결하지 못하는 상태에서는 사람이 거의 본능적으로 행동하기 쉽습니다. 사흘만 굶으면 남의 집 담장을 넘지 않을 사람이 없다는 말이 있을 정도로요. 그리고 사람이 굶으면 예민해져서 신경질적이 되지요. 이런 변화는 우리의 일상에서 끼니만 조금 걸러도 쉽게 확인할 수 있는 바입니다. 그에 비해 배가 부르면 덜 예민해져서 주변의 것에 대해 부드럽게 대하게 됩니다. 그렇기 때문에 배가 부르냐 아니냐, 다시 말해 배가 나왔느냐 아니냐 하는 것으로 심리상태를 맞추는 것이 맞아들었습니다. 하지만 지금은 다릅니다."

"박사님, 구체적으로 어떻게 다른가요?"

"이제 많은 사람들이 절대 빈곤의 상태에서 벗어나 몸을 불리기보다는 오히려 살을 없애는데 더 신경을 쓰고 있습니다. 다이어트나 운동, 심지어 큰돈을 들여 수술도 하고 있지요. 즉 성격과 상관없는 다른 요소들이 몸매를 결정짓습니다. 이런 상황에서 몸매를 보고 성격을 추리한다는 것은 이치에 맞지 않지요. 실제로 날씬한 연예인 중에서는 사회봉사도 잘하고 대인관계가 좋으며 후덕한 사람이 많습니다. 넉넉한 풍채를 가졌어도 소심하거나 조바심을 내는 사람도 있고요. 특히 요즘 어린 아이들을 보면 비만에 가까운 아이들이 많아졌습니다. 그런데 인내력이나 신중함은 예전보다 훨씬 줄어들었습니다. 그러니 단순히 몸만 보고 마음을 파악하려는 것은 문제가 있습니다."

"박사님, 그렇다면 어떻게 하면 사람의 성격을 알 수 있을까요?"

"심리학자들은 성격검사를 통해 성격을 파악합니다. 하지만 일반인이 일상생활에서 만나는 사람에게 성격검사를 할 수는 없겠지요. 그러니 가급적 성격검사와도 같은 질문을 부드럽게 하면서 상대방의 특성을 파악하려고 노력해야 할 것입니다."

"박사님, 구체적으로 어떻게 하면 되나요?"

"특정 상황과 관련된 행동을 물어보셔서 그 대답을 통해 성격을 추리하세요. 만약에 상대방이 예민한지, 무던한 편인지 알고 싶다면 '여행이나 어디 놀러가서 잠을 자게 될 경우 잘 자는 편이냐?'라고 물어봅니다."

"박사님, 왜 꼭 그렇게 물어봐야 하나요?"

"그냥 '당신은 예민한가요?'라고 직접 물어보면 상대방은 좋은 인상을 나에게 주기 위해 실제로 예민하면서도 '아니다' 등의, 사실과 다른 답변을 할 가능성이 큽니다. 따라서 직접적인 질문은 상대방의 성격 파악에 별로 도움이 되지 않습니다. 그래서 간접적인 질문을 해야 합니다. 그리고 가급적이면 구체적인 상황을 만들어서 질문하는 것이 좋습니다. 제가 조금 전에 말씀드린 것처럼 말입니다."

"박사님, 만약에 자기 자신의 성격을 알아보기 위해 성격검사를 받는다면 어떤 것이 좋을까요?"

"성격검사 전문기관에 가면 원하는 목적에 따라 세부적으로 다른 성격검사를 추천할 것입니다. 그렇지만 대표적인 성격검사인 MBTI와 MMPI를 소개해드리고 싶군요."

"박사님, 두 가지 다 영어 약자라서 좀 헷갈리는데 자세히 설명해 주시지요?"

"네, MBTI는 마이어브릭스 유형지표 The Myers-Briggs Type Indicator 의 약자입니다. 우리나라에는 1990년에 도입되어 학교와 직장 등 여러 분야에서 널리 쓰이고 있습니다. 이 검사는 사람들의 성격유형을 16개로 나눕니다."

"박사님, 그 16개의 유형이 무엇인가요?"

"서로 독립적인 4개의 유형을 조합해서 16개가 나오는 것입니다. 즉 4 곱하기 4를 해서 16개가 되는 것이지요. 4개의 성격요인은 외향형과 내향형, 감각형과 직관형, 사고형과 감정형, 판단형과 인식형으로 각각 구성되어 있습니다. 각 성격요인의 조합에 따라 다양한 성격 특징이 나옵니다. 그래서 MBTI 검사를 하면 웬만큼은 성격 분석을 할 수 있게 됩니다. 자신의 특성을 이해하면 강점은 더 살리고, 약점은 보완할 수 있습니다. 그래서 MBTI를 적극적으로 활용하는 개인과 조직이 많아지고 있습니다.”

“박사님, 그렇다면 MMPI는 무엇인가요?

“MMPI는 미네소타 다면적 인성검사Minnesota Multiphasic Personality Inventory의 약자입니다. MMPI는 세계적으로 가장 널리 쓰이는 성격검사입니다. 이 검사는 원래 비정상적인 행동을 객관적으로 측정하기 위한 수단으로 만들어졌습니다. 그래서 이상행동을 구체적으로 물어보는 문항이 많습니다. 군대의 신체검사 때에도 MMPI를 해서 이상자를 구별하기도 합니다. MBTI와 마찬가지로 학교와 직장뿐만 아니라 군대와 특수조직 등에서 널리 이용하고 있습니다.”

“박사님, 성격검사가 용도에 따라 그 종류가 다른 것 같네요?”

“네, 맞습니다. 그래서 자신의 검사 목적에 맞게 전문기관을 통해서 추천을 받아 검사를 받아야 합니다. 성격검사는 그냥 사주풀이와 같은 것이 아닙니다. 자신의 특성을 진단하는 것인 만큼 정확한 설명을 들으시려면 전문기관에 꼭 의뢰하셔야 합니다. 전문기관에서는 정확하게 채점과 결과분석까지 해주니까요.”

“박사님, 어떤 문제가 있어서가 아니라 자기 자신을 정확히 파악하기 위해서 성격검사를 꼭 받아봐야겠다는 생각이 들어서요.”

　"스님의 말씀이 맞습니다. 상담이나 검사 등은 꼭 문제가 있는 사람이 하는 것은 아닙니다. 건강한 사람이 계속 운동을 해서 건강을 유지하려는 것과 똑같습니다. 정신적 건강을 계속 유지하고 더 나은 존재가 되기 위한 적절한 조치로서 상담이나 검사를 받아야 하는 것입니다."

　"이렇게 체계적인 성격검사가 있는데도, 혈액형이나 몸매를 보고 성격을 단정 지으려 하는 것은 게으름이나 무지일 뿐이군요. 지피지기면 백전불패이니, 반드시 자신을 극복하려는 싸움을 해야만 하는 구도자들에게는 자신의 특성을 객관적으로 미리 살필 수 있는 성격검사를 하는 것이 좋겠군요."

　"네, 성격파악의 올바른 방법으로 성격검사가 있으니, 이제는 미신에 가까운 다른 방법은 피하시는 것이 좋을 듯싶습니다."

출생 순서에 따라 성격이 달라지는가?

03

　"박사님, 흔히 사람들은 어떤 사람이 외동아이인지, 장남인지, 차남인지, 막내인지를 알면 그 사람의 성격을 어느 정도 알 수 있다는 말을 합니다. 그것은 심리학적으로 맞는 말이고 근거가 있는 말인가요?”

“지금 스님이 하신 말씀은 심리학적으로 맞습니다. 심리학자 아들러 Adler 의 연구에 따르면, 외동아이는 부모의 애정을 독차지하기 때문에 자기중심적입니다. 주변의 눈치를 보지 않고 독립적으로 일을 추진하려는 경향이 강해지는 긍정적 영향이 있기도 합니다. 하지만 공주병이나 왕자병으로 대변되는 것처럼 항상 자신만이 최고로 대접받으려 하는 것은 큰 문제가 되고 있습니다. 요즘 아이들의 경우 외동인 경우가 많기 때문에 사회적으로도 긍정적인 부분보다는 부정적인 측면이 더 많이 보여 안타깝습니다.”

“박사님, 저 같은 경우에는 차남인데, 어떤 성격을 갖고 있을까요?”

“장남에 대해서 먼저 설명해야 차남의 상황을 잘 이해하실 수 있을 듯합니다. 장남은 하루아침에 권좌에서 쫓겨난 왕과 같습니다. 왜냐하면 외동아이처럼 부모의 사랑을 독차지하다가, 어느 날 동생이 생기면서 갑자기 버려진 아이처럼 대접을 받게 되니까요.”

“맞습니다. 그래서 어떤 아이는 동생을 샘내기도 하지요. 부모가 안 보는 곳에서 동생을 때리거나 구박을 하기도 하고요.”

“네, 스님의 말씀처럼 그런 경우도 있습니다. 하지만 대부분의 경우 샘을 내다가 결국 한 지붕 아래에서 함께 살아가기 위해 자신이 양보해야 한다는 것을 깨닫고 동생에게 잘해주기 시작합니다. 덕분에 첫째 아이는 책임감과 배려심과 같은 긍정적인 성격이 발달합니다. 하지만 부모에 대해서는 서운함을 계속 느끼게 되거나, 언제 다시 배신을 당할지 모른다는 막연한 불안함에 휩싸여 두려움을 겪기도 합니다. 자신감도 줄어들고, 새로운 도전을 하기보다는 보수적인 성향의 인물이 되기 쉽지요."

"박사님의 말씀이 맞아요. 제 형님을 봐도 자신의 의견을 밝히기보다는 주로 어른들이 하는 말을 순종하는 편이었어요. 그리고 사회에 대해서도 보수적이었지요."

"스님과 같은 둘째 아이는 언제나 위의 형이나 누이들이 있는 상태에서 태어나지요. 그리고 밑에 또 다른 동생이나 자매가 생깁니다. 그래서 처음이나 나중이나 계속 부모를 독차지하지 못하게 됩니다. 항상 남과 나눠야하기 때문에 공유의식이 남다릅니다. 그리고 변화에 대한 적응력이 뛰어나지요. 하지만 계속 남과 나누느라 맘껏 누려보지 못해 불만이 생기고, 반항적이고 질투가 심할 수도 있습니다."

"한마디로 못된 거네요."

마하스님이 장난기 있게 말했다. 이박사도 웃으면서 대답했다.

"마하스님, 사람은 성격의 긍정적인 면과 부정적인 면 모두 다 갖고 있습니다. 차남의 부정적인 면만 보지 마시고, 다만 제가 적응력 등 긍정적인 면을 강조한 것이라 생각해 주시기 바랍니다."

"박사님, 셋째, 넷째도 다 어떻게 보면 손위 손아래 형제가 있다는 측면에서 둘째와 거의 마찬가지이겠네요."

"네, 그렇습니다."

"박사님, 그렇다면 막내는 어떤가요?"

"막내는 손위의 형이나 누이들이 있는 상황이지요. 본받아야할 모델도 많고, 애정을 줄 사람도 많은 측면에서는 복 받고 태어나는 것입니다. 그런데 그 복을 복으로 보지 못하는 경우가 더 많지요. 자신이 경쟁상황에 처했다고 보기 때문이지요. 그래서 형제를 앞지르려고 합니다. 늦둥이로 태어난 막내일수록 더 부모에게 찰싹 달라붙어서 부모를 독점하려고 하지요. 아니면 이미 자신보다 더 큰 형제들과 비교해서 열등감을 가질 수도 있습니다. 그리고 과잉보호를 받아 부적응자가 될 수도 있고요."

"이 박사님은 댁에서 몇 째이신가요?"

"저는 막내입니다. 아들러의 성격이론은 제가 사내아이인데도 애교 등 온갖 귀여운 행동을 하며 자란 것을 설명해줄 수 있답니다. 부모를 독차지하고 싶은 마음에 애정을 더 많이 받으려 그리 한 것이지요. 지성이면 감천이라고, 막둥이들은 원하던 대로 대부분 더 특별한 귀여움을 받기는 합니다. 그래서 막둥이는 어디에 가도 표시가 난다는 말이 있지요. 나이보다 어린 행동을 하거나, 다른 사람의 관심과 배려를 기대하고 의존하려 합니다."

"지금 박사님의 모습을 보면 전혀 그럴 것 같지 않은데요?"

"네, 그래서 단순히 출생순서만 봐서는 사람의 성격을 다 알 수 없는 것입니다. 제가 만약에 장남이라고 그랬다면 스님께서는 장남 특유의 성격으로 저를 파악하셨을지도 모릅니다. 혈액형의 심리학처럼 코에 걸면 코걸이 귀에 걸면 귀걸이 같은 면이 좀 있지요. 제가 오늘 더 의젓한 것은 지금 스님을 처음 뵙는 상황적 특수성 때문일 겁니다. 출생 순서를 알면 도움이 되는 것은 사실입니다만, 그게 전부는 아닙니다. 저는 의젓함과 애교를 동시에 갖고 있기 때문에 단순히 출생 순서만 가지고서는 제 성격을 다 설명할 수는 없습니다."

"성격은 단순한 어떤 요인 하나만으로 설명할 수 없는 것이군요."

"혈액형, 몸매, 출생순서 등등, 어느 정도 성격과 맞아떨어지는 부분이 있는 것 같지요? 그런데 세부적으로 살펴보면 어긋나는 부분이 더 많이 있습니다. 그래서 어떤 사람의 성격을 올바로 알기 위해서는 좀 더 진지하고 체계적으로 접근해야 합니다."

성격이란 무엇인가?

04

"이 박사님으로부터 지금까지 성격에 대한 이야기를 듣다 보니 참 재미있군요. 그런데 심리학자들도 성격에 대해서 재미있어 하나요?"

"네, 대부분 재미있어 합니다. 하지만 성격은 정말 연구하기 힘든 주제라서 고생을 하지요."

"왜, 그렇지요?"

"성격을 형성하는 데 유전적, 신체적, 사회적 조건 · 변화 등 아주 많은 요소가 영향을 주기 때문입니다."

"박사님, 저는 성격이라고 하면 그냥 사람의 특성이라고 생각해서 그런지 그렇게 복잡할 것이라는 생각을 못했습니다. 심리학자는 성격을 무엇이라고 정의하나요?"

"성격은 '그 사람 성격 어때?' 나, '성격 좋아' 처럼 일상적으로 쓰이는 용어지요. 하지만 최초로 성격심리학 교과서를 쓴 고든 올포트 Gordon Allport 박사의 정의를 보면 좀 낯설게 느껴지실 수도 있습니다. 올포트는 성격은 '환경에 대한 개인의 독특한 적응을 결정하는 개인 내의 정신적, 신체적 체계들의 역동적 조직'이라고 정의했습니다."

"박사님, 언뜻 이해가 되지 않는 말인데요."

"마하스님, 천천히 풀어서 설명해 보겠습니다. 사람은 진공상태의 캡슐 capsule 에 혼자 들어가서 살아가는 것이 아니지요. 속세가 되었든 절이 되었든 다른 사람, 다른 생명과 더불어 여러 사회적 환경에 노출되어 살아갑니다. 그리고 그 속에서 자극이 오면 반응을 합니다. 사람마다 그 반응이 다릅니다. 그리고 같은 사람이라고 해도 각 상황에 따라 반응이 그때그때 달라집니다. 그야말로 역동적이지요. 그런데 올포트 박사는 이 반응에 영향을 주는 개인 특유의 성질을 성격이라고 정의한 것입니다."

"박사님의 설명을 들으니 조금 더 이해가 잘 됩니다. 그런데 그렇게 성격을 정의하면, 기질이나 품성하고 구분이 안 되는 것 아닌가요?"

"참 좋은 질문을 해주셨습니다. 기질은 흔히 태어날 때부터 가지게 된 개인의 특성을 말하지요. 활달한 기질을 가지고 있다거나 충동적인 기질이 있다거나 하는 말처럼 말이지요. 이에 비해 품성은 성실하다, 착하다와 같이 사회적으로 바람직하다고 여겨지는 특성이고요."

"박사님, 그렇다면 성격과 그 둘의 관계는 어떻게 되는 건가요?"

"스님, 성격은 기질과 품성의 개념을 모두 포함하고 있습니다. 그리고 성격은 긍정적인 품성뿐만 아니라 부정적인 특성까지도 포함하고 있는 개념이지요. 그리고 성격은 타고난 기질 뿐만 아니라 자라면서 얻게 된 새로운 특성까지도 포함하고 있지요. 이렇듯 성격이 어떤 사람과 다른 사람을 구분해주는 특성에 대한 가장 큰 개념이라고 생각하신다면 개념들 간의 관계를 잘 이해하실 수 있을 것입니다."

"박사님 말씀을 들으니 성격이 가장 큰 개념임이 분명해집니다. 그래서 성격을 이해하기가 더 힘들 수 있겠군요?"

"네, 마하스님의 말씀처럼 성격은 참 복잡해서 이해하기 힘듭니다. 성격은 한 사람이 갖고 있는 지배적인 성향입니다. 이 말 뜻을 잘 보시면 사람마다 여러 성향을 동시에 갖고 있음도 아시게 될 것입니다. 얌전한 사람도 화를 내면 제법 무섭습니다. 그러니 주변 사람이 차분할 때 그 사람을 관찰하면 얌전하다고 묘사할 수 있고, 화낼 때 봤다면 공격적이라고 묘사할 수도 있습니다. 때문에 성격이 '어떻다'라고 말하려면 체계적인 검사를 하거나, 장시간 관찰을 해야 합니다. 겉으로 드러난 몇 가지 사례만으로 단정을 지어서는 안 됩니다."

"박사님의 말씀을 들으니 남의 성격뿐만 아니라 자기 자신의 성격을 말하는 것에 주의해야겠다는 생각이 듭니다."

"네, 그렇습니다. 그래서 시중에 제멋대로 떠돌아다니는 성격검사를 보면 참 안타깝습니다. 예를 들어 성격검사 결과 '당신은 전반적으로 낙천적인 성격을 가지고 있습니다. 그러나 왜 그런지 알 수는 없지만 때때로 울적한 기분에 빠지기도 하는군요'라는 말이 나왔다고 해보겠습니다. 이 해석을 본 사람은 어쩌면 자기 자신을 잘 아는가 싶어 고개를 끄덕일 것입니다. 하지만 아까 말씀드렸던 바넘효과 때문에 이렇게 되는 것입니다. 누구나 살다가 울적한 기분이 들 수도 있습니다."

"박사님, 그래서 사람의 성격을 묘사한 문장을 보면 왠지 내 이야기와 비슷하다는 느낌을 갖게 될 때가 많은 것이군요."

"사람이면 다양한 면을 모두 갖고 있습니다. 그런 것을 묘사한 당연한 내용이나 애매모호한 문장에 현혹되지 말아야 합니다. 점쟁이나 무당이 척 보고 사람의 상태를 알아 맞춘다는 것도 결국 일반적인 말을 몇 번 던진 다음에 상대방의 반응을 보고 꿰어 맞추는 것에 지나지 않습니다."

"그래서 박사님께서는 혈액형 성격분류는 미신과 같다고 하신 것이군요?"

"네, 성격은 종합적으로 살펴보고 그 사람을 가장 잘 설명할 수 있는 중심 특성을 파악했을 때나 분류를 할 수 있는 것입니다. 그저 어떤 일면을 맞췄다고 해서 뒤집어씌우기 식으로 성격을 분류해서는 안 됩니다."

성격을 이해하는 데 가장 도움이 되는 이론은 무엇인가?

05

"박사님, 성격에 대한 묘사는 아주 다양하지요. 예민하다, 소심하다, 낙천적이다, 외향적이다, 의심이 많다, 불안하다, 친절하다 등등. 그런데 이렇게 많은 성격을 모두 다 사람이 가진 특성으로 연구하면 너무 복잡할 것 같은데요?"

"네, 그래서 로버트 맥크라에Robert McCrae와 폴 코스타Paul Costa 박사는 성격 이론을 아우르는 이론을 만들었습니다. 이른바 빅 화이브Big Five라고 하는 이론이 그것입니다. 이 이론은 성격을 5개의 차원으로 나눠서 충분히 설명할 수 있다는 것이 주된 내용입니다."

"5개요? 구체적으로 어떤 것들이 있는지요?"

"외향성, 신경성, 경험에 대한 개방성, 조화성, 성실성입니다. 이 5개의 기본적 특성으로 모든 인간의 성격을 설명할 수 있다는 것인데, 차례로 살펴보도록 하겠습니다."

이규민 박사는 종이에 각 특성의 이름을 써가며 스님에게 설명을 하기 시작했다. 그 내용의 핵심을 정리하자면 다음과 같다.

1) 외향성
외향성이 높은 사람은 개방적이고, 사교적이며, 낙관적이고, 친밀하고, 강인하고, 어울리기 좋아하는 특징을 갖고 있다.

2) 신경성
신경성이 높은 사람은 걱정이 많고, 적대적이고, 자의식이 많고, 불안정하고, 상처받기 쉽다.

3) 경험에 대한 개방성
개방성이 높은 사람은 호기심, 유연한 사고, 상상력, 민감성 등이 높다. 개방성이 사회적인 태도 형성에 중대한 역할을 한다.

4) 조화성
조화성이 높은 사람은 타인에 대한 동정심이 많고, 남을 잘 믿고, 협동적이고, 겸손하고, 솔직하다. 만약 조화성이 낮다면 반대로 의심이 많고, 적대적이고, 공격적이다.

5) 성실성
성실한 사람은 근면하고, 규율을 잘 지키며, 시간 약속을 잘 지키는 등 신뢰를 준다.

이규민 박사는 설명을 마친 다음에 이렇게 말했다.

"마하스님, 심리학은 과학입니다. 그래서 과학의 기본특성을 따르고 있습니다. 이왕이면 같은 현상도 간단하게 설명하고자 하는 게 과학입니다. 만약 5개를 조합해서 각 특성이 많고 적음으로 어떤 사람의 성격을 설명할 수 있다면 빅 화이브 이론을 선택하는 게 맞지요. 마찬가지로 4개, 3개만으로도 설명이 된다면 그 이론을 선택해야 할 것입니다. 현재 성격심리학자들은 5요인을 기본으로 해서 설명요인의 수를 줄이는 것에 대한 논쟁을 활발하게 벌이고 있답니다."

"박사님, 다른 이론들은 없는지요?"

"심리학 역사를 통틀어 성격을 파악하기 위한 노력은 쉼없이 진행되었습니다. 프로이트와 융의 정신분석학적 성격이론, 칼 로저스와 애브라함 마슬로우의 인본주의적 성격이론, 밴듀라의 사회학습적 성격이론 등, 종류는 다양합니다. 다만 지금 이 자리에서 다 설명하기 힘들어 가장 대표적인 것 하나만 말씀드린 것입니다."

"불교에서도 각 선사의 말씀 하나하나 이해하는 데 상당한 공력이 들어가야 하는 것처럼 심리학 이론도 그런가 보군요. 대표적인 이론가의 이름을 아는 것만으로도 현재로서는 만족합니다."

"마하스님, 상황을 잘 이해해주셔서 감사드립니다. 각 이론가들은 기본 가정에서부터 완전히 다릅니다. 그래서 아주 많은 새로운 개념과 용어들로 자신의 이론을 체계화 했습니다. 그래서 설명을 하려면 어쩔 수 없이 많은 내용을 풀어놓게 되어 있습니다. 심리학과에서도 한 학기에 그 사람들을 제대로 다 못 다룰 정도입니다. 어느 하나의 이론을 중점적으로 선택해서 가르치는 경우가 더 많습니다."

"네, 알겠습니다. 외향성, 신경성, 경험에 대한 개방성, 조화성, 성실성으로 되어 있는 빅 파이브 성격 이론 정도는 꼭 잊지 않겠습니다."

"그것만 이해해서 기억하셔도 성격이론의 상당 부분을 알게 되는 것입니다. 나중에 앞에서 말씀드린 여러 학자들에 대해 필요하면 더 찾아보면 됩니다."

쌍둥이는 성격도 비슷할까?

06

"박사님, 진지하게 성격 이야기를 하시는데 방해가 될지 모르겠습니다. 하지만 평소에 무척 궁금하던 것이니 여쭤봐야겠네요. 쌍둥이는 겉모습이 닮았는데, 성격도 비슷한가요? 아니면 전혀 다른가요?"

"쌍둥이 유형이 두 종류가 있습니다. 같은 난자에서 분열되어 나와 실제로 겉모습이 아주 흡사한 쌍둥이가 있고, 두 개의 각각 난자에서 나온 이란성 쌍둥이가 있지요. 앞의 일란성 쌍둥이는 유전적 구조가 100% 일치하지만, 이란성 쌍둥이는 50%만 일치합니다. 스님께서 궁금하신 점은 아마도 일란성 쌍둥이의 성격이 같은가 하는 것이겠지요?"

"네, 그렇습니다. 만약 둘의 성격이 같다면 성격은 전적으로 유전

遺傳에 의해서 결정되는 것으로 볼 수 있을 테니까요."

"스님, 꼭 그런 것만은 아닙니다. 일란성 쌍둥이는 같은 엄마와 아빠에서 태어난 것뿐만 아니라, 같은 집, 같은 학교 등등, 거의 같은 환경에서 자라게 되니까요. 유전뿐만 아니라 후천적 환경의 영향이 더 클 수도 있을 겁니다."

"이상하네요. 제가 우연히 본 어느 신문기사에서는 성격이 유전에 의해서 좌우되는 경향이 더 크다고 하던데요. 그리고 가정환경의 영향이 별로 없다고 하던데요?"

"아, 깜짝 놀랐습니다. 최근의 연구결과를 스님께서 알고 계시다니 말입니다. 스님 말씀대로 여러 심리학자들은 가정환경이 아니라 유전 때문에 비슷한 성격을 갖게 된다는 사실을 발견했습니다. 일란성 쌍생아로 태어나서 어른이 될 때까지 자기에게 쌍둥이 형제가 있는지도 모르고 자라면서 한 번도 만난 적이 없는 쌍둥이를 연구했지요. 그런데 그들이 같은 음료를 좋아하고, 같은 종류의 차를 몰았습니다. 그리고 취미도 같고, 직업도 같고, 농담할 때에 동작도 비슷하다는 사실을 알게 되었습니다. 이런 결과를 보면 성격이 유전에 의해 결정되는 것이 아닌가 하는 생각을 하게 됩니다. 하지만 이런 연구는 한계가 있습니다. 현재 '그렇게 유전이 중요하다면 왜 같은 가정에서 태어나 자라는 자녀들이 서로 다른 성격을 갖게 되는가?'라는 질문에 대해 명확한 답변을 내놓지 못하고 있으니까요."

"박사님, 아직 그 이론이 확정되지 않았나 보군요. 혹시 반대되는 연구가 있어서 그런 것인가요?"

"네, 연구 결과가 일관되게 나오지 않아서 아직 확정할 수 없는 상태입니다. 반대사례도 많지요. 미국 미네소타대 심리학과의 보우차드Bouchard 교수의 쌍둥이에 대한 연구결과를 대표적인 반대사례로 소개할 수 있습니다. 보우차드 교수가 밝힌 바로는 각기 다른 부모에게서 따로따로 자란 일란성 쌍생아 사이에 나타나는 유사성이 더 두드러지는 시점은 어릴 때가 아닙니다. 나이가 들어가면서부터입니다. 만약 순전히 유전적 요인에 의한 것이라면 어릴 때가 더 많이 비슷해야겠지요. 하지만 나이가 들면서 부모들이 그 아이들의 본래의 특성을 최대한 살려주려고 얼마나 노력하였는가에 따라 성격의 유사성이 달라졌습니다."

"성격이 후천적으로 형성될 가능성이 있다는 말씀이군요."

"네, 그리고 성격의 유사성은 쌍둥이가 아닌 다른 형제에 비해서 특별히 그 정도가 더한 것은 아니었습니다. 심지어 어떤 경우에는 길거리에서 아무나 두 명을 짝 지워서 유사성을 찾아도 쌍둥이와 같은 유사성을 찾아낼 수 있었습니다."

"하기는 우리도 피를 나누지는 않았어도 일상에서 의형제를 맺을 정도로 뜻이 잘 통하는 사람을 만나지 않습니까?"

"네, 그러니 단순하게 유전이 영향을 준다고 단언할 수는 없습니다. 그리고 이 분야는 이제 막 연구를 하기 시작했기 때문에 앞으로 더 두고 봐야 할 것입니다."

"박사님, 원인이야 어떻게 되었든 쌍둥이의 성격이 비슷한 것은 사실이지요?"

"네, 그렇습니다. 때로는 너무 비슷하게 사람들이 보는 것이 싫어서 일부러 옷도 다르게 입는 식으로 표현할 때도 있지요. 하지만 성격이 비슷한 경우가 많습니다. 심지어 특별한 사정이 있어 어릴 적 헤어져 다른 곳에서 각자 자란 경우도 마찬가지입니다. 나이가 들어 다시 만나게 되었어도 성격이 비슷한 경우가 많습니다."

"생득적이냐, 후천적이냐……. 즉 유전과 환경의 논란은 그 끝을 알 수 없군요."

"어쩌면 100% 유전, 혹은 100% 환경의 영향으로 결정되는 것이 아니라서 그럴 수 있습니다. 즉 우리 인간을 포함한 모든 생명이 자기가 갖고 태어난 것을 환경의 영향 아래에서 상호작용하며 성격으로 발현發顯하기 때문에 결론을 내리기 힘든 것일 수 있습니다."

세 살 버릇이
여든까지 가나?

07

"그런데 성격이 어떻게 만들어지느냐에 대한 박사님을 말씀을 듣다보니 궁금한 게 더 생겼습니다. 유전의 역할이 작다고는 하지만, 아주 어릴 적 얻은 기질이 나이가 들어서까지 가는 것도 사실이지 않은가요? 오죽하면 세 살 버릇 여든까지 간다는 속담이 있겠습니까?"

"마하스님의 말씀이 맞습니다. 성격형성과 관련된 유전의 역할에 대해서는 설명이 좀 혼란스럽지요. 하지만 말씀하신 기질과 관련된 것은 심리학적으로도 맞는 말이라고 할 수 있습니다. 뉴질랜드에서는 신생아 때부터 2년마다 21세가 될 때까지 계속 성향을 연구했습니다. 그 결과 정말 세 살 때에 나타난 기질이 20대까지 간다는 것이 밝혀졌습니다."

"박사님, 구체적으로 어떻게 연구가 되었는지요?"

"세 살 때 통제가 잘 안 되는 아이들은 20대의 성인이 되어서도 알코올 중독, 범죄, 자살시도 등 반사회적反社會的 행동을 일으키는 경향이 컸습니다. 그러니 초기에 인성교육을 하는 것이 매우 중요하지요."

"네, 박사님 말씀이 맞습니다. 숫자나 외국말 공부를 먼저 시키기전에 아이의 평생을 복되게 만들 튼튼한 기초인 인성부터 만들어 줘야 합니다. 그런데도 요즘 사람들은 어릴 적에 공부를 하지 않으면 큰 일이 날 것처럼 생각하지요. 특히 외국어 공부는 입을 떼자마자 가르쳐야 효과적이라는 생각에 너도나도 조기교육을 하고 있습니다. 그런데 그게 효과가 있나요?"

"스님, 그 점에 대해서 심리학자로서 저는 조심스럽게 대답을 드릴 수밖에 없네요. 일단 뇌가 굳기 전에 많은 언어를 접하는 것은 아이의 언어 능력과 사고력 발달에 도움이 됩니다. 하지만 그렇다고 모국어에 대한 개념조차 없는데 특정한 외국어를 더 많이 가르쳐야 한다는 것은 아닙니다."

"한국말을 해서 '사과'가 뭔지 알게 된 다음에야 그것을 '애플 apple'이라고 공부해야 효과가 있다는 거군요."

"네, 무분별한 조기교육은 오히려 정상적인 공부를 방해해서 학습 장애만 일으킬 수 있습니다."

"박사님, 그런데 보통 특정한 시기가 지나면 절대 공부가 잘 안 될 것처럼 요란을 떨지요. 학자들의 주장을 인용하기도 하던데, 그건 틀린 이론인가요?"

"글쎄요. 틀렸다기보다는 오해의 소지가 있는 표현을 쓴 잘못이 있습니다. 예전의 심리학 연구에서 외국어 공부와 관련해서 10살 이전에 '결정적 시기 critical period'가 있다는 표현을 썼던 적이 있습니다. 하지만 지금은 특정 시기에 공부하지 않으면 안 된다는 어감을 주는 표현대신에 '민감한 시기 sensitive period'라는 표현을 더 잘 씁니다. 즉 한번 지나가면 마는 것이 아니라, 다른 시기보다 변화에 더 민감한 시기여서 학습효과가 더 클 수 있다는 것을 강조합니다."

"박사님, 그 차이가 무엇이지요?"

"만약 결정적 시기가 맞는다면, 뒤늦게 외국어 공부한 사람 중에서는 외국어를 잘 하는 사람이 나오지 않아야 하지요. 하지만 비록 힘든 공부를 하기는 해야 하지만, 만학도로서 공부를 잘하는 사람이 실제로도 있지 않습니까? 그러니 생각을 좀 더 유연하게 갖고 이 문제에 접근해야 합니다."

"세 살 버릇은 여든까지 가지만, 공부는 다르다. 세 살 공부를 놓쳤다고 해도 기회가 계속 있는 것이니 끝까지 노력해야 한다. 이렇게 박사님의 말씀을 해석해도 되겠네요?"

"그렇습니다. 제가 그렇게 깊은 뜻으로 말씀드린 것은 아니지만, 스님께서 하신 말씀이 맞습니다. 스님이 심리학자인 저보다 더 심리학적인 통찰이 있는 듯합니다. 허긴 세속에 있을 때 심리학과를 나오셨으니……."

사람들의 얼굴 표정만 봐도 마음 상태를 알 수 있을까?

08

"박사님, 심리학적 통찰이라고 하니까 생각나는 말이 있습니다. 심리학자들은 사람의 마음을 쉽게 꿰뚫어 볼 수 있나요?"

"네, 스님이 지금 하시는 생각을 다 알고 있습니다."

순진한 마하스님은 움찔했다. 박사는 그런 모습을 보면서 웃었다.

"스님, 농담입니다. 심리학은 독심술이 아닙니다. 사람의 마음을 그렇게 쉽게 알 수는 없습니다. 스님도 아시겠습니다만 심리학을 하면 자기 자신과 다른 사람의 마음을 이해하는 데 큰 도움이 됩니다. 하지만 점쟁이가 예언이나 참언을 하는 것처럼 거침없이 말할 수는 없습니다. 만약 그런다면 사기지요. 순간순간 바뀌는 사람의 생각을 자기 자신도 모르는데, 어떻게 남이 다 알겠습니까?"

"박사님, 그렇지만 흔히들 심리학자는 사람들의 얼굴 표정만 봐도 마음상태를 알 수 있다고 하지 않습니까?"

"네, 그것은 맞는 말입니다. 심리학자는 그냥 마음을 꿰뚫어 볼 수는 없지만, 얼굴표정을 보면 외국 사람까지도 어떤 마음을 갖고 있는지 알 수 있습니다."

"거 참 신기하네요. 어떻게 그럴 수 있나요?"

"폴 에크먼 Paul Ekman 이라는 심리학자의 이론 덕분입니다. 그는 전 세계 사람들의 얼굴표정을 연구했습니다. 그 결과 사람은 기본적으로 얼굴로 표현하는 감정상태가 비슷하다는 것을 알아냈습니다. 그러니 그의 이론에 따라 얼굴표정을 해석하면 외국인의 현재 기분까지도 알 수 있지요."

"박사님, 구체적으로 설명해 주세요."

"폴 에크만은 인간의 정서를 여섯 가지로 나누었습니다. 행복, 놀람, 슬픔, 분노, 혐오와 경멸, 두려움이 그것입니다. 그리고 에크만은 이러한 정서와 안면근육 사이에 연결된 신경회로가 있다고 주장합니다. 그래서 특정한 정서체험을 하게 되면 그에 해당하는 얼굴표정이 만들어지게 되어 있다고 합니다. 그리고 이 얼굴표정은 보편적입니다. 그래서 미국에서 얼굴표정 사진을 실험참가자에게 보여주고 이 사진의 주인공이 어떤 기분일 것 같으냐라고 물어본 결과나 한국에서 실험한 결과나 동남아의 섬에서 실험한 결과가 다 비슷하게 나옵니다.”

“박사님, 얼굴표정 사진을 보면 그 사람의 기분을 쉽게 알 수 있다니 재미있습니다.”

“폴 에크만은 얼굴표정에 대한 연구를 계속해서 거짓말을 가려내는 기술에 대한 연구까지 했습니다.”

“박사님, 아니 어떻게 거짓말까지 연구를 하게 되었나요?”

“거짓말을 하게 될 경우 얼굴표정의 미세한 변화가 일어나게 되어 있습니다. 표정과 심리상태에 대한 연구를 해온 폴 에크만에게는 거짓말이라고 해서 특별한 연구 주제는 아니었지요.”

“박사님, 정말 얼굴표정으로 거짓말을 가려낼 수 있나요?”

“네, 폴 에크만에 따르면 우리의 얼굴은 미세한 근육들로 되어 있고, 각 감정변화에 따라 조금씩 움직여 미묘한 차이를 만들어 냅니다. 거짓말을 할 때 사람들은 거짓말이 나쁜 것이라는 생각에 불편한 감정이 듭니다. 그래서 순진한 사람은 얼굴이 새빨개지거나 눈을 불안하게 움직이거나 말하면서 입술 주변이 파르르 떨리기도 합니다.”

“하지만 진짜 무서운 것은 그런 티를 내지 않는 능숙한 거짓말쟁이이지 않습니까? 그런 사람들은 어떻게 가려내나요?”

“마하스님께서 걱정하시는 바를 제가 모르는 것이 아닙니다. 능숙한 거짓말쟁이의 경우 불안한 감정을 위장하기 위해 번지르르한 미소를 가면으로 사용하기도 합니다. 미소를 지으면 좋은 인상을 주고, 여유롭다는 느낌을 주게 되어 거짓말을 덮을 수 있거든요."

"박사님, 그래서 너무 기분 좋게 웃으면 사기꾼 같은 미소라는 말도 있지요. 하지만 그렇게 위장을 잘한다면 거짓말을 가려낼 수 없어서 문제겠네요."

"스님, 그것은 또 아닙니다. 거짓말쟁이의 미소는 아무리 환한 미소로 보인다고 하더라도 거짓 미소입니다. 그래서 잘 찾을 수 있습니다. 진짜 기쁨에 의해 웃음을 지을 때는 입뿐만 아니라 눈가의 근육까지 움직이면서 웃게 됩니다. 덕분에 눈이 가늘어지는 것 같이 보이지요. 하지만 억지웃음은 입만 웃는 웃음입니다. 그러니 웃음의 정도가 어디까지인지를 잘 보면 거짓말인지 아닌지를 잘 알 수 있습니다."

"저도 거울을 보면서 한번 확인해 봐야겠습니다."

"네, 그런데 거짓웃음은 꼭 거짓말쟁이만 하는 것은 아니랍니다. 우리는 기분이 나쁠 때도 사회적 체면이나 상대방의 걱정을 막기 위해 미소로서 답을 합니다. 만약 원하던 것이 안 되었다고 실망하거나 화난 그대로 얼굴표정을 드러내고 산다면 주변에 친구가 없어질 것입니다. 초대를 받아 어떤 집에 가서 음식을 주었는데 맛이 없다고 사실대로 말하거나 마음에 안 드는 표정을 지으면 어떻게 될까요? 싫어도 맛있다고 웃으며 말해줘야 대인관계가 좋지 않겠습니까?"

"박사님 말처럼 그렇기는 합니다."

"싫어도 때로는 좋은 척 미소 짓는 것이 사회생활에 도움이 되기 때문에 거짓말쟁이가 아니어도 거짓미소를 발달시키지요. 사실 미소는 갓난아기 때도 지을 수 있는 아주 쉬운 표정입니다. 갓난아이가 경멸에 가득 찬 미소를 짓는 것은 거의 못 보셨을 거예요. 하지만 웃는 모습은 아주 자주 보셨을 것입니다."

"박사님 말씀이 맞습니다. 자주 웃다 보면 정말 아이처럼 더 행복해질 수도 있을 것 같네요."

"마하스님의 말씀이 정확합니다. 억지웃음이라도 웃으면 기분이 좋아집니다. 단, 눈가의 주름이 생기게 크게 웃거나, 소리 내어 웃어야 합니다. 거짓된 웃음이라고 멀리 하려 하지 마시고, 적당히 활용하신다면 대인관계나 자기행복에 많은 도움이 됩니다."

"박사님의 말씀을 들으니 재미있는 문장이 떠오릅니다. 거짓으로 진실을 만든다."

"네, 그렇습니다."

"박사님, 그렇다고 해도 거짓은 거짓이니 꼭 가려내야 하는 것은 아닐까요?"

"스님 말씀이 맞습니다. 그런데 앞에서 말씀드렸듯이 눈가의 주름을 보고 거짓미소를 구별할 수 있지만, 그것만으로 확신할 수는 없습니다. 다른 증거를 통해 확인을 해야 합니다."

거짓말탐지기로 사람의
거짓말을 알 수 있는가?

　　"박사님, 그렇다면 거짓말 탐지기를 써서 거짓말을 확인하는 것은 어떤가요?"

　　"거짓말탐지기는 가끔 뉴스에서 피의자 조사 때나 방송의 여러 오락 프로그램에 등장하지요. 그래서 보통 사람들도 거짓말탐지기의 위력에 대해서 잘 알고 있습니다. 하지만 세상에 거짓말탐지기라는 것은 없습니다."

　　"아니, 버젓이 거짓말탐지기라고 방송에서 나오던데요?"

　　"스님께서 놀라시는 것이 당연합니다. 하지만 그것은 거짓말탐지기가 아니라 생체반응기록계 polygraph일 뿐입니다. 즉 심장박동수, 호흡, 피부습도 등 생리적 흥분의 정도를 측정하는 기계이지요. 이 기계가 거짓말탐지기로 널리 알려진 것은 거짓말쟁이라고 해도 거짓말할 때에 생기는 심리적 긴장을 완벽하게 통제할 수 없을 것이라는 생각 때문이었습니다. 그래서 정상적인 경우와 거짓말 할 때의 생리적 반응도를 비교하면 지금 그 사람이 거짓말을 하는지 안 하는지 알아볼 수 있다고 생각했지요. 영화에서 보면 사람의 팔과 가슴 등에 전극이나 띠를 두르고, 그래프를 보면서 답변을 할 때마다 변화를 체크하는 사람을 보셨을 것입니다. 그렇게 생리적 변화를 확인해서 특별하게 긴장한 부분이 있다면 다시 확인 질문을 해서 거짓말 여부를 밝히는 것입니다."

"박사님, 그러니까 거짓말을 확인할 수 있는 것 아닌가요?"

"스님, 아닙니다. 문제는 정말 거짓말쟁이가 따로 하는 생리적 반응 같은 것은 없다는 것입니다.. 즉 진짜 거짓말쟁이는 거짓말을 한다고 해서 특별히 더 긴장하지 않는다는 거지요. 초보자의 경우에는 확실히 표시가 나지만, 범죄를 자주 저지른 사람이나 첩보요원처럼 특수한 훈련을 받은 사람들은 거짓말탐지기를 통해서도 어떤 변화도 확인할 수 없도록 평이한 반응을 보인답니다."

"훈련을 통해서 거짓말탐지기를 통과할 수 있다니 놀랍네요."

"스님, 다시 한 번 강조하지만 거짓말탐지기라고 알려진 생체반응기록계도 거짓말인지 아닌지를 바로 판단하는 것이 아닙니다. 단지 긴장을 많이 한 부분과 아닌 부분을 가려내는 정도의 것입니다. 거짓말이 아니라고 해도 민감한 사안이어서 긴장을 했다면 생체반응이 크게 나올 것입니다."

"박사님, 그래도 거짓말탐지기가 법정 자료로 쓰이는 것을 보면 거짓말 여부 확인이 그나마 되는 것이 아닐까요?"

"사실 거짓말탐지기는 증거로 쓸 수 없습니다. 거짓말탐지기 관련 전문가인 레오나르도 색스Leonardo Sax 교수의 연구에 따르면 거짓말탐지기가 75%의 거짓말을 하는 사람들을 구별해 내었다고 합니다. 대단한 수치이지요. 하지만, 실제로 거짓말을 하지 않는 사람을 거짓말한다고 판별한 경우도 37%에 이릅니다."

"박사님, 이제야 좀 이해가 갑니다. 설령 백 명의 도둑을 놓쳐도 한 명의 억울한 죄인을 만들지는 말라는 말이 있지요. 그런데, 거의 10명 중 4명을 거짓말쟁이로 잘못 판단한다면 큰 문제네요."

"맞습니다. 그렇기 때문에 많은 국가에서는 거짓말탐지기 조사결과를 직접적인 법적증거로 사용하지 않고 다만 참고자료로만 활용하고 있습니다."

"박사님, 그렇다면 거짓말탐지기는 정말 만들 수 없나요?"

"최근에는 뇌지문인식 Brain fingerprinting 기법과 같이 직접 뇌의 움직임을 재는 방법이 제안되고 있습니다. 뇌지문인식은 피검사자의 머리 위에 10여 개의 미세 전극이 내장된 장치를 씌우고 범죄 장면 사진이나 단어 등을 컴퓨터 화면으로 보여주면서 뇌에 저장된 특정 뇌파의 반응을 검사하는 방법이지요. 사람은 자신이 익숙한 자극을 보면 P300이라고 하는 특정한 뇌파를 발생시킵니다. 만약 범죄현장 사진을 보여주었는데, 이 뇌파가 나온다면 그 사람이 범인인 것이지요. 그 사람이 겉으로 모른다고 아무리 이야기해도 진실을 밝힐 수 있게 되는 것입니다."

"놀랍네요. 그럼 그 기계를 가지고 거짓말탐지기로 쓰면 되겠네요?"

"네, 실제로 법정에서도 활용된 기술입니다. 이것은 미국 하버드 대학의 로렌스 파웰 박사가 만든 기술입니다. 박사는 1999년 연쇄 살

인범 제임스 그린더의 유죄를 확증하고, 종신형에 처해진 채 22년간 복역중이던 테리 해링턴이 무죄임을 증명해서 억울함을 풀어준 것으로 유명해졌습니다. 하지만 이 기법을 반대하는 사람도 많아요."

"아니 왜요?"

"만약에 P300이라는 뇌파가 나오지 않는다면 실제 살인을 했어도 무죄가 될 수 있는 위험이 있거든요."

"박사님, 하지만 사람은 자신이 한 일을 기억하지 않습니까? 그러니 자기가 한 일이라면 당연히 기억이 나겠지요."

"그러나 일상생활에서 경험해서 아시겠지만, 중요한 것도 깜박깜박하는 것이 인간의 기억력입니다. 더구나 나쁜 짓이 일상적이어서 별로 기억하지 않는 극악무도한 인간이라면 어떨까요? 이 기술이 그런 사람의 무죄를 입증하는 것으로 악용될 수 있지 않을까요?"

"박사님, 그렇게 되면 무시무시한 일입니다."

"그래서 현재로서는 적용을 하는데 세심한 주의를 기울이고 있습니다. 다른 정황 증거와 함께 이 기술을 적용하지 전적으로 거짓말탐지기라는 이름으로 진실을 판별하지는 못하고 있습니다."

"정말 거짓말탐지기가 있다는 말 자체가 거짓말이군요."

"네, 세상에서 가장 널리 퍼져 있는 뻔뻔한 거짓말이지요."

무릎을 탁치는
심리학 이야기

거짓말은 왜
없어지지 않을까?

　"박사님, 그런데 거짓말을 하지 말라고 학교나 가정에서 가르치고 있는데, 왜 거짓말은 없어지지 않을까요?"

　"스님, 저도 그것이 궁금해서 연구를 좀 해보았습니다. 그 결과 이유를 찾게 되었습니다. 사람들이 거짓말을 하는 이유는 거짓말을 통해서 얻는 이익이 있기 때문입니다."

　"에이, 박사님, 사기꾼이 아닌 다음에야 거짓말로 얻는 이익이 있으려고요?"

　"스님, 아닙니다. 사기꾼이 아닌 일반인들도 거짓말로 얻는 이익이 있습니다. 상대방의 인정, 자존감, 좋은 인상 등등, 때문에 거짓말을 합니다. 이것을 증명한 심리학자도 있습니다. 2002년 미국 메사추세츠대학 심리학과의 로버트 펠드먼 Robert Feldman 교수의 연구팀은 거짓말에 대한 유명한 연구를 했습니다. 연구팀은 2백 명이 넘는 실험참가자를 두 명씩 짝 지은 뒤 세 조로 나눠 상대방과 10분 동안 자기소개를 하도록 했습니다. 첫 번째 실험조는 자기소개를 하는 실험참가자에게 가급적 상대방이 호감을 느낄 수 있는 모습으로 말하도록 했습니다. 그리고 두 번째 실험조에게는 자신이 가지고 있는 능력을 되도록 많이 보여줄 것을 지시했고요. 세 번째 실험조에게는 아무것도 요구하지 않았습니다. 그리고 참가자들의 대화를 몰래카메라로 촬영했습니다. 그 결과는 어떻게 되었을까요?"

"박사님께서 심리학에 대해 초보자에 불과한 저에게 실험에 대한 질문을 하시니 좀 당황스럽네요. 자, 그럼 한번 따져보지요. 각 조의 상황은 다 다르군요. 으음, 조건을 따져보니 첫 번째와 두 번째 실험조가 세 번째 실험조보다는 아무래도 더 많은 거짓말을 했을 것 같군요."

"마하스님의 추측이 맞습니다. 아무 지시도 받지 않은 세 번째 조건의 사람들은 10분 동안 평균 0.88개의 거짓말을 했습니다. 하지만 호감 있는 모습을 보여야 하거나 능력 있게 보이라는 지시를 받았던 조건의 사람들은 아무런 지시도 받지 않은 조건의 사람들보다 각각 2.3배, 2.7배의 거짓말을 했습니다. 그리고 놀랍게도 참가자의 60%는 10분간의 대화에서 평균적으로 두 세 번씩 거짓말을 했지요. 약 3,4분에 한 번씩 거리낌 없이 거짓말을 하는 것입니다. 그의 연구에 따르면 일반인은 하루에 200번 정도 거짓말을 한다고 합니다."

"박사님, 200번이나요? 정말 놀랍네요. 아니 이 연구결과가 오히려 거짓말처럼 느껴집니다."

"스님, 매우 놀랍지만 사실입니다. 학력위조나 논문조작을 하거나 사기 치는 사람들과 비교할 것은 아니지만, 일반인들도 다른 사람의 인정이나 호감을 얻기 위해 쉽게 거짓말을 합니다. 거의 습관적으로 하기도 합니다. 로버트 펠드먼 Robert Feldman 연구팀이 1999년 실시한 조사연구에 따르면 초등학교에서 인기 있는 학생들 중 거의 대부분이 엄청난 거짓말쟁이들이었다고 합니다. 스님도 옛 경험을 떠올려 보세요. 초등학교 시절 인기가 있었던 아이가 진지한 성격을 가진 아이였는지, 이것저것 자랑 잘 할 줄 알고 신기한 이야기를 많이 했던 아이였는지를 직접 돌이켜 확인해 보세요."

"생각해보니 소위 '뻥'을 잘 치는 아이가 나름대로 인기가 있었던 기억이 있습니다. 그것이 뻥인 줄 알아도 재미있다는 생각을 하며 열심히 들었지요. 이렇게 박사님 말씀을 자세히 들으니 거짓말 안 하고 사는 것은 힘든 것 같고, 거짓말 하지 않고 사는 사람도 없는 것 같네요."

"네, 그러나 심리학자들은 사람들이 거짓말만 하고 살고, 또 살아도 된다는 말씀을 드리고 싶은 것은 아니랍니다. 삶을 살아가는 데 있어서 거짓말을 해야 되는 순간이 있습니다. 어쩌면 참 묘한 일이기도 하지요. 말하자면 너무 맛없는 음식을 해줬지만 초롱초롱한 눈망울로 쳐다보는 아이에게 '네가 해준 음식은 정말 최악이다'라고 하기보다는 '아 독특한 음식이라 좋았다'라고 해주는 게 더 좋지 않나요? 또 서운한 일을 당해도 '괜찮다'라고 하고 넘어가야 하는 순간도 있잖아요. 이왕 거짓말을 할 수밖에 없다면 자신의 건강과 다른 사람에게도 도움이 되는 거짓말을 하기를 권하고 싶습니다."

"박사님, 심리학자가 권하는 거짓말이라니, 듣는 입장에서는 기분이 묘합니다. 그러나 종교인으로서는 그저 거짓말을 하지 말라고 할 수밖에 없겠네요. 우리 불교에도 고통이 너무 큰 중생을 위해서는 잠시 그의 상처를 어루만져주고, 또 희망을 주기위해서 약간 부풀려 이

야기해주는 정도는 있고, 철저하게 자신의 이익이 아닌 남의 이익이
나 도움을 위해 방편으로 하는 거짓말은 괜찮지 않을까 싶습니다만,
방편의 기준이 엄격해야 하고 매우 조심해야지요.”

“네, 그렇게 하셔야 합니다. 쉽게 말해 정말 못생긴 사람에게 세상
최고로 예쁘다고 하면 듣는 사람이 오히려 자기를 놀리는 줄 알고 기
분이 나빠질 것입니다. 하지만 평범하게 생긴 사람에게 오늘은 더욱
예뻐 보인다고 하면 기분 좋아하겠지요. 누구나 때로는 스스로 생각
하기에도 자신감을 갖게 되는 때가 있으니까 그때에 제대로 칭찬을 해
주시는 것입니다. 현실과 거리가 먼 너무 과한 거짓말은 당사자나 주
변 사람 모두 거짓이어서 분명 효과가 없고, 오히려 반감만 커집니다.
아예 없는 것을 억지로 지어내는 거짓말은 정말 쓰지 말아야 할 거짓
말입니다. 선의의 거짓말은 같은 거짓말이어도 듣는 사람의 입장에서
는 배려의 마음으로 느껴져 좀 더 지어내는 이야기에 가깝습니다.”

한국 사람과 외국인이 하는 거짓말은 다를까?

11

“박사님, 세상 어디에나 거짓말이 있다면 한국 사람
과 외국 사람이 하는 거짓말도 모두 똑같나요?”

"스님, 대체적으로 비슷합니다. 사람 사는 게 다르지 않으니까요. 친구를 사귈 때, 결혼생활을 할 때, 남과의 경쟁에서 이기고 싶을 때 등등, 또 영화를 봐도 비슷하게 거짓말을 하는 것을 확인할 수 있습니다. 하지만 어떤 상황에서는 선의의 거짓말이 다른 곳에서는 정말 나쁜 거짓말로 받아들여지기도 합니다."

"어떻게요?"

"미국은 세계의 각국에서 온 다양한 인종의 이민자로 이뤄진 나라이지요. 그 중에서 인종 전시장이라고 할 수 있는 LA에서 2004년 설문조사를 한 적이 있습니다. 그런데 그 설문조사에서 만약 가족이 암에 걸린 경우 어떻게 하는 것이 좋으냐고 물어보았습니다. 그러자 미국으로 이민 간 한국 동포들은 고작 50퍼센트 정도만 사실대로 암에 걸렸다는 말을 하는 것이 좋다고 대답했습니다. 즉 응답자의 절반은 사실을 피해가는 거짓말하기를 바랐지요. 미리 안다고 해서 더 좋을 것 없으니 살아있는 동안은 마음이나 편하게 해주자는 게 주된 생각이었습니다."

"박사님 말씀이 맞는 것 같아요. 그렇게 생각할 수도 있겠습니다."

"하지만 응답자 중 백인과 흑인의 경우에는 무려 90퍼센트가 진실을 그대로 말해야 한다고 응답했습니다. 그리고 이들은 한국 사람이 하는 선의의 거짓말이 문제가 있다고 했습니다. 즉 인생을 스스로 정리할 수 있는 권리를 침해하는 매우 심각한 거짓말로 보았습니다. 이렇듯 거짓말에 대한 생각은 각 나라의 문화마다 다릅니다. 문화의 차이가 크지요."

"하지만, 문화의 차이를 떠나 거짓이 아닌 진실을 구하고자 하는 간절한 마음은 같을 것입니다."

"스님이시라 역시 사람을 보는 면이 다르시네요. 저도 그러기를 바랍니다."

"박사님, 그런데 동서양 사람들의 차이는 거짓말뿐만 아니라 진실을 느끼는 면도 다르지 않을까요?"

"네, 그렇습니다. 동서양의 사고방식 차이에 대해서는 유명한 연구자가 있습니다. 리처드 니스벳 Richard Nisbett 이라는 심리학자는 매우 오랜 시간 동서양의 인식차이에 대해서 연구했습니다. 그 결과 다음과 같은 결론을 얻어냈습니다. 동양인은 좀 더 '종합적으로' 사고하기 때문에, 부분보다는 전체에 주의를 더 기울인다는 것이었습니다. 그리고 사물을 독립적으로 파악하기보다는 그 사물이 다른 사물들과 맺고 있는 '상관관계'를 통하여 파악한다고 보았습니다."

"네, 확실히 그런 것 같습니다. 불교와 힌두교, 유교나 도교 등, 동양에서 발생한 종교를 생각해봐도 방금 말씀하신 특징들이 보입니다. 박사님, 그렇다면 거기에 비해 서양인은 어떤 사고방식을 갖고 있나요?"

"서양인은 '분석적'인 사고방식을 갖고 있습니다. 즉 사물과 사람 자체에 주의를 돌리고, 형식논리나 규칙을 사용하여 추리하는 것을 매우 좋아합니다. 예를 들어 동양인은 같은 갈등 이야기를 들을 때

무릎을 탁치는
심리학 이야기

조화를 중시하며 융화를 주장합니다. 하지만 서양인은 양자택일의 논쟁문화로 자신의 의견을 적극적으로 제시합니다. 이러한 근본적인 사고방식의 차이가 경제, 사상, 교육, 사회 전 분야에 걸쳐 차이를 보여주고 있지요."

"박사님, 그렇군요. 그 니스벳이라는 학자도 동양과 서양의 이분법으로 분석하며 연구한 것을 보면 서양인의 사고방식을 벗어나지 못한 것 같네요?"

"마하스님, 정말 통쾌한 지적입니다. 화제 안에서 정곡을 짚으셨군요. 맞습니다. 동양과 서양의 조화적 측면이 아니라, 둘의 차이를 중심으로 이야기하는 것은 양자택일의 서양식 사고방식에 연구자가 젖어 있어서일 수 있습니다. 그리고 제가 한 가지 비판점을 덧붙이지요. 그것은 동양에서도 한국과 중국, 일본의 사고방식이 다르다는 것이지요. 그리고 그 안에서 어떻게 서로의 조화를 맞추느냐도 살펴볼 만한 주제입니다."

"요즘에는 외국사람 뿐 아니라 외국스님들도 한국을 많이 찾고 있습니다. 그 분들을 좀 더 잘 파악하고, 더 잘 교류하기 위해서는 저도 지금 말씀하신 이쪽 분야의 책을 꼭 읽고 더 많이 읽어야 하겠습니다."

"스님께서 그런 책을 보신다면 다른 지평을 얻을 수 있을 겁니다. 자못 기대가 됩니다. 니스벳은 『생각의 지도』라는 책에서 서양과 동양의 종교가 서로 다른 것을 사고방식의 차이로 설명했습니다. 그는 서양종교가 '옳고 그름right/wrong'의 구조로 되어 있는 반면, 동양종교는 '둘 모두/함께 both/and'를 지향하고 있다고 지적했지요. 동양종교들은 타 종교에 대해 매우 관대하고, 서로의 교리를 주고받으며 흡수하는 것이 특징입니다. 그래서 한국에서는 어떤 사람이 불교도이면서 유교적인 제사를 지내는 것이 가능하다고 합니다. 그러나 서양종교의 대표적인 기독교를 믿는 사람은 양자택일의 상황에 놓여 제사를 포기하게 되지요."

"박사님, 좋은 책을 권해 주셔서 감사합니다. 일독 후에 더 깊은 이야기를 나누도록 하겠습니다."

"동양인은 종합적인 사고를 하는 경향이 크고, 서양인은 분석적인 사고가 우세합니다. 그러나 꼭 일부러 그 중의 하나를 선택하라는 말은 아니니 그 둘 사이를 오가면서 철저하게 공부하시기 바랍니다."

왜 똑똑한 사람이
사이비 종교에 빠지는가?

12

"박사님, 저는 불자이지만 나아가 종교인으로서 생각하기에 우리사회의 가장 심각한 거짓말은 사이비 종교의 가르침이 아닌가 싶습니다. 자기인생을 파괴할 뿐만 아니라 사회를 혼탁하게 하여 혹세무민하니까요. 그런데 사이비 종교에 빠지는 사람을 보면 교수나 박사, 혹은 사회지도층의 사람들도 있습니다. 왜 그런 똑똑한 사람들이 누가 봐도 분명 이상한 사이비 종교에 빠져드는 것일까요?"

"레온 페스팅거 Leon Festinger 라는 심리학자가 바로 그런 현상을 연구했습니다. 그리고 여러 사례를 분석하고 직접 실험을 한 결과 '인지부조화' 이론으로 사람들이 사이비 종교에 빠지는 과정을 설명했습니다."

"박사님, 자세히 설명해 주시겠습니까?"

"사이비 종교는 처음부터 자신들의 성향을 다 보여주지 않습니다. 처음에는 친목모임이나 좋은 행사에 초대하지요. 그러면 흥겨운 분위기에 일단 저항감이 없어집니다. 그러다가 차츰 처음에 안내한 사람이 종교적 성향이 강한 모임에 나오도록 부추깁니다. 조금 이상하다는 생각을 하더라도 일단 인간관계 때문에 그 모임에 나가지요. 그러면 안내인은 입문자보다 더 똑똑하거나 지위가 높은 사람을 소개시킵니다."

"그래서 '나보다 더 많이 대단한 사람이 여기 나오는 것을 보면 뭔가 있긴 있나 보다' 라는 생각을 하게 되겠지요?"

"네, 그러면서도 한편으로는 의심이 완전히 다 풀린 것은 아닙니다. 그런 상태에서 점점 종교적 행위를 하도록 시킵니다. 함께 박수를 치고, 노래를 부르고, 절을 하는 식으로 시간을 보내게 합니다. 그러면 집에 돌아가서도 입문자의 마음은 불편합니다."

"박사님, 그것은 자신의 마음이 확 믿는 것도 아니고 완전히 거부하는 것도 아닌 어정쩡한 상태이기 때문이겠지요."

"스님, 그렇지만 자신이 한 일을 객관적으로 떠올리면 그 자리에 있던 다른 사람과 별로 다를 게 없습니다. 자신의 마음과 행동이 일치하지 않는 것은 사람에게 큰 스트레스가 됩니다. 말하자면 스트레스는 고통입니다. 그래서 스트레스를 줄이고 마음의 평화를 얻기 위해 일치점을 찾지요. 즉 마음과 행동을 일치시키는 것입니다. 자신이 행동을 그렇게 했으니 자기 안에 그런 마음이 있었을 것이라고 판단하는 것입니다. 일단 자기 합리화가 끝나면, 휜 대나무를 탁 놓았을 때 반대편으로 빨리 휘는 것처럼 사람이 바뀝니다. 의심스러웠던 것에 더 매달린다는 것이지요."

"박사님, 사이비 종교에서 이상한 의식이 많은 것도 행동을 교묘하게 조작하기 위한 것으로 볼 수 있겠네요?"

"네, 그렇습니다. 인지부조화의 힘은 명백한 잘못이 드러난 경우에도 영향을 미칩니다."

"박사님, 예를 들어서 어떤 경우인가요?"

"1999년에는 각종 예언서에 따라 지구가 멸망한다는 말이 많았지요. 지금에는 종말론이 웃고 넘길 이야기처럼 되었지만 당시에는 아주 심각했습니다. 종말론에 빠져 가족을 내팽개치고 범죄를 저지르거나 자살을 하기도 했습니다. 그 전인 1992년 다미 선교회의 휴거 소동도 있었는데도 사람들은 똑같은 실수를 반복했습니다."

"박사님, 다미 선교회요? 기억이 가물가물합니다."

"다미 선교회는 1992년 10월 28일 밤 자정에 신의 부르심을 받고 하늘로 올라가는 휴거가 일어난다고 공언했습니다. 그래서 다미 선교회의 1500여 명의 신자들은 휴거가 일어난다고 철석같이 믿었지요. 이미 가족과 직장도 버리고 재산도 모두 교회에 바친 사람이 많았지요. 그 신자들 중에는 세상이 멸망하는데 교회는 왜 재산을 받을까 하는 단순한 사실도 의심한 사람은 없었습니다. 하늘로 올라간다는 허황된 말을 믿은 사람들 중에는 박사와 교수, 사회지도층도 포함되어 있었습니다. 그러나 기다리는 휴거는 일어나지 않았지요."

"박사님, 그 사람들은 어떻게 되었나요? 막 화를 내고 교회를 파괴했을 것 같은데요?"

"스님, 아닙니다. 그 때 사람들은 휴거가 일어나지 않았다는 사실을 믿을 수가 없었습니다. 객관적 현실이 자신들의 믿음과 반대되는 위기에 빠지자, 이번에는 마음을 편하게 하려고 객관적 현실을 왜곡시켰습니다. 즉 자신들의 기도가 부족해서 휴거가 일어나지 않았다고 믿었습니다."

"그래서 사이비 종교에 한번 빠지면 헤어날 수 없는 것이군요."

"네, 종말론의 경우에도 '세상이 멸망하지 않은 것은 자신들의 간절한 기도 때문이다'라고 믿거나 '신이 잠시 유예를 하신 것이다' 등등 말도 안 되는 주장을 늘어놓고 있지만, 신자들은 철석같이 믿고 있습니다. 자신이 그렇게 바보같이 속았다는 사실을 인정한다는 것은 끔찍하니, 계속 자신의 기존 행동과 마음이 일치하는 방식으로 상황을 왜곡시켜 나갑니다."

"박사님, 그래서 똑똑한 사람이 더 극렬하게 사이비 종교에 빠지는가 보군요. 자신의 실수를 겸허하게 받아들이지 못하고, 자기 자존심만 강하게 내세우니까요. 결국 사기는 사기꾼의 죄도 크지만, 사기에 빠진 사람이 생각의 함정에 빠진 죄도 있습니다. 즉, 사기성이 있어야 사기를 당한다는 것이지요. 나아가 설령 실수를 했어도 자신의 실수를 인정하면 사이비 종교와 같은 사기에서도 곧 빠져 나올 수 있는 것 아닌가요?"

"네, 맞습니다. 스님, 그런 면도 분명히 있습니다."

물건을 산 다음에도 광고를 보는 이유는 무엇인가?

13

"스님, 인지부조화는 사이비 종교와 같은 문제에만 해당하는 심리학 이론이 아닙니다. 우리 일상생활에서도 많이 볼 수 있는 흔한 모습입니다."

"박사님, 구체적으로 어떤 경우가 있는지 설명해 주시겠습니까?"

"물건을 산 다음에 광고를 유심히 보는 경우도 인지부조화와 관련이 있습니다. 예를 들어 A사의 운동화를 샀는데, B사의 운동화가 품질이 더 좋다는 말을 들은 경우, 마음이 불편해집니다. 아까도 말씀드렸듯이 자신의 행동과 마음이 불일치하는 것은 스트레스를 줍니다. 사람은 스트레스를 피하고 행복을 추구하는 성향이 강합니다. 그래서 자신의 선택이 틀리지 않았음을 확인할 수 있는 그 회사의 광고를 열심히 찾아봅니다. 아니면 또 다른 구실을 만들기도 합니다. 품질은 B사가 더 좋지만, 가격은 그래도 A사의 것이 싸니까 자신은 좋은 선택을 한 것이라고 스스로 위로합니다."

"박사님, 가격과 품질 모두 B사의 것이 우월하다면 어떻게 하나요?"

"그럴 때는 자신이 원래 B사가 마음에 안 들었다고 생각하거나, 그 회사가 일으킨 사회적 문제 등을 이유로 내겁니다. 사실 구매 당시에는 전혀 고려하지도 않았던 사항이라고 하더라도 말입니다. 아니면 A사의 모델이 멋지다거나, 자신이 알고 있는 사람 중 A사의 제품을 이용한 사람이 멋져 보였다는 등 가격과 품질과는 전혀 동떨어진 측면을 더 강조해서 생각합니다."

"생각을 왜곡시키는 거군요?"

"그렇죠. 그런 식으로 마음의 평화를 찾습니다."

"박사님, 결국 우리는 자기 마음의 평화를 구하느라 자기 자신에게 속고 속이는 것이군요."

"그렇다고 할 수 있습니다. 인지부조화는 정치적인 전략에도 쓰이고 있습니다. 지금은 아주 교묘한 선전과 마케팅으로 은밀히 활용되고 있지만, 예전에는 공공연하게 쓰였지요. 막걸리 선거라고 있지 않았습니까?"

"아, 몇 십 년 전에 유권자에게 고무신이나 막걸리를 나눠주고 선거에 자신을 찍어달라고 하는 것 말이지요?"

"네, 사람들은 막걸리와 자신의 투표권을 바꾼다고 하면 자신이 이용당한다는 생각에 자기도 모르게 마음이 불편합니다. 그래서 막걸리가 아니라 원래 그 후보자가 좋은 면이 많아서 선택한 것이라고 믿고 말합니다. 그리고 실제로도 그 후보를 더 적극적으로 지지합니다."

"박사님, 과학적 근거가 있나요?"

"페스팅거 교수가 구체적으로 실험을 해 보았습니다. 대립되는 문제해결책을 두 개 놓고 사람들에게 각자 지지하는 바를 표현하도록 했습니다. 그런데 어떤 사람에게는 자신의 신념과 반대되는 것을 지지하도록 하는 대신에, 돈을 많이 주었습니다. 또 다른 사람에게는 돈을 조금만 주었습니다. 그 결과 어느 쪽이 자신의 신념을 실제로 더 많이 변화시켰을까요?"

"돈을 많이 받은 사람이 미안해서 보답의 마음으로 더 변화시키지 않았을까요?"

"스님, 그럴 것 같지만 인간의 마음은 참으로 오묘합니다. 돈을 조금 받은 사람이 더 확실하게 신념을 바꿨습니다. 왜냐하면 자신이 한 지지 행동이 고작 천원도 안 되는 보상 때문에 한 것이라고 인정하기가 싫은 것입니다. 그래서 적은 보상 때문이 아니라 원래 자신이 그 문제해결책이 더 타당해서 선택한 것으로 인지를 왜곡시켰습니다. 막걸리나 고무신이 커다란 돈 봉투보다도 더 효과가 있었던 것은 바로 이런 이유 때문입니다. 지금도 세계 여러 나라를 보면 사회적으로 소외받은 사람이 보수성향이 강한 경우가 많습니다. 오히려 불만은 중산층 이상의 사람이 더 크지요."

"박사님, 이렇게 이야기를 들으니 참 무섭기도 하네요. 심리학의 원리를 잘못 이용하면 사람들의 생각까지도 조작할 수 있겠군요. 광고가 되었든, 정치선전이 되었든 간에 말입니다."

"네, 그러니까 거짓됨 없이 자신의 생각의 순수함을 지키기 위해서라도 심리학을 공부해야 하는 것이지요. 마치 도道 닦듯이 말입니다."

"알겠습니다. 좋은 말씀입니다. 인지부조화 이론에 대해서 조금 알게 되니 사람은 자신도 모르게 자기 자신의 생각의 함정에 빠져 속는 것이 얼마나 무서운 것인지 깨닫게 되었습니다. 앞으로는 섣부른 행동을 먼저 해서 남에게 속지도 않을 뿐만 아니라, 나 자신에게 속지 않기 위해 더 신중하도록 하겠습니다. 사람은 자기가 자신에게 속는 것을 더 모르고, 또 모르기 때문에 더 무섭지요."

착시 그림은 왜 알고 봐도 똑같이 보이는 것인가?

14

"스님, 거짓됨이 없는 생각이 중요하다고 제가 말씀 드렸지만, 어찌 보면 심리학적으로 불가능한 이야기가 아닌가 싶기도 합니다."

"아니 왜요?"

"착시錯視 그림은 뻔히 눈에 보이는 것이 거짓인 줄 알면서도 그렇게 보이니까요. 우리가 생각의 재료로 쓰는 감각부터 이렇게 믿지 못할 것입니다. 그런데 거짓됨이 없는 생각이 정말 가능할까 싶어서요."

"박사님, 좀 더 자세히 설명해 주시겠습니까?"

"제가 간단히 그림을 그려 보여 드리겠습니다."

박사는 종이에 다음과 같은 그림을 그려 보였다.

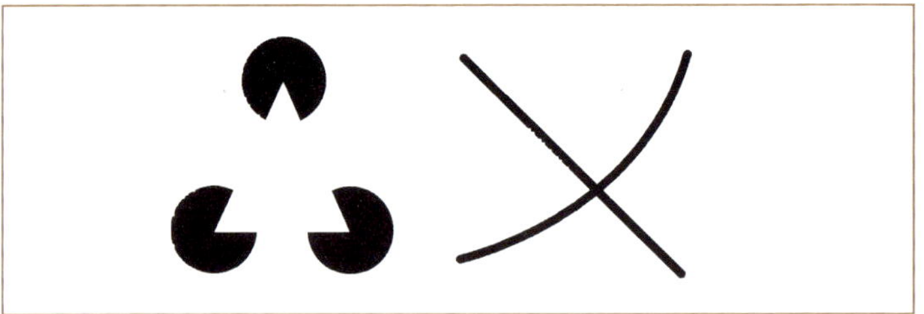

"스님, 왼쪽 그림을 보십시오. 우리는 있지도 않은 삼각형을 볼 수 있지요. 하얀 삼각형 말입니다. 하지만 객관적인 사실은 피자 한 조각이 잘려나간 것 같은 원이 세 개가 있을 뿐입니다.”

“박사님, 그렇지만 우리는 전체를 완성하는 생각에 길들여져서인지 삼각형이 정답이라는 생각을 하게 되네요.”

“오른쪽 그림에서는 연속된 두 개의 선이 서로 교차하고 있는 것으로 흔히 인식하지요. 하지만 두 개의 X 모양의 선분이 꼭짓점을 맞붙이고 있는 것이라거나, 그림 가운데를 중심으로 각각 다른 4개의 선이 서로 붙어 있는 것이라고 느끼는 경우는 드뭅니다.”

“박사님, 그렇군요. 딱히 두 개의 선이 교차하도록 그렸다는 증거가 없는데도 말입니다. 눈에 보이는 것을 꼭 어느 하나가 정답이라고 볼 근거가 없네요.”

“그런데도 우리는 어느 특정한 방향으로 보는 것이 참이고, 다른 쪽은 거짓이라는 생각을 하게 됩니다. 스님, 이번에는 이 선을 잘 보시지요?”

박사는 종이에 선을 그렸다. 명함을 대고 스님 눈앞에서 그렸으니 두 선분의 길이가 똑같다는 것은 확실했다. 그렇지만 꼭짓점의 모양을 두 개가 다르게 하자 길이가 달라 보였다. 박사는 이번에는 명함을 대고 가로선과 세로선을 하나씩 그렸다.

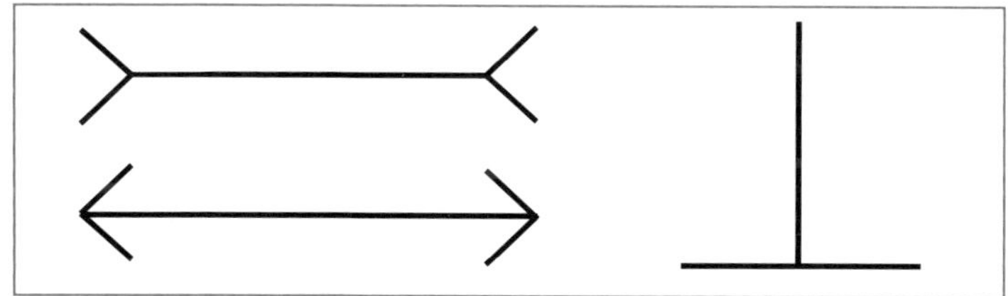

"박사님, 똑같은 길이의 선인 것을 알고 있습니다. 하지만 선분의 양쪽 끝 모양 때문에, 혹은 수직이냐 수평이냐 하는 위치로 인해 두 선분의 길이가 다르게 느껴지는 것은 어쩔 수가 없네요. 왜 이런 것인가요?"

"심리학 분파 중에는 게슈탈트 Gestalt 학파가 있습니다. 그들의 주장에 따르면 '무의식적 추론'에 의해 착시가 일어난다고 합니다. 주변의 정보가 어떠냐에 따라 대상이 달라져 보이는 것도 무의식적인 추론 때문입니다. 보이지 않는 삼각형 그림 같은 경우에도 그냥 원 하나만 있다면 삼각형을 보기 힘들 것입니다. 나머지 두 개의 원이 그 위치에 와 있기 때문에 삼각형이 보이는 것입니다. 선은 가급적 연속되는 것으로 보고, 인접한 것은 전체를 이루는 하나의 요소인 것처럼 자동적으로 보게 된다는 원리가 있다고 주장했습니다."

"무의식적 추론이라… 자동적으로 일어나는 생각이라……."

스님은 혼잣말처럼 말했다. 박사는 또 다른 그림을 그렸다.

"스님, 이 그림은 어떠신가요?"

"꼭 두 사람이 마주보고 있는 것 같네요."

"스님, 하얀 것에 더 주의해서 보면 다른 것이 보이실 것입니다."

"아, 아름다운 꽃병같아 보이네요."

"네, 이제 다시 보세요."

"박사님, 신기하네요. 꽃병으로 볼 때는 얼굴을 무시해야 하고, 얼굴을 보면 꽃병을 무시해야 하는군요."

"네, 이렇게 뭔가를 볼 때 우리는 뭔가는 무시합니다. 이때 무시되는 것을 배경背景이라 하고, 앞에 도드라지게 보는 것을 전경前景이라고 합니다. 배경이었던 것도 전경으로 관점을 바꿔보면 전혀 다른 것을 발견할 수 있지요."

"박사님, 착시는 무의식적이고 자동적인 것이지만, 우리가 의도적으로 뭔가를 본다면 어떨까요? 그냥 헛것을 보는 것이 아니라 의미 있는 것을 발견할 수도 있겠군요?"

"네, 그렇습니다."

"박사님, 왜, 수행을 할 때 '미세한 티끌에서도 우주를 보려고 노력하라'고 하는지가 좀 이해가 갑니다. 우리가 무시했던 배경을 전경으로 내세우면 전혀 다른 지평을 경험할 수 있기 때문입니다."

"스님, 저 같은 심리학자도 미처 생각하지 못한 멋진 말씀이시네요."

"심리학을 알면 알수록 불교와 연결되는 지점이 많은 것을 느낍니

다. 중생의 눈에는 배경으로 숨는 것을 전경으로 다시 볼 수 있으면
득도를 한 것이 아니겠습니까? 또 전경이었던 것을 배경으로, 배경
이었던 것을 전경으로 돌려놓는 것이 어쩌면 깨달음이 아니겠습니
까? 일상의 배경으로 무심코 지나치던 것에서 어떤 때는 눈물 흘릴
수밖에 없는 가치를 발견하는 것입니다. 단순히 시각의 착시 현상에
대한 설명이 아니라, 이 원리는 자신이 남과 다른 의미를 찾는 원리
도 되겠습니다."

"스님께서 그렇게 의미 부여를 하시니 저도 참 놀랍습니다."

기차가 정차했을 때 뒤로 가는 것처럼
느껴지는 이유는 무엇인가?

"박사님, 착시가 무척 재미있는데, 혹시 다른 착시는
없나요?"

"스님, 기차가 역에서 멈추었는데 밖의 풍경이 천천히 뒤로 가는
것처럼 보인 경험이 없으신가요?"

"네, 그런 경험이 있습니다. 차를 탔을 때도 가끔 느낍니다."

"스님, 흐르는 폭포나 강물을 한참동안 보다가 그 옆의 바위와 같
이 움직이지 않는 것을 봤는데 바위가 반대방향으로 움직이는 것 같

이 보이는 때도 있었지요?"

"네, 맞습니다. '분명 그럴 리가 없는데……'라고 눈을 비벼도 보지만, 보이는 광경은 좀처럼 바뀌지 않지요. 그건 왜 그런 것인가요?"

"스님, 그것은 일명 '폭포착시 waterfall illusion'라고 불리기도 하는 '잔존효과 motion after effect' 때문입니다. 잔존효과는 우리가 쉽게 경험할 수 있는 아주 일반적인 현상입니다. 밝은 곳에 있다가 극장과 같이 어두운 실내에 들어가면 모든 게 어둡게 보입니다. 그리고 아주 조용한 곳에 있다가 시끄러운 곳으로 가면 더 정신이 없을 정도로 시끄럽게 들리지요. 이 모든 것이 한쪽 방향으로 뇌의 인지체계가 작동하면 다른 쪽으로 편차가 생겨 나오는 이른바 '잔존효과' 때문입니다. 직접 느껴볼 수 있도록 제가 실험을 해보도록 하지요."

박사는 종이에 그림을 그리더니 가운데에 볼펜으로 구멍을 뚫어 작은 뺑뺑이처럼 시계방향으로 그림을 빙글빙글 회전시켰다. 그리고 스님에게 소용돌이의 중심에 눈을 고정시키라고 말했다.

"박사님, 꼭 바람개비가 도는 것 같네요. 좀 어지럽습니다. 얼마동안 이렇게 봐야 하는 건가요?"

"스님, 30초입니다. 거의 다 되었습니다. 자, 이제 눈을 돌려 스님의 손등을 보세요. 어떤가요?"

스님은 깜짝 놀랐다. 손등의 일부분이 아까 소용돌이로 빨려 들어가던 방향과 반대로 움직이는 것처럼 보였다. 손등의 중심이 소용돌이치면서 앞으로 나오거나 뭔가가 부풀어 오르는 것 같은 움직임이 있었다.

"박사님, 가만히 있는 손등의 일부분이 마치 움직이는 것처럼 왜곡되어 보이네요."

"그렇지요? 이것은 뇌에 있는 세포의 특성 때문에 생기는 착시입니다. 뇌의 시각피질의 일부 영역에 있는 세포들은 외부 물체의 운동에 반응합니다. 그런데 이때 운동의 유형에 따라 거기에 반응하는 세포들이 제각각 다르지요. 좌에서 우로 빠르게 움직이는 것에 가장 잘 반응하는 세포들이 있는가 하면, 위에서 아래로 천천히 움직이는 것에 가장 잘 반응하는 세포들도 있습니다. 이런 식으로 각도와 속도에 따라 반응하는 세포들이 제각각 다르지요."

"박사님, 뇌에 있다고 해서 다 하나로 움직이는 세포인 것은 아니군요?"

"네, 세포는 무조건 반응하는 것이 아닙니다. 각도와 속도가 완전히 다른 유형의 운동에는 전혀 반응을 일으키지 않지요. 즉 뇌가 물체의 운동을 지각하려면 그 운동에 반응하는 세포들이 그에 맞게 활성화되어야 하는 것입니다. 그런데 세포들은 무한정으로 활성화될 수가 없어요. 그래서 방금 한 실험의 경우, 계속 원판을 보면 가운데로 빨려 들어가는 움직임에 활성화된 세포들은 거기에 적응하여 더 이상 활성화되지 않습니다. 하지만 눈을 돌려 손등을 보면 사정이 달라지지요."

"박사님, 움직임이 없는 물체를 본다는 것은 뇌에 있는 세포들의 입장에서는 정상상태로 되돌아가는 것이지 않나요? 그런데 왜 이런 변화가 있나요?"

"이미 소용돌이에 적응한 세포들의 처지는 다르지요. 지금까지 활성화하지 않고 있던 다른 세포들과 비교했을 때 다시 정상상태로 돌아가는 것이 상대적으로 더딜 수밖에 없어요. 그렇다보니 소용돌이와 상관이 없던 세포들의 정지 상태에 대한 반응에 맞는 활성화 정도가 상대적으로 더 강한 것이 되지요. 그래서 사실은 정지된 물체에 대한 정보가 입력되는데도 뇌는 세포들 전체의 반응유형을 종합한 결과, 물체가 반대방향으로 움직이는 것으로 왜곡되게 해석하게 됩니다."

"우리의 눈이 부정확한 것이군요?"

"아니, 눈이 아니라 우리의 뇌가 그런 것입니다. 이것도 실험을 해 보지요. 이번에는 소용돌이 원판을 한 쪽 눈을 가리고 보세요. 그렇게 30초 이상 소용돌이를 보고 나서 이번에는 감고 있었던 눈을 떠서 손등을 보고 어떤 변화가 있는지 살펴보세요."

스님은 박사의 지시를 따라 했다.

"박사님, 조금 전과 똑같이 올록볼록한 것이 보이는데요?"

"네, 감고 있던 눈의 세포는 소용돌이를 보지 않았다는 사실을 명심하세요. 그런데도 여전히 잔존효과가 있다는 것은 이 현상이 눈이 아니라 정보를 통합하는 뇌와 더 깊이 연관되어 있음을 말해주는 것입니다."

"잔존효과가 대단한 것이네요. 그런데 왜 내가 직접 운전하고 난 다음에는 기차에 앉아서 봤을 때와는 다르게 집들이 반대방향으로 천천히 움직이는 것처럼 보이지 않는 것인가요?"

"스님, 그것은 기차에서 창문 밖으로 본 풍경이나 소용돌이가 일어나는 종이를 보는 것처럼 시야의 일부에서만 움직임을 본 것이 아니기 때문입니다. 자동차를 타고 가는 경우 우리 눈에 보이는 모든 것들은 다 움직이는 것들이지요. 전체적으로 뇌가 활성화되다 보니 나중에 특정 부분의 차이가 나지 않습니다. 그래서 운전한 뒤에는 별다른 잔존효과를 느끼지 못하는 것이지요."

"박사님, 결국 잔존효과에서 중요한 것은 뇌 세포의 상대적 활성화 강도 차이군요. 그래서 속도가 느려도 시냇물을 계속 보다가 돌을 보면 마치 돌이 움직이는 것처럼 보이는 것이고요. 속도가 문제가 아니라고요."

"네, 그렇습니다. 시냇물, 폭포, 기차 등등, 지속적으로 한 방향으로 움직이는 것들을 보면 모두 잔존효과를 경험할 수 있답니다."

사소한 일상과 큰 사건 중
스트레스를 더 많이 주는 것은 무엇인가?

16

"박사님, 제가 심리학자를 만나면 꼭 여쭤보고 싶었던 것이 있습니다. 절에 찾아오시는 분들 중 많은 분들이 스트레스를 너무 많이 받고 있다고 하소연합니다. 사실 수행자인 저희들도 스트레스가 있지요. 의식적으로는 스트레스를 받지 않으려 노력해도 일단 스트레스를 받는 것은 어쩔 수 없습니다. 왜 사람은 스트레스를 받는 것인가요?"

"스님, 사람은 스트레스가 필요하기 때문입니다."

"박사님, 스트레스가 필요하다고요? 아니, 사람을 괴롭히는 스트레스가 필요하다니요?"

"지금은 스트레스가 나쁜 것이라는 말이 더 많습니다. 하지만 전체 인류사를 놓고 보면 스트레스는 긍정적인 역할을 해왔습니다. 원시시대에서부터 불과 이백 년 전까지만 해도 사람들이 사는 곳 밖은 맹수와 각종 위험들로 가득했습니다. 그러니 큰일을 당하고 나서 후회를 하기보다는 미리 걱정을 하거나 겁이 나서 피하는 것이 좋았습니다."

"그 말도 맞네요. 숲에서 뭔가 계속 부스럭거리는데, 스트레스를 받지 않고 그냥 길을 가다가 호랑이에 잡아먹히게 될 수도 있었겠네요. 그러면 안 되는 일이지요."

"심리학자들은 스트레스를 '개인의 안녕을 위협하는 것이며, 그에 대해 대처하는 것에 부담을 느끼게 하는 상황'이라고 정의합니다. 즉 안녕을 위하는 긍정적인 것이자, 부담이라는 부정적인 것이지요."

"박사님, 하지만 지금 현대에서는 스트레스가 부정적인 면이 더 강한 것이 사실 아닌가요?"

"네, 어느 정도 맞는 말씀입니다. 사회가 복잡해지면서 그 만큼 스트레스의 가짓수도 많아졌습니다. 흔히 사소한 일에 대한 스트레스보다는 큰 사건에 의한 충격이 더 정신건강에 안 좋을 것이라 생각합니다. 하지만 심리학자 리차드 라자루스Richard Lazarus 박사의 연구에 따르면, 물건 놓은 곳을 잊어버리는 것이나 약속시간에 늦는 것과 같은 일상적 골칫거리가 건강에 더 큰 영향을 주고 있다고 합니다."

"왜 그런가요?"

"스트레스는 한번 느꼈다가 없어지는 것이 아닙니다. 대부분의 문제가 반복되지요. 그러면서 자꾸 누적이 됩니다. 그리고 그것은 일회성의 큰 사건의 충격양보다 적은 경우가 많습니다. 가족이 교통사고로 죽는 것은 분명 아주 충격적인 일입니다. 하지만 그런 일이 계속 반복되기는 힘듭니다. 일상적인 문제는 계속 머릿속에 자취를 남기지만, 큰 사건은 너무 괴로워 잊고자 하는 노력 때문에 자취와 크기가 점점 줄어듭니다. 결국 일상적 스트레스가 우리의 정신 건강을 더 많이 좌우하고 지배합니다."

"박사님, 세찬 소나기보다 물방울 하나하나가 모여 바위를 뚫고 폭포를 만드는 것과 같은 이치이군요."

"네, 스님 말씀이 맞습니다. 일상적으로 스트레스를 받을 수 있는 요소는 주변에 많이 있습니다. 그것을 크게 나누면 물리적 요소와 심리적 요소로 나눌 수 있지요. 물리적 요소는 소음, 빛의 깜박임, 사람들이 밀집해 있는 공간 등과 같은 환경적인 외부조건입니다. 이에 비해 심리적 요소는 신념, 기대, 불안, 좌절 등과 같은 내면적인 내부조건입니다. 현대인은 대부분 심리적 요소에 의해 스트레스를 받습니다."

"박사님, 구체적으로 심리적 요소는 어떤 건가요?"

"심리적 요소는 아주 복잡합니다. 또 각 사람마다 다릅니다. 예를 들어 어떤 사람은 물건을 잊어버리는 것에 좌절하지만, 또 어떤 사람은 그냥 웃음으로 넘깁니다. 즉 스트레스는 자신이 그 사건을 어떻게 평가하거나 해석하느냐에 따라 다르기 때문에 '어떤 것은 스트레스이다, 아니다'라고 단정 지을 수 없습니다."

"스트레스는 아주 주관적이라는 말씀이군요?"

"네, 맞습니다. 그래서 일상적인 사건이 더 많이 스트레스를 준다고 하지만 생각을 바꾸면 스트레스를 받지 않는 삶을 살 수도 있습니다. 자기가 뭐든지 잘해야 한다고 생각하는 사람은, 매순간 좋은 점수를 받거나 남에게 좋은 인상을 주기 위해서 자기에게 압력을 가하겠지요. 하지만 능력에 한계가 있는 사람이 항상 잘한다는 것은 비현실적입니다. 그래서 기대를 잔뜩 했다가 그 기대가 좌절되면 스트레스를 받겠지요. 만약에 자신은 평범한 능력을 갖고 있고, 그런 능력으로는 실수를 하는 것이 당연하다고 스스로 인정한다면 그 정도로 스트레스를 받지는 않을 것입니다."

"한마디로 말하자면 스트레스는 객관적인 것이 아니라 마음이 만들어 내는 현상이군요. 사회생활을 하면서 스트레스를 받을 수밖에 없지만, 자신의 마음을 잘 다스리면 편안하게 지낼 수도 있는 것이군요."

"네, 그렇습니다. 스트레스는 말 그대로 긴장상태에서 오는 부담입니다. 그런데 마음을 탁 놓아 버리면 긴장상태도 없고 부담도 자연히 없어지게 됩니다. 그래서 객관적으로는 분명 스트레스를 많이 느껴야 하는 가난한 나라의 사람이 오히려 행복지수가 높거나, 미국 뉴욕과 같은 선진국의 최고 도시에 사는 엘리트가 스트레스에 부대껴 수명이 단축되기도 하는 것입니다. 이처럼 스트레스는 지극히 주관적이라고 할 수 있습니다."

스트레스를 받으면
어떤 문제가 생기는가?

"박사님, 스트레스가 건강에 좋지 않다고 하는데, 정확히 어떤 문제가 생기나요?"

무릎을 탁치는
심리학 이야기

"스트레스는 마음이 만드는 것이지만, 신체적인 병으로도 나타납니다. 대표적인 병이 고혈압, 심장병, 뇌졸중, 당뇨, 결핵, 암, 위궤양, 천식, 여드름과 발진, 편두통, 관절염, 각종 통증 등입니다."

"스트레스는 아주 다양한 병들과 관련이 있군요."

"설령 스트레스는 병을 일으키지 않더라도 다른 부정적인 영향을 줍니다. 스트레스는 자꾸 문제가 되는 것에 대해서 생각하게 만듭니다. 그래서 다른 작업을 해야 하는 순간에도 다른 생각을 하게 해서, 집중력을 방해합니다. 그리고 문제가 되는 것 이외의 주변사건에 대해서는 무관심하게 됩니다. 그냥 작업을 대충 해결하려고 하고, 또 딴생각을 하다 보니 그만 틀에 박힌 행동을 하려고 합니다. 결국 작업결과가 좋지 않지요."

"박사님, 스트레스를 받으면 둔한 느낌이 나는 것이 그런 이유였군요."

"스트레스를 받으면 몸이나 마음, 모두 기운이 빠집니다. 이것을 심리학에서는 탈진 burnout 이라고 합니다. 모든 열정적인 것이 다 불타버리고 난 다음 재만 남는 것처럼 느껴지는 상태이지요. 열정을 찾을 수 없으니 주변의 것에 대해 아주 부정적인 태도로 대합니다."

"냉소적이게 되는 것이군요."

"네, 스님, 그리고 스트레스가 심하면 그것을 회피하기 위해 술, 담배, 마약 등 중독될 만한 것을 찾습니다. 그도 곧 시들해지면, 우울증이 깊어지고 급기야 자살시도까지 하기도 합니다."

"박사님, 이렇게 나쁜 스트레스를 피할 수 있는 방법은 무엇일까요?"

"아까 말씀드렸던 것처럼 사건에 대한 주관적 판단을 긍정적으로 가지려고 노력하는 것입니다. 그러나 솔직히 여간해서는 이렇게 스스로 생각을 고쳐먹는 것은 힘듭니다. 그래서 친구나 가족의 도움이 필요합니다. 주변의 따뜻한 위로의 말, 내가 잘못 되어도 누군가 변함없이 지지해줄 것이라는 믿음은 스트레스를 견뎌낼 힘을 줍니다."

"그래서 스트레스를 줄이려면 좋은 친구를 더 많이 사귀라는 말이 있는 것이군요."

"네, 혼자 문제를 해결하는 것보다는 여럿의 도움으로 해결하는 것이 훨씬 수월한 법이지요. 그리고 친구들과의 대화 속에서 자신을 괴롭히는 문제가 사실은 별 것 아니거나 오해라는 것을 스스로 발견할 수도 있습니다."

"박사님, 사람들이 자신의 생각에만 빠져 있으면 보지 못할 부분에 대해서 다른 방향으로 해석하게 되면 스트레스에서 벗어날 수 있겠군요."

"낙천적으로 생각하는 것도 매우 좋습니다. 뭔가를 해야 할 때면 좋은 결과가 있을 것이라고 기대하면 스트레스가 줄어듭니다. 또 꿈보다 해몽이라는 말도 있지요. 불교에서도 '일체유심조'라는 말이 있듯이 마음을 어떻게 먹느냐에 따라 실제 결과도 달라질 수 있으니 긍정적으로 생각하려고 꾸준히 노력해야 할 것입니다."

"박사님, 낙천주의 사고를 키울 수 있는 구체적인 비법을 하나 알려줄 수 있는지요?"

"감사 일기를 써보십시오. 꼭 길게 쓸 필요는 없습니다. 예를 들어 하루에 3가지씩 감사해야 하는 항목을 일기로 적어보세요. 1년이면 1천개가 넘는 감사한 일이 정리되어 있게 됩니다. 1년에 1천개나 되는 고마운 일을 많이 겪었다는 것을 알고 있는 사람이 부정적이 되기는 힘듭니다. 그냥 막연히 나는 운이 좋다거나, 앞으로 잘 될 것이라고 다짐하는 것은 추상적이어서 효과가 금방 사라질 수 있습니다. 하지만 직접 자신이 왜 운이 좋은 사람이고, 실제로 하루하루 잘되어가고 있는지를 확인한다면 긍정적이 될 수밖에 없을 것입니다."

"간단하지만 한번 해봐야겠는데요?"

"이것은 긍정심리학이라는 새로운 분야를 개척한 마틴 셀리그먼 Martin Seligman 박사가 강력하게 추천하는 방법입니다. 긍정심리학은 인간을 행복하게 하는 비법을 찾는 심리학 분야인데, 그 방법들은 모두 단순한 것들입니다. 관심이 있으면 『긍정심리학』 책을 한번 보시기 바랍니다."

18

"박사님, 일부로 부정적인 삶을 살려는 사람은 아마 없을 겁니다. 다만 긍정적인 생각을 갖고 싶어도 그 방법을 몰라서 방황하는 것이지요. 아니면 인간 자체가 부정적인 것에 취약한 측면이 있어서 긍정적으로 살기 힘들 수도 있습니다. 예를 들어 아까 스트레스를 받지 않으려면 친구를 많이 사귀는 것이 좋다고 했지요? 그런데 친구가 많아도 고독을 느끼는 경우가 있습니다. 사람은 왜 부정적인 마음인 고독을 쉽게 느끼는 것인가요?"

"고독은 단순히 어떤 사람이 혼자 있다는 개념이 아닙니다. 심리학적으로는 어떤 사람이 자신이 원하는 것보다 적은 대인관계를 가지고 있을 때 고독을 느낍니다. 즉 친구의 숫자가 많아도 그보다 더 많은 사람들과의 교류를 원할 때 고독을 느낍니다."

"생각해보니 그런 차이가 있네요."

"스님, 그 뿐만이 아닙니다. 사람은 대인관계의 양뿐만이 아니라 질에 대해서도 신경을 씁니다. 대인관계의 질이 좋지 못할 때도 고독을 느끼지요. 예를 들어 비밀이 있는데, 그 비밀을 나눌 만큼 믿음직한 사람이 주변에 없다면 아무리 친구가 몇 천 명이라고 해도 고독을 느낍니다."

"자신이 믿고 속마음을 털어놓을 애착을 가질만한 대상이 없을 때 고독을 느끼는 것이군요."

"그런데 재미있는 것은 연령대에 따라 고독의 유형이 다르다는 사실입니다. 어린 학생이나 젊은이들은 대인관계의 양적인 면을 더 중시합니다. 자신이 남보다 얼마나 많이 친구를 갖고 있는지를 통해 고독의 정도가 달라집니다. 하지만 나이 들수록 접촉의 질을 더 많이 고민하게 됩니다. 학교 때처럼 많은 동창생이 필요한 것이 아닙니다. 가족이나 배우자, 사귀는 사람, 친한 친구 몇 명과의 관계만 좋다면 충분히 고독을 느끼지 않을 수 있습니다."

"박사님, 하지만 그런 어른이라고 해도 이사를 간다면 외로움을 느끼던데요?"

"네, 그게 바로 어른이 더 관계의 질에 민감하다는 것입니다. 요즘에는 서로 이웃이 누구인지도 잘 모르고 사는 세상입니다. 하지만 아무리 그래도 동네에 자신과 말을 나누는 사람 몇 명은 있는 법이지요. 그랬다가 이사를 하게 되면 그나마 사람이 없어집니다. 겨우 가족과 친한 친구만 남지요. 따라서 동네에서 자신과 뜻을 나눌 만한 사람을 발견할 때까지 고독을 느낍니다. 오히려 아이보다 더 많이 느끼지요. 그래서 예전에 살던 동네 사람과 더 많이 자주 연락을 하기도 합니다. 그러나 적응하면 새로 살게 된 이웃들과 곧 친해지고, 예전 동네 사람들과도 관계가 소원해지지만요."

"사람들이 각박한 세상에 살다보니 좀 예민한 탓인지 고독에 쉽게 빠져드는 것 같습니다. 특히 요즘 젊은이들을 보면 더 고독해하고, 이별에 아파하면서도 쉽게 다른 사람을 만나고 하는 것 같습니다.”

“네, 스님, 고독이란 것이 특수해서 더 그런 것입니다. 예를 들어 사고나 이별 등으로 사랑하는 사람을 잃어버렸는데, 그 존재를 친구로 대신 채우기가 힘듭니다. 아까도 말씀드렸듯이 고독은 대인관계의 부족에서 나옵니다. 애인이 있어야 하는데 그 대상이 없다면 어쩔 수 없이 그 빈 공간이 보이거든요. 가족은 가족대로, 친구는 친구대로의 대인관계 대상입니다. 그러니 가족과 친구가 도움이 되기는 하지만, 애인이 채워줄 수 있는 부분은 여전히 비어있어 고독을 느끼는 것입니다. 어쩌면 다른 사람이 내 빈 곳을 채울 것이라는 과도한 기대가 고독을 만드는 것입니다. 자기 자신의 노력으로 그 빈 곳을 채우려 하기보다는 말입니다. 사람들은 누구나 적은 노력으로 쉽게 원하는 것을 얻으려 하는 성향을 가지고 있습니다. 그래서 고독을 채우려 방탕한 생활에 빠지거나 자살을 선택하는 등 섣부른 결정을 내리기도 하지요.”

“평소에 폭넓은 대인관계를 가지려 노력하고, 자기 자신으로 바로 서려고 노력한다면 고독감을 덜 느끼는 이유가 바로 고독의 특수성 때문이었군요. 스님의 일상은 참선을 하며 홀로 서는 시간과 중생을 돌보는 시간이 섞여 있습니다. 그런데 어떤 스님은 그 과정에서 고독은커녕 아주 풍족함을 느낍니다. 고독감을 느끼지 않은 기본 바탕이 자신이 원하는 대인관계의 수를 적정하게 조절하고, 다른 사람에게 자신의 빈 부분을 채워줄 것이라고 과도한 기대를 하기보다는 자신의 독립성을 만들려는 노력에서 나온 것이었군요."

"박사님, 현명하게 고독을 극복할 수 있는 방법으로는 무엇이 있나요?"

"좀 황당해 보이는 전략이지만, 심리학적으로 타당한 세 가지만 말씀드리도록 하겠습니다. 첫 번째 전략은 인터넷을 이용하기입니다."

"박사님, 인터넷이요? 사람을 직접 만나 접촉하지 않고 인터넷만 하면 오히려 더 고독해지지 않나요?"

"네, 그래서 인터넷만 이용하기가 아니라 인터넷을 이용하기입니다. 현대인은 바쁜 일상 속에서 삽니다. 그러니 별다른 약속 없이 언제나 접촉할 수 있는 이메일이나 메신저 등이 수시로 상호작용을 할 수 있게 해서 고독을 줄일 수 있습니다. 만약 직접 얼굴 보고 말하는 것을 수줍어해서 혼자 있는 시간이 많았던 사람이라면 인터넷에서 다른 사람과 적극적으로 이야기하는 게 도움이 될 것입니다."

"인터넷을 효과적으로 이용하라는 것이군요. 다음 전략은 무엇인가요?"

"일반인의 경우 종교 활동이나 특정 공동체 모임에 나가는 등 사회적 활동의 끈을 계속 갖는 것이 중요합니다. 흔히 고독할 때면 음악 감상이나 독서를 한다는 사람이 많습니다. 하지만 이렇게 되면 또 혼자 있게 되므로 오히려 고독을 더 키울 수 있습니다. 그러니 다른 사람과 상호작용을 할 수 있는 끈을 꼭 갖고 있어야 합니다. 문화센터에 다니거나, 강연을 듣거나, 동네 모임에 나가거나, 절의 행사에 나가는 것 등등이 사소해 보이지만 계속 사람들과 어떤 관계를 갖게 해 주어 고독을 물리치게 합니다.”

“다양한 사람들과 관계를 형성할 만한 기회를 많이 확보해 놓는 것이 좋겠군요. 마지막 세 번째 전략은 무엇인가요?”

“선물을 줄 때 포장이 필요하듯이, 우리가 누군가 친하고 싶어 할 때 그 마음을 올바르게 표현하는 방법이 필요합니다. 처세술이나 사교술, 화술에 관계된 책이 시중에 많이 나와 있습니다. 그 책의 내용을 누군가를 이용하기 위해서 사용하면 문제가 있습니다. 하지만, 누군가를 사귀려는 진심을 잘 표현할 수 있는 정보를 얻기 위해서는 그만큼 좋은 것도 없습니다. 다른 사람들이 말하는 것을 듣고 그 사람의 입장을 헤아려서, 적절하게 반응한다면 좋은 인간관계를 갖게 될 것입니다. 그러면 고독도 그만큼 멀어지겠지요.”

“좋습니다. 인터넷 활용, 적극적인 모임 참여, 대인관계 기술 공부, 이 세 가지 전략을 잊지 말고 활용해야겠습니다. 그리고 불자들에게도 널리 알려 현명하게 고독을 이겨내도록 도와줘야겠습니다.”

지능

IQ는 지능을 나타내는 대표적인 용어가 되었다. 그러나 지능에는 IQ만 있는 것이 아니다. 지능에는 전통적인 학구적 의미의 IQ Intelligent Quotient 이외에 감성적인 측면을 나타내는 EQ Emotional Quotient 가 있다. 이 외에 새로운 용어 만들기가 유행처럼 번져 학술적인 타당성을 검토하지 않고 동기적인 측면을 강조하는 MQ Motivational Quotient, 사회적 대인관계 측면을 강조하는 SQ Social Quotient 등이 쏟아져 나왔다. 그러나 현재는 로버트 스턴버그 Robert J. Sterberg 와 하워드 가드너 Howard Gardner 의 다중 지능 Multiple Intelligence 이론 정도만 학계에서 가치 있게 받아들여지고 있을 뿐이다.

그런데 지능이란 무엇인가? 지능이론의 선구자 중 한사람인 비네 Binet 는 지능을 '인식능력'이라고 보았다. 그리고 그 인식능력에서는 이해력, 창조력, 비판력, 행동방향 설정능력이 포함된다고 주장했다. 그러나 웩슬러 Wechsler 는 "지능이란 어떤 목적을 향해 행동하고 합리적으로 사고하며 환경을 효과적으로 다루는 개인의 총체적이고 전체적인 능력이다"라고 다소 추상적으로 정의했다. 비네와 웩슬러는 각각 지능검사를 만든 학자이다. 즉 학자마다 지능에 대한 다른 생각으로 지능검사를 만들었다. 애초에 IQ라는 것도 다 똑같은 지능을 재서 나온 것은 아니었다는 것이다.

지능검사가 활발히 연구되던 20세기 초반을 거쳐 1940년대가 되면서 미국의 심리학자 서스톤 Thurstone 의 이론이 나왔다. 서스톤은 지능이 서로 독립적인 다양한 능력으로 구성되어 있다고 주장했다. 그 능력은 바로 언어 단어 유창성, 언어 이해력, 공간 능력, 지각 속도, 수리 능력, 귀납적 추리능력, 기억력이었다. 서스톤은 이 7가지를 기초정신 능력 요인으로 생각했다. 그러나 그 이후 길포드 Gilford 는 7가지 요인으로는 지능을 설명하기가 부족하다고 생각했다. 그래서 연구를 거듭한 결과 총 150개의 요인이 지능을 구성함을 밝혀냈다. 그러나 150개의 요인을 모두 고려한다는 것은 아주 복잡하기 짝이 없는 일이었다. 이에 케텔 Cattell 과 같은 학자는 요인분석을 통해 지능이 유동 流動 지능 fluent intelligence과 결정 結晶 지능 Crystalized intelligence으로 구분된다는 사실을 밝혀냈다. 유동지능은 주로 비언어적인 능력이다. 특정한 문화와 관련이 없이 선천적으로 타고난 학습능력과 문제해결 능력이다. 그래서 새로운 상황에 적응하기 위해서는 유동지능을 사용하는 것으로 생각했다. 반면에 결정지능은 유동지능을 사용해서 학습된 것이라고 생각했다. 그 결과 학습 과제로 결정지능을 측정하려고 했다. 유동지능과 결정지능은 대표적 지능검사의 하나인 스탠포드-비네 Stanford-Binet 검사의 1986년판 제작의 근간이 되었다.

그러다 1980년 중반 이후 미국 예일대 심리학 교수인 로버트 스턴버그 Robert J. Sternberg는 그 이전 어느 학자보다 더 광범위한 지능이론을 내놓았다. 그는 지능이 요소적 지능, 경험적 지능, 맥락적 지능으로 이뤄졌다는 3요소 지능이론을 주장했다. 그래서 스턴버그 이론을 3유형 이론이라고도 한다. 요소적 지능은 생각의 방향을 정하는 지능이다. 기존의 지능검사가 측정했던 지능이기도 하다. 경험적 지능은 새로운 과제를 효과적으로 다루는 능력이다. 기존의 지능검사는 이미 학습한 과제를 시험 문제로 내므로 이 지능을 재지 못하는 문제점이 있었다. 따라서 스턴버그는 새로운 지능검사를 만들어야 함을 강조했다. 새로운 책을 읽고 이해력 검사를 하는 것처럼 말이다. 맥락적 지능은 환

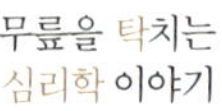

경에 맞게 적응하는 행동 등으로 이뤄지는 지능이다. 따라서 기존의 필답고사와 같은 지능검사로는 경험적 지능과 맥락적 지능을 측정하지 못하는 문제점이 있다.

여기에 하버드대 심리학 교수인 하워드 가드너 Howard Gardner 는 더 많은 7개의 지능을 제안했다. 가드너는 현재 계속 세부 지능을 늘려가면서 이론을 발전시키고 있다. 이론의 기본이 되는 7개의 지능은 다음과 같다.

1) **음악적 지능** | 악기를 쉽게 다루거나 음악적인 표현을 할 수 있는 능력
2) **신체-운동적 지능** | 신체의 일부 혹은 전체를 사용해서 문제를 해결하거나 표현을 할 수 있는 능력
3) **논리-수학적 지능** | 논리력과 수리력, 과학적 능력
4) **언어적 지능** | 논리-수학적 지능과 더불어 전통적으로 심리학자들이 '지능'이라고 생각한 능력
5) **공간적 지능** | 공간세계에 대한 정신적 모형을 만들어 조절하고 활용하는 능력. 운전을 하거나 미술품을 만드는 등 시각적인 처리를 하는 데 필요한 능력
6) **대인관계 지능** | 다른 사람의 동기나 생각, 의도를 이해하는 능력
7) **자기이해 지능** | 자신의 욕망, 두려움, 재능을 정확히 이해하고 판단하여 효과적으로 삶을 영위해 나가는 능력

현재는 여기에 자연의 새로운 패턴을 감지하는 '자연지능'과 우주적이고 실존적인 문제에 관심을 갖는 능력으로 '영적靈的 지능'을 추가했다. 그런데 하워드 가드너는 실험이 아니라 사례연구로 이런 다중지능을 찾았다. 특히 정상인보다는 대부분 인지결함 환자, 자폐아, 뇌손상

환자에 대한 사례연구를 바탕으로 하고 있어 문제가 있다. 한국에서는 하워드 가드너의 다중지능이론이 영재를 키우는 비법처럼 소개되고 있으나 학문적으로는 그 타당성에 많은 문제점을 갖고 있는 것으로 공격을 받고 있다.

지능은 많은 일반인이 관심을 갖고 있고, 학자들도 많이 관심을 기울이고 있는 주제이다. 하지만 연구는 아직 명확하지 않다. EQ의 개념을 제안한 것으로 유명한 미국 심리학자 대니얼 골먼Daniel Goleman 조차 EQ 자체의 학문적 타당성을 주장하기 위해서가 아니라 기존 지능연구의 문제점을 지적하기 위해서 EQ의 가능성을 이야기했던 것이다. 확실한 것은 높은 IQ를 가진 사람이 실패하고, 평범한 IQ를 가진 사람이 성공하는 경우가 있다는 것이다. 즉 기존의 지능검사로는 재지 못하는 인간의 능력이 더 크며, 현재까지 생각한 것보다 지능은 더 복잡하고 다면적인 개념일 수 있다는 것이다.

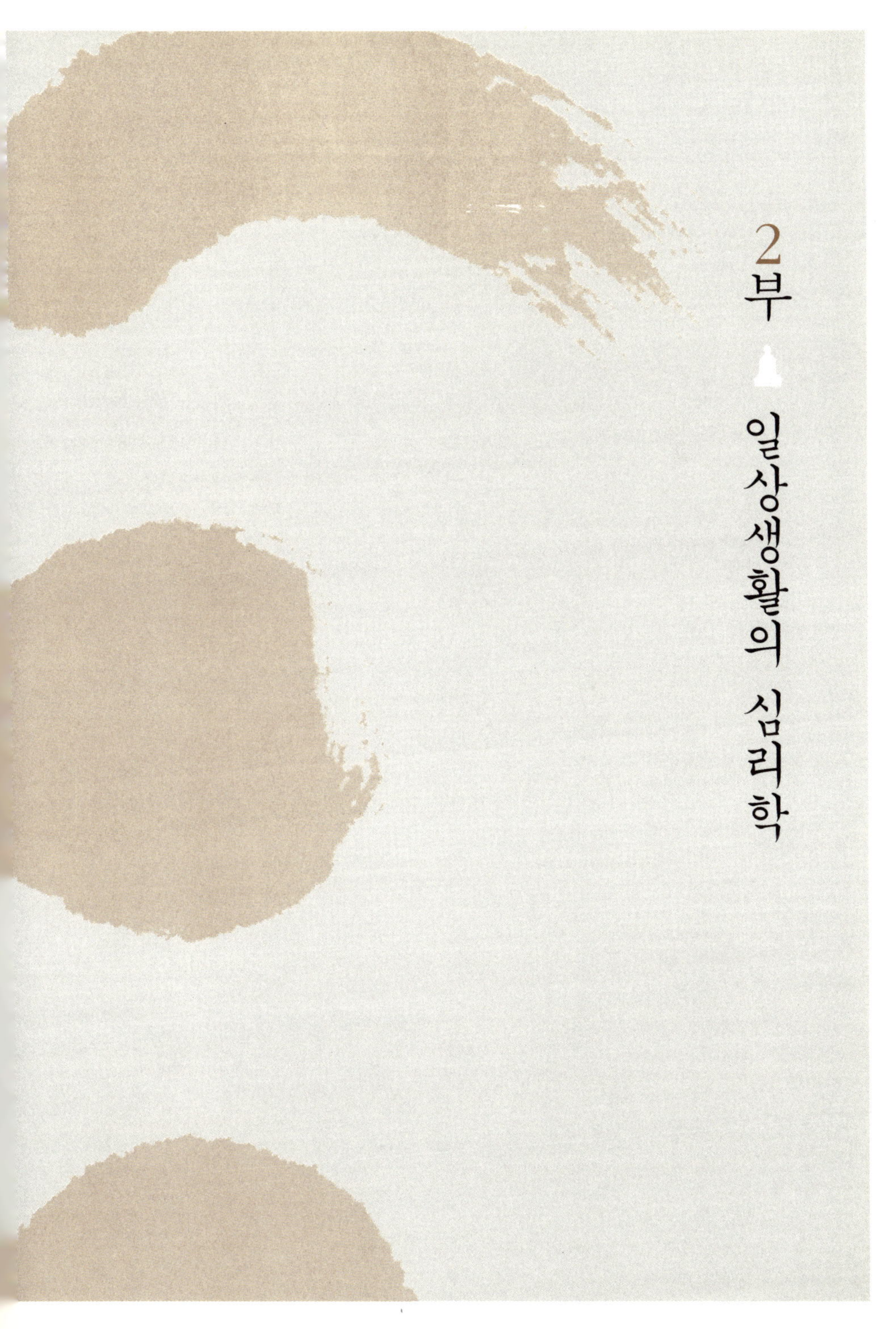

2부

일상생활의 심리학

왜 지폐에 얼굴을
새겨 넣는가?

19

　　"박사님의 말씀을 듣다보니 심리학이 우리 일상생활과 아주 밀접한 관련이 있군요."

　"네, 그렇습니다. 사소한 부분에 있어서도 심리학적 원리가 숨어 있습니다. 예를 들어 사람들이 가지고 다니는 지폐만 해도 그렇습니다."

　"네? 지폐에도 무슨 심리학적 원리가 숨어 있다는 말씀인가요?"

　"그렇습니다. 대부분 나라들의 지폐에는 사람의 얼굴이 들어가 있습니다."

　"그거야 그 사람의 업적을 기리기 위함이 아닌가요?"

　"그런 측면도 있습니다. 하지만 업적만 알릴 목적이라면 그 위인의 저서나 건축물, 주요 사건이나 전경 등을 더 자세히 새겨 넣었겠지요. 하지만 지폐를 자세히 보면 얼굴을 더 중요하게 새겨 넣은 것을 알 수 있습니다."

"매우 흥미로운 이야기인데요, 심리학적으로 그것이 어떤 이유가 있는지 자세히 설명해 주시지요."

"인간은 얼굴에 상당히 민감하게 반응을 합니다. 곰곰 생각해 보시면 다른 것에 비해 사람 얼굴은 자유롭게 그릴 수 있는 폭이 매우 적습니다. 인간의 얼굴 크기나 눈, 코, 입의 배치는 일정한 범위 안에 있을 수밖에 없지요. 얼굴을 사람 몸통 만하게 그리거나, 코를 입의 위치에 바꿔 옮겨서 그릴 수가 없습니다. 다 고만고만하게 그릴 수밖에 없는데도 사람들이 인식하는 얼굴은 정말 다양합니다. 건물은 크기와 각도, 색깔이 저마다 달라도 잘 구별하지 못하지만요. 그런데도 인간은 왜 굳이 얼굴에 이토록 민감하게 반응하게 되었을까요?"

"글쎄요. 아마도 얼굴을 잘 뜯어보았을 때 어떤 이득이 있었기 때문이겠지요?"

"스님의 말씀이 맞습니다. 아주 오래전부터 인류가 진화를 하면서 얼굴을 통해 사람을 판단한 것이 더 이득이 되었기 때문입니다. 즉 얼굴에는 수많은 정보가 있습니다. 대부분 남자인지, 여자인지를 얼굴만 봐도 단번에 알 수 있습니다. 그리고 그 사람의 현재 심리상태가 어떤지도 굳이 긴 말을 나누지 않아도 알 수 있습니다. 얼굴을 찡그리고 있으면 뭔가 마음이 불편한 것입니다. 얼굴에 미소가 가득하면 기분이 좋은 것이고요. 이것은 원시시대부터 심리를 판단했던 방

법입니다. 얼굴이 우락부락하면 자신보다 더 힘이 셀 수 있으니 피하
는 것이 좋겠다고 원시인 때부터 생각했습니다. 직접 싸워보고 나서
목숨이 위험해질 정도로 맞고 나서야 이 점을 깨닫는 것보다는 훨씬
낫기 때문에 얼굴을 보고 먼저 판단했습니다. 주먹 다툼을 많이 하지
않는 지금도 얼굴의 인상을 보고 우락부락하면 피하거나, 잘 생겼으
면 마음을 열고 접근하려 합니다."

"박사님, 그래서 사실은 품성이 좋은 사람인데도 인상이 나빠 손
해를 보기도 하지요. 그리고 상대방의 입장에서도 사실은 좋은 사람
인데 사귀지를 못해 손해가 되기도 합니다. 또한 사기꾼인데도 겉이
번지르르하게 생겨서 무심코 마음을 놨다가 손해를 보기도 합니다."

"맞습니다. 그렇게 손해를 볼 수 있는 판단오류가 있습니다. 그럼
에도 불구하고, 얼굴을 보고 판단하는 습관이 없어지지 않는 것은 그
게 더 유리한 경우가 많기 때문입니다. 진화의 원리는 도덕적으로 '올
바른 것'보다는 생존에 '유용한 것'을 더 추구합니다. 오랜 시간 진화
를 거치며 인간의 뇌는 대뇌피질 아래쪽의 '방추상 얼굴부위 FFA'라
고, 얼굴을 특별히 미세하게 처리하게 하는 부위까지 생겼습니다."

"박사님, 얼굴을 담당하는 부위까지 뇌에 따로 있다니 놀랍습니다."

"이런 뇌의 발전 덕분에 얼굴의 미묘한 차이도 우리는 감지할 수
있습니다. 범인의 몽타쥬를 만들 때처럼 눈, 코, 입, 얼굴 곡선이 조
금만 변해도 다른 사람이라고 생각합니다. 얼굴처리에 대한 능력이
너무 발달하다 보니 심지어는 어떤 얼룩만 봐도 그것이 얼굴이라고

인식을 하기도 합니다."

"박사님, 천정에 물이 흘러들어 마른 자국이 사람 얼굴 같아 보이거나, 심지어 예수의 형상과 같다거나 관세음보살 모습 같다고 말하는 경우가 있지요. 그게 다 인간이 얼굴에 대해서 민감하다 보니 그에 맞춰 외부 자극을 우선적으로 처리하다 생긴 거군요?"

"네, 그렇습니다. 이토록 인간은 얼굴 처리에 대해서 예민합니다. 그래서 위조지폐를 쉽게 감별할 수 있도록 얼굴을 새겨 넣는 것입니다. 아주 정밀하게 위조하기 전에는 일반인들도 지폐의 얼굴만 봐도 쉽게 위조지폐를 가려낼 수 있거든요."

"네, 박사님 말씀을 듣고 보니 미세한 차이가 있어도 쉽게 판단할 수 있을 듯 합니다."

"우리 5만원 권을 만들 때 신사임당 대신에 천연기념물이나 건축물을 넣자는 이견도 있었습니다. 어떤 사람은 독도를 지키자는 의미에서 독도를 그려 넣자는 의견도 내놓았었지요. 하지만 독도를 그렸다면 문제가 되었을 것입니다. 독도의 생김새를 정확히 머릿속에 갖고 있는 일반인이 많지 않기 때문에 위폐범이 비슷하게 그려낸다고 하더라도 구별이 쉽지 않기 때문이지요. 건축물과 천연기념물의 경우에도 마찬가지입니다."

"박사님, 제가 듣기로는 유럽의 유로화의 경우 인물을 넣은 지폐가 없다는데요? 그건 왜 그런가요?"

"유로화의 경우, 12개국 연합의 이해관계 때문에 특정국가 출신의 위인을 선택할 수 없습니다. 그래서 궁여지책으로 건축물을 소재로 쓴 것이지요. 그나마 그 건축물도 현실에 있는 것을 쓰면 특정 국가의 것이 되니, 상상으로 여러 시대의 것을 만들어 냈습니다. 덕분에 유로화를 쓰는 일반인들은 그게 무엇인지 잘 구별할 수 없었습니다. 그래서 위폐범들은 초기에 유로화의 고액권을 쉽게 위조해서 뿌렸습니다. 화폐전문가 사이에서는 인간의 얼굴이 아닌 건축물을 대표소재로 채택한 유로화가 대표적 실패사례라고 입을 모을 정도였으니까요."

"박사님, 그렇다면 수표와 어음과 달리, 앞으로도 나라에서 발행하는 지폐는 계속 사람얼굴이 나올 수밖에 없겠네요? 적응 문제에 민감한 사람들이 진화를 통해 발달시킨 얼굴처리 전문의 뇌 부위도 있고, 확실히 전체와 부분을 한 눈에 파악할 수 있는 대상으로 얼굴보다 더 적당한 것이 없다고 할 수 있으니까요."

"그렇게 보시는 게 맞습니다."

왜 남성보다 여성이
점을 더 잘 보러 갈까?

20

"박사님, 이왕 시시콜콜한 문제와 관련된 심리학 이야기를 하고 있으니, 또 하나 여쭙겠습니다. 불자들 중에서 점집이나 무당을 찾는 분들이 있습니다. 그런데 남성 신도보다는 여성의 경우가 더 많은 것 같습니다. 기사를 봐도 점집이나 무당을 찾는 손님은 대체로 남자보다 여자가 많다고 하더군요. 왜 그런 것인가요?"

"신문기사들마다 일관되게 비슷한 경향을 말하고 있으니, 여성이 더 많은 것은 사실인 듯합니다. 그런데 그 현상을 다른 식으로 볼 수 있습니다."

"어떻게요?"

"생활이 아주 힘들어 답답한 마음으로 점집을 찾는 사람도 있습니다. 하지만 다른 사람이 보기에는 부러울 것 없이 잘사는 듯한 사람도 점집을 찾습니다. 특히 부자의 경우에 점집을 찾아 중요한 결정에 대한 상담을 하는 경우가 많습니다."

"박사님, 그거야 마음이 불안해서 헛된 것에라도 매달리려고 하다 보니, 잘못된 선택을 하고 있는 것이지요."

"네, 스님 말씀이 맞습니다. 바로 그 불안함 때문에 점쟁이와 무당을 찾는 것입니다. 점쟁이와 무당은 자신을 찾아오는 사람들의 불안함을 교묘히 이용해서 돈을 벌지요. 때로는 더 불안하게 한 뒤, 그 불안함을 없애주는 비법이라며 굿을 하게 하거나 부적을 쓰게 하지요. 그런데 여기에서 중요한 생각의 전환이 필요합니다."

"박사님, 그게 무엇인가요?"

"점쟁이와 무당을 찾는 사람 중에 여성이 남성보다 더 많은 이유는 바로 그 여성이 남성보다 더 불안하기 때문이라는 것입니다. 즉 여자라서 더 점집을 찾는다고 하기보다는, 더 불안해서 점집을 찾는다고 해야 상황과 맞는 생각이 될 것입니다."

"박사님의 말씀을 들어보니 이해가 가는군요."

"남성보다 여성들이 점치러 더 많이 다닌다면 여성이 그만큼 심리적으로 불안하기 때문입니다. 결혼 문제, 아이 양육 문제, 남편직장 문제, 시댁 문제, 친정 문제 등등, 사실 여성들은 고민할 것이 많습니다. 이런 고민을 건설적으로 해결할 방법을 모르기 때문에 불안감은 더 커지는 것입니다. 그리고 급기야 비상식적인 처방을 내리는 점쟁이나 무당까지 찾게 되는 것입니다. 남성이라도 고민이 많고 불안하면 점집을 찾는 것은 같은 이유에서입니다. 그러니 여기서 남녀 차이를 보기보다는 여성을 그렇게 만드는 조건을 잘 보셔야 합니다."

"박사님, 그렇지요. 잠시 생각을 해보니 비로소 다른 면이 눈에 띕니다. 결혼과 동시에 직장을 그만두고 남성의 경제력에 의존하는 여성이 여전히 많다보니 그럴 수 있겠군요. 그리고 여성이 적극적으로 나서는 것보다는 자꾸 뒤에 서도록 만드는 사회분위기도 있고요. 그렇게 자의반타의반으로 의존하는 습성이 생기다보니 당차게 문제를 해결하기보다는 걱정이 더 앞서게 되고 결국 불안하게 되는 것이겠지요."

"스님의 말씀이 맞습니다. 의존욕구가 강한 사람은 책임을 회피하려는 도피심리도 강합니다. 자신을 괴롭히는 문제가 자신의 탓이 아니라는 말을 몹시 듣고 싶어합니다. 조상의 묘를 잘못 쓴 탓이거나, 다른 사람이 해코지하려는 저주가 강한 탓이라는 식의 점쟁이나 무당의 말을 들으면 마음이 편해집니다. 자신에게 책임을 돌려야 할 문제까지도 말입니다."

"안타까운 일입니다. 인생은 고해라는 기본적 사실을 받아들이지 않고, 헛된 망상에 빠지니 말입니다."

"점괘에서 지금은 힘들어도 나중에 잘 살 것이라고 한다면, 그것에 위안과 희망을 얻지요. 하지만 그것은 진실한 희망이 아닙니다. 그저 현재의 고통을 참아내고 마음을 일시적으로 위무할 거짓된 구실일 뿐입니다. 설령 점괘가 계속 고생할 운명이라고 나온다 해도 그리 불안해하지는 않지요. 자기의 고생이 오로지 운명 탓이지 자신의 탓은 아니라고 생각하기 때문입니다. 점괘가 좋든 나쁘든 이럭저럭 위안을 받다보니 계속 점집을 찾게 됩니다. 다분히 습관적이고 중독증이지요."

"박사님, 그런 식으로 악순환이 계속되는 거지요. 남의 탓을 하거나 운이 없었기 때문이라고 원인을 돌리면 마음은 일시적으로 편할지 모르지만, 결국 운명론자가 되고 맙니다. 그것에는 정말 남녀차이가 없습니다. 이런 상태에서 벗어나려면 남녀노소 누구 할 것 없이 모두 능동적으로 자신의 마음을 닦고 힘차게 정진을 해야 할 것입니다."

"네, 맞습니다. 요즘은 여자뿐만 아니라, 젊은 남자까지도 점쟁이나 무당을 자주 찾습니다. 대학가에는 타로 카드나 사주풀이 점집이 무척 성행합니다. 심각하게는 아니고 재미삼아 점을 본다고 하지만 결국 불안에 굴복하는 것은 똑같습니다. 청년실업, 조기퇴직 등 불안한 요소가 많다보니 현재는 남녀노소 할 것 없이 점을 보는 경향이 강합니다. 종교를 통해서 그 불안함을 떨쳐 버리고, 마음을 단단히 먹어 스스로 문제를 해결하도록 노력해야 할 것입니다.”

“한마디로 미신에 의지하는 것은 남녀 차이가 아니라, 불안감 때문이군요. 그러니 종교적으로, 아니 진리에 의한 진정한 믿음으로 불안감을 없애거나, 불안감의 실체를 심리학적으로 확인하면 되겠네요.”

“네, 그게 바로 심리학과 불교 등, 종교의 연결점이 될 수도 있겠습니다. 특히 불교의 가르침은 심리학적인 성향이 강한데도, 현실에서는 점쟁이나 무당과도 잘 연결된 듯하니 이해가 안 되는 점이기도 합니다. 마하스님이나 여러 지성적인 스님들이 심각하게 고뇌해 주시기 바랍니다.”

사람은 왜
불안함을 느끼는가?

21

“박사님, 애초에 인간이 불안함을 느끼지 않았다면 지금보다 좀 상황이 나았겠지요?”

“하지만 불안함을 느끼지 않는다는 것은 인간생존에 큰 문제를 줄 수도 있습니다.”

"어째서요?"

"불안은 공포와는 다릅니다. 공포는 귀신이나 총, 칼과 같이 명확하게 그 대상이 있습니다. 하지만 불안은 막연하게 뭔가를 지속적으로 두려워하는 마음입니다. 그런데 이런 불안은 실제 공포의 대상이 출연하기 전에 위험상황을 피하게 해주는 탁월한 효과가 있습니다."

"박사님, 좀 더 자세히 설명해 주시겠습니까?"

"네, 예를 들어 어두운 골목을 걸어야 하는 상황에 처한 사람이 있다고 하죠. 그 사람은 왠지 불안해서 걸음을 재촉할 것입니다. 그리고 한쪽에서 부스럭거리는 소리가 나면 아예 그 쪽은 갈 생각도 하지 않고 다른 쪽으로 뛰어갈 것입니다. 실제로는 아무 것도 없을 수도 있습니다. 하지만 만약에 그 골목에 칼을 든 깡패가 있었다면 어땠을까요?

불안함을 느끼지 않고 천천히 걸었거나, 소리가 났는데도 태평하게 그쪽으로 계속 길을 갔다면 큰 사고를 당했을 수도 있었을 겁니다. 이처럼 불안은 우리의 생명을 안전하게 지키기 위한 심리적 장치랍니다."

"박사님, 나쁜 것이라 생각했던 마음에도 다 그 마음이 생기게 된 연유가 있군요."

"네, 불안은 불쾌한 긴장상태입니다. 그래서 사람들이 불안을 느끼게 될 때면 그 상태에서 벗어나려고 노력하게 되어 여러 가지 반응이 속속 나타나지요. 그래서 발전이 있는 것이고, 때로는 창의적 문제해결도 나오는 것입니다. 그냥 태평하게 있는다고 하면 생각을 움직이지 않아 퇴보를 면하지 못할 것입니다.”

“그럼 불안이 때로는 우리에게 좋은 것이기도 하네요?”

“네, 하지만 과유불급過猶不及이지요. 불안이 너무 오랫동안 지속되거나 그 정도가 커지면 해가 됩니다. 계속 가슴이 쿵쾅쿵쾅 불안해서 뛰면 심장병에 걸리거나 위염 등 구체적인 병에 걸립니다. 여러 신경증에 걸려 정신과 치료를 받아야 하는 상태에 가기도 하고요. 범불안 장애가 대표적인 병입니다.”

“박사님, 범불안 장애가 무엇인가요?”

“범불안 장애는 만성적으로 계속 불안이 있어 어떤 특정 위협이 없어도 높은 수준의 지속적인 불안을 갖는 병입니다. 이는 특정한 대상이 없어서 ‘자유 연상적 불안’이라고도 합니다. 이런 장애를 지닌 환자는 어제의 실수와 내일의 문제에 대해 계속 걱정합니다. 좋은 행사가 있어도 그것이 잘못되지는 않을까 걱정하고, 그 자리에 함께 하지 못하는 다른 사람을 걱정하거나 못내 아쉬워하고 슬퍼하기도 합니다. 어떤 결정을 내려야 하는 순간에도 불안해하며 계속 생각만 끊임없이 합니다. 때로는 근육이 긴장해서 풀어지지 않고, 설사나 현기증, 심지어는 식은땀이 나기도 합니다. 이런 증상은 연구를 통해서도 남성보다 여성에게 더 잘 나타나는 경향으로 확인되었습니다.”

“따지고 보면 불안할 것이 없는 일에 대해서도 계속 불안에 떤다는 것은 오히려 불행한 일이네요.”

"네, 스님, 심리학자 로빈 Robin과 로기어 Rogier의 1991년 연구에 따르면 전체 인구의 17%가 불안장애를 가지고 있을 정도로 아주 흔하다고 합니다. 최근에는 사회가 각종 흉포한 범죄와 경제 불황 등으로 더 불안할 요소가 많아졌으니, 아마 수치는 훨씬 더 올라갔을 것입니다."

"박사님, 이런 불안장애는 어떻게 해결해야 하나요?"

"해결책을 간단히 말씀드리기는 힘듭니다. 사람들이 불안을 느끼는 원인이 제각각이기 때문입니다. 어떤 사람은 과거의 경험 때문에, 또 어떤 사람은 현재의 이해관계 때문에, 어떤 사람은 집중할 만한 일을 찾지 못하고 계속 생각만 하는 등등의 이유가 많습니다. 그러니 상담사나 신경정신과를 찾아서 체계적인 치료를 하기를 권하고 싶습니다. 특히 불교의 경우 믿음을 통해서 이승과 내세에서의 삶에 대한 불안함을 낮출 수도 있으니, 스님들께서는 심적으로 불안한 불자들을 더 따스하게 맞아주시도록 부탁드리고 싶습니다."

"그렇군요. 출가수행자로서 해야 될 책임을 더 크고 막중하게 느끼게 되었습니다."

"스님, 저는 종교 외적으로 대비할 수 있는 방법도 알려드리고 싶습니다. 사실 대부분의 불안함은 능력에 부치는 일을 할 때 발생합니다. 즉 자신이 해결할 수 없는 문제에 직면했을 때, 어쩔 줄 모르고 불안하게 되는 것이지요. 그러니 자신의 능력을 알고, 그에 맞는 일을 하려고 노력하고 자제해야 합니다. 만약 조절을 할 수 있으면 일

무릎을 탁치는
심리학 이야기

을 맡긴 사람과 진솔하게 상담해서 너무 힘든 일은 피해야 합니다. 가능할 겁니다. 솔직함으로."

"그렇지만 회사를 다니는 사람의 경우, 주어진 책무를 거부하기가 쉽지는 않겠지요?"

"그래서 다른 사람의 도움을 받아서 해결하거나, 직장 상사와의 관계를 평소에 돈독하게 하는 것이 중요합니다. 누구나 어렵고 복잡한 일을 할 때는 시간이 많이 걸리기 때문에 실수가 많습니다. 이때 지적을 너무 많이 받게 되면 사람은 움츠러들게 됩니다. 그게 또 작업을 방해하지요. 그래서 주눅이 들어 일을 못하게 되고, 결국 또 혼나지 않을까하는 불안함이 커집니다. 불안함이 커지면 주의력과 집중력이 분산되어 어렵고 복잡한 일을 제대로 기한 내에 해결하지 못합니다. 오히려 실수를 연발하는 악순환이 계속됩니다."

"박사님, 악순환을 끊으려면 어떻게 해야 하나요?

"악순환의 고리를 애초에 풀어야 합니다. 때로는 너무 얽매이지 않을 수 있는 다른 일을 찾아보는 것이 좋습니다. 아니면 회사 안에서는 자신이 할 수 있는 다른 일을 먼저 제안해서 능동적이고 현명하게 상황을 조율하는 것도 좋습니다. 이런 방법이 결국 불안감을 줄이고 타인에게 인정을 받으며 자신이 행복하게 지낼 수 있는 길이 될 것입니다. 이것은 무조건적인 회피나 불안함을 없애려 점쟁이나 무당을 찾는 방법과는 다릅니다. 너무 과한 부담을 받지 않으면서 열정을 다할 수 있는 일, 자신의 능력에 맞는 일을 찾는 것이 적극적인 불안대처 방법입니다.”

　“저 같은 출가자들의 경우에는 너무 어려운 경전을 먼저 읽는 것도 안 좋겠군요. 급한 마음에 너무 어려운 것부터 잡으면 결국 아무 것도 모르게 되어 괜스레 불안해집니다. 자신감도 잃고. 회의만 커지지요. 그러니 자신에게 적당한 것을 골라야지요. 스승님들이 저에게 예전에 해주신 것을 보면 참 서두르지 않고 생각할 거리를 골라 주셨습니다. 바로 이런 이유였군요.”

　“이 해결방법은 공부를 하는 학생에게도 마찬가지입니다. 직장에서 밀려 날까봐 걱정하며 스트레스를 많이 받아 안절부절하면서 사는 직장인에게도 마찬가지로 먼저 불안감을 해결하라고 해주셨으면 합니다. 절을 찾는 사람들에게 스님께서 심리학적으로도 타당한 이야기를 해주신다면 구체적인 도움도 얻을 수 있어 종내 불심도 더 좋아질 것입니다.”

마감이 임박한 상품은 왜 충동적으로 더 사게 되는 것일까?

22

　“박사님, 저는 일상적인 부분에 있어 충동구매에 대해 물어보고 싶습니다. 불자 중에서는 평소에 얌전한 분이신데, 쇼핑을 할 때면 달라진다고 고민을 상담합니다. 솔직히 저는 산사에 있다 보니 그 상황이 이해가 되지 않아요. 그래도 뭔가 답을 해줘야 하는데 좀 답답합니다."

"스님, 그 불자님의 경우 어떤 때가 가장 고민이 된다고 하시나요?"

"홈쇼핑은 마지막 5분 안에 선착순으로 사람을 받고 종료하겠다는 메시지가 나오면 급하게 전화번호를 누른다고 합니다. 쇼핑센터에서도 타임서비스라는 이름으로 특정 시간대에 싸게 파는 경우가 있다고 하더군요. 바로 그때 선착순으로 줄을 선대요. 별 필요가 없던 상품이었는데도, 마감이라는 말만 들으면 빨리 사려는 충동을 느낀다고 합니다. 결국 정신없이 구입한 뒤 후회한다고 하네요."

"스님, 방금 말씀하신 홈쇼핑의 마감상황이나 쇼핑센터의 구매상황 모두 공통점이 있습니다."

"어떤 공통점이요?"

"다른 사람들이 물건을 구매하려고 막 모이는 상황입니다. 만약 매장에 손님이 한 명도 없거나, 홈쇼핑의 구매고객 숫자가 낮았다면 어땠을까요? '혹시나 품질이 좋지 않아 인기가 없는지도 몰라'라고 생각하며 무시했겠지요. 그러나 사람들이 몰려서 물건이 동이 날 것 같자 생각이 바뀝니다. 별 필요가 없다는 것을 차분히 따져 보지 못하지요. 대신에 '뭔가 좋은 물건이니까 사람들이 모이나 보다'라는 생각에 휩싸여 일을 벌입니다."

"박사님, 특히 쇼핑센터에서는 지금이 지나면 다시 원래가격으로 돌아간다고 해서 선착순에 밀리면 손해를 보는 기분이 든다고 하더군요."

"네, 바로 그 기분이 문제이지요. 반대로 말하자면 물건을 파는 상인들 입장에서는 바로 그 마음을 노리고 마감상술을 벌이는 것입니다. 사람들은 누구나 남들보다 더 좋은 것을 갖고 싶어 하는 본능적 마음이 있습니다. 일종의 경쟁심이지요. 그런 상황에서 마감임박은 경쟁심을 잔뜩 부추깁니다. 인간의 인지능력은 한계가 있기 때문에 순식간에 경쟁이라는 하나의 마음으로 가득 차게 되지요."

"박사님, 자기가 돈을 쓰는 것인데도, 싸게 물건을 선착순으로 사면 오히려 돈을 벌었다는 기분이 든다는 것이 참 우습군요. 사실은 그 상품이 원래 헐값에 넘겨야 하는 재고품인 경우가 많다고 하던데요. 장사꾼이 설마 말 그대로 밑지고 팔 리가 없지 않습니까."

"네, 스님, 그것도 상술 때문입니다. 상품이 원가격으로 돌아가면 자신이 손해 보는 것이 아니라, 그냥 이득이 없어질 뿐이지요. 즉 '영(0)'인 상태로 가는 것인데, 그것을 마이너스인 손실로 인식하게 '생각의 틀'을 바꿉니다. 이 생각의 틀을 전문 용어로는 프레임 frame 이라고 합니다."

"아, 교양서로 『프레임의 심리학』이라는 책을 본 적이 있습니다."

"스님, 다행입니다. 그 책에서도 보셨겠지만 사람들은 얻는 것보다 잃는 것에 더 민감한 특성을 갖고 있습니다. 백번 잘해주다가 한

번 잘못 하면 인간관계가 소원해지는 것도 다 그 때문이지요."

"도박에 빠진 사람이 자리를 털고 쉽게 일어나지 못하는 것도 그 때문이군요. 자기가 원래 시작한 판돈이 아니라, 자기가 한참 잘 땄던 때의 돈을 자기돈이라고 생각의 틀을 고정시키니까요. 가장 좋을 때를 기준으로 하니 계속 잃은 게 되지요. 그래서 만회를 해야겠다고 밤새도록 자리를 뜨지 못하는 것입니다. 그것을 이용해서 도박 사기꾼은 처음에는 잃어주고, 나중에 확 돈을 뺐지요. 충동구매를 일으키는 쇼핑이나 도박이나 자신을 조절하기 힘들 것 같으면 모두 아예 접촉을 하지 않으려고 노력해야 할 것입니다."

"스님께서 좋은 예를 들어주셨습니다. 편안한 상태가 아니라, 마감임박을 강조해서 구매가 아니라 경쟁상황으로 생각의 틀을 바꾸는 상술이 있다면, 도박사에게는 도박술이 있는 것이지요. 프레임이 꼭 나쁜 것만 있는 것은 아닙니다."

"네, 저도 책을 보면서 불자들에게 이야기해줄 거리를 생각하기는 했습니다. 인생이 나날이 행복해야 하는 프레임으로 바라보면 뭔가를 얻더라도 그것에 감사하기는커녕 완벽하게 행복하지 못한 것을 탓할 수 있습니다. 하루하루 자신이 잃어가는 것이나 얻지 못한 것, 괴로운 것이 눈에 밟혀 오히려 불행할 것 같습니다. 하지만 애초에 인생은 고해苦海라고 생각한다면 괴로운 것이 없는 상태, 그 자체에도 아주 감사해 할 수 있지요."

"스님의 말씀이 맞습니다. 그래서 누구는 안 좋은 상황을 겪어도

오히려 감사한 마음으로 대처하고, 어떤 사람은 좋은 일을 겪는 것인
데도 뚱한 표정을 짓게 되지요. 다 생각의 틀을 어떻게 맞추느냐에
달려 있습니다."

　"박사님, 프레임, 즉 문제를 어떻게 정의하느냐는 생각의 틀이 해
답을 갖고 있다고 할 수 있군요. 심리학에서 이야기하는 생각의 틀은
어쩌면 불교의 화두와도 같을 것입니다. 즉 화두는 생각의 틀을 바꾸
게 하니까요. 화두를 통해 생각의 틀을 바꾸면 세상이 달라 보이는
깨달음을 얻게 되지요. 만물이 그대로여도 예전의 지평을 뛰어넘어
새로운 세계를 보게 됩니다."

　"불교와 심리학을 연결시키시는 좋은 생각이십니다."

만원보다 9,900원이 훨씬 싸게 느껴지는 이유는 무엇인가?

23

　"스님, 쇼핑 이야기가 나왔으니 심리학과 관련된 이야
기 하나 더 말씀드리겠습니다. 충동구매에는 가격의 마술도 한몫 톡톡
히 하지요. 예를 들어 4만 7천원짜리 옷이 있는데, 그 숫자를 지우고
아래에 2만 9천원에 판다는 표시가 되어 있으면 눈길이 더 갑니다."

　"박사님, 그것은 왜 그런 것이지요? 원래 가격이 3만원일 수도 있

지 않습니까? 정확히 얼마인지 불확실한데도 사람들은 세일을 한다고 하면 마음을 움직여서 물건을 사는 경향이 강한 것 같습니다."

"네, 그게 다 '준거점의 효과 effect of reference point' 때문입니다. 앞서 말씀드린 예의 경우 현재 팔고 있는 가격과 확 차이가 나는 준거점을 제시해서, 사람들을 그 준거점을 기준으로 생각하게 했습니다. 만약 예를 들어 원래 가격이 2만 9천 5백원인데, 2만 9천원에 판다고 표시했다면 어떻게 될까요?"

"그야 사람들이 무시했겠지요. 고작 5백원 깎아주는 것이 뭐가 대수냐고 했을 것입니다."

"스님, 그런데 그렇다고 해도 똑같은 상품, 똑같은 가격이잖아요. 확인할 수 없는 원가격만 높게 선전하느냐 마느냐의 차이만 있는 것입니다. 합리적인 선택을 한다면 지금 내 지갑에서 나가야 하는 돈의 액수와 저 상품의 질, 내가 얻을 이익이 합당하느냐 등 확실한 것만 따져야겠지요. 하지만 사람들은 어이없게도 합리적인 계산을 하기보다는 불확실한 준거점에 의해 더 큰 영향을 받습니다."

"박사님, 준거점이라는 개념이 재미있군요."

"가격에 유독 9자나 8자가 많이 쓰이는 것도 이 준거점을 조작하기 위한 것입니다. 예를 들어 10,000원인 상품이 9,500원이라고 할 때를 상상해 보십시오. 이번에는 9,500원인 상품이 9,000원인 상황을 상상해 보십시오. 똑같은 5백원 차이인데도 10,000원에서 9,500원으로 조정한 폭이 더 크게 느껴지실 것입니다. 왜냐하면 앞의 예는 준거점이 10,000원의 경우는 만원대에 있어 할인하는 것이 확실히 느껴졌는데, 뒤의 예는 준거점이 똑같이 9천원대이기 때문에 별로 그 차이가 느껴지지 않아 그렇습니다."

"그래서 거의 모든 분야의 상품에 단위수가 바뀌기 바로 직전의 숫자가 쓰여지는 것이군요? 5,900원이나 9,850원 등 숫자 조합은 좀 다르지만 마음속에 있는 단위가 바뀌어지기 전의 가격을 붙이려 하는 것은 똑같네요."

"그렇습니다. 스님, 준거점 효과는 구매 상황이 아니더라도 영향을 줄 수 있습니다. 일상적으로 계산을 어림잡을 때도 그렇습니다. 예를 들어 $8 \times 7 \times 6 \times 5 \times 4 \times 3 \times 2 \times 1$은 답이 얼마나 될 것 같으신지요?"

"글쎄요. 제가 셈에 좀 약해서요. 그래도 약 100,000은 넘지 않겠습니까?"

"스님, 그렇다면 $1 \times 2 \times 3 \times 4 \times 5 \times 6 \times 7 \times 8$은 어떨까요?"

"아까와 똑같은 셈이네요. 그러나 그것을 뻔히 알면서도 왠지 값이 더 낮게 나올 것 같은 기분이 들기는 합니다. 불합리한 생각인데도 말이지요."

"심리학에서는 두 집단으로 나눠서 앞의 셈들을 각각 다른 집단에게 하도록 했습니다. 8로 시작하는 셈을 받은 집단이 1로 시작하는 조건을 받은 집단보다 훨씬 더 큰 값으로 답을 적었습니다. 8이 1보다 더 큰 준거점을 갖고 있었기 때문입니다."

"사람들이 정말 합리적으로 잘 계산을 해내는 존재라면 두 경우 모두 셈이 같아야 하는데도, 차이가 있군요. 그 이야기는 사람들은 자신들이 생각하는 것만큼 합리적이지는 않다는 말이군요."

"네, 그렇습니다. 아주 이상적인 합리성보다는 감정에 쉽게 좌우되는 주먹구구에 가까운 합리성이 있을 뿐이지요. 그래서 이상적인 합리성을 당연히 가정하고 만든 정책이나 사회제도, 서비스, 제품 등이 현실과 맞지 않아 문제를 일으키기도 하는 것입니다."

"준거점 효과 하나만 놓고 보더라도 심리학은 아주 일상적인 부분에서부터 커다란 사회구조까지 설명할 수 있는 틀을 갖고 있네요."

"스님, 그게 심리학의 장점입니다."

치매는 어떤 병인가?

24

　　"박사님, 요즘은 오래 살게 되어 좋기는 한데, 나이 들어 치매에 걸릴까봐 걱정하는 사람이 많아졌습니다. 일상생활에서도 치매라는 단어가 많이 나옵니다. 치매에 좋은 음식이다, 운동이다 등등. 그런데 치매에 대해서 많이 알고 있는 것 같아도 왜 치매가 생기는지는 잘 몰라요. 무서워하기만 하지요. 치매는 어떤 병인가요?"

"스님, 치매 dementia 는 어느 하나의 병을 지칭하는 말이 아닙니다. 치매는 대뇌의 질환 때문에 정상적이던 인지기능이 떨어지는 현상을 말합니다. 단지 눈이 잘 안 보이고, 귀가 잘 안 들리고, 다른 감각이 둔해지는 정도가 아니라, 뇌의 상태가 변해서 기억상실을 비롯해 전반적으로 인지가 파괴되는 상태를 말하지요. 사회활동도 안 되고, 판단도 잘 안 될 정도로 심각하지요. 이런 심각한 상태를 보이면 치매라고 합니다."

"박사님, 치매는 병 이름이 아니라, 증상을 뜻하는 말이라는 거군요?"

"네, 치매에는 여러 가지 증상을 가진 병이 있습니다. 그리고 더 놀라운 것은 같은 병을 가진 환자라고 해도 사람에 따라 가벼운 기억장애부터 매우 심한 행동장애까지 증상의 범위가 크지요. 그러한 치매를 일으킨 원인도 상당히 다릅니다."

"박사님, 그래도 사람들이 말하는 치매는 좀 비슷비슷한 것 같던데요?"

"그것은 대부분 알츠하이머병 Alzheimer's disease 을 가리켜서 치매라고 하기 때문일 것입니다. 알츠하이머병은 전체 치매 중 약 50~60% 정도일 정도로 가장 흔한 질병입니다. 그리고 65세 이상 노인의 경우 5~7%가 알츠하이머병에 걸리지요. 그리고 80세 이상이 되면 15%가 발병하는 것으로 알려져 있습니다."

"박사님, 어떤 증상을 보이면 알츠하이머병에 걸렸다고 알 수 있나요?"

"알츠하이머병은 조기발견이 어렵습니다. 초기에는 그저 건망증이 약하게 나타나는 정도입니다. 특히 최근 사건에 대해 기억이 깜박깜박 하신다면 주의를 해야 합니다."

"박사님, 저도 요즘 부쩍 건망증이 심해졌는데요? 병에 걸렸을까 봐 걱정이네요."

"스님, 아닙니다. 건망증이 심하다고 전부 알츠하이머병에 걸린 것은 아닙니다. 스트레스를 많이 받은 상태에서나 영양상태가 좋지 못한 상태에서는 알츠하이머병에 걸리지 않은 젊은이라고 할지라도 기억력이 나빠지니 말입니다. 하지만 스트레스가 그리 심한 상태가 아닌데도 아주 일반적인 단어를 잊어버린다면 한번 병원을 찾아보는 것도 나쁘지 않습니다."

"아주 일반적인 단어라면 어떤 것인가요?"

"자동차, 음식, 신발 등등 특정한 고유명사 말고 잊어버리기 힘든 아주 오랫동안 일상적으로 써 왔던 단어들을 뜻합니다."

"알츠하이머병이 진전되면 어떤 변화가 생기나요?"

"말하고, 읽고, 쓰고, 이해하고, 복잡한 과제를 수행하는 것 등에 있어 심각한 장애가 오기 시작합니다. 감정의 기복이 심해져 사소한 일에도 화를 내거나 울게 되지요. 하지만 병이 더욱 진행되면 감정이 무뎌집니다. 그리고 우울해져 감정표현이 사라지고 말도 줄어들게 됩니다. 이렇게 일단 병이 진전되면 자기가 있는 곳을 잊어버리거나 시간, 날짜, 계절을 구별하지 못해 길을 잃으면 자기의 힘으로 집조차 찾아올 수 없게 되지요. 또한 친한 사람들도 알아보지 못해서 가족과 친구들을 당황시키게 됩니다.”

“박사님, 그게 우리가 알고 있는 흔한 치매의 모습입니다. 그렇게 변하게 되는군요?”

“뇌의 일부가 파괴되어 오는 병이기 때문에 호전되기 힘듭니다. 시간이 갈수록 병은 계속 심각해지지요. 밥을 먹고도 안 먹었다고 우기는 등의 흔히 ‘노망’으로 알고 있는 증상을 보이면서, 대소변에 대한 통제력까지 잃게 됩니다. 그래서 결국에는 자기 자신을 전혀 돌보지 못하고 누워서 간호를 받아야만 하는 상태가 되지요.”

“박사님, 그러다가 몸이 약해져서 폐렴 등 다른 합병증으로 죽게 되더군요. 치매 그 자체로 죽는다기보다는…….”

“네, 그래서 치매가 무서운 병이지요. 자기 자신이 쌓아왔던 것을 다 잃고 죽게 되니 말입니다.”

“박사님, 세계를 호령한 미국의 도널드 레이건 대통령도 알츠하이머병에 걸려 자기가 누구인지도 모르고 죽었다고 하더군요. 그 기사를 보고 씁쓸한 기분이 들었답니다.”

“네, 치매는 돈이 많거나 권력이 있다고 해서 피해갈 수 있는 병이 아닙니다. 모두 평소 심신의 건강을 지키는 생활습관을 통한 철저한 예방을 통해 준비를 해야만 병을 막을 수 있습니다.”

고스톱은
치매 예방에 정말 좋은가?

25

"박사님, 술과 담배는 백해무익하다는 말이 있으니 좀 바보 같은 질문일 수도 있습니다. 하지만 특히 술을 많이 먹으면 치매에 걸릴 확률이 높다고 하던데 사실인가요?"

"그렇습니다. 스님, 술을 많이 먹으면 혈관성 치매 Vascular dementia 에 걸릴 가능성이 높습니다. 치매의 원인들 중에서 알츠하이머병 다음으로 흔한 것이 혈관성 치매지요. 한국에서는 혈관성 치매환자가 30%정도 차지하는 것으로 알려져 있습니다."

"그러면 술이 정말 치매에 나쁜 것이군요?"

"네, 하지만 전적으로 술 때문에 치매에 걸린다고 할 수는 없습니다. 혈관성 치매를 일으키는 원인은 다양하거든요. 술뿐만이 아니라, 나쁜 생활습관, 사고로 인한 충격 등 뇌에 혈액을 공급하는 뇌혈관들이 막히거나 좁아진 것이 원인이 되어 나타나기도 합니다. 흔히 중풍이라고 말하는 뇌졸중 腦卒中에 의해서도 나타날 수 있지요."

"박사님, 혈관성 치매에 걸리면 어떤 증상을 보이나요?"

"움직임이나 판단능력이 마치 전등이 깜박깜박 들어왔다 나갔다 했다가 결국 작동을 하지 않는 것처럼 됩니다. 인지능력이 조금 나빠졌다가 그 수준을 유지하다가 또 갑자기 조금 나빠졌다가 유지되고 하는 식으로 병이 진행되지요. 흔히 중풍이라고 하면 연상되는 모습처럼 혈관성 치매에 걸리면 팔, 다리 등의 마비가 오거나 언어장애가 나타납니다."

"박사님, 치료책은 없나요?"

"알츠하이머보다는 좀 더 희망적입니다. 초기에 진단을 받고 적절한 치료를 받으면 더 이상의 악화는 막을 수 있습니다. 처음 중풍을 맞은 환자가 열심히 운동을 해서 회복하는 것을 떠올려 보세요. 하지만 이 병은 겉보기에는 완치한 것 같아 보여도 한 번 상한 뇌를 복구할 수는 없으니 완치는 힘들지요. 병에 걸리지 않도록 예방을 하는 것이 최선입니다."

"그렇다면 어떻게 해야 하나요?"

"스님, 치매 예방 전략은 간단합니다. 뇌의 파괴 때문에 오는 병이니, 뇌를 온전하게 보호할 수 있는 훈련을 하면 됩니다. 인간의 뇌는 쓰지 않으면 겨우 현상유지하거나 그보다 못해지고, 쓰면 쓸수록 더 나아집니다. 그러므로 계속 왕성하게 뇌를 움직이면 치매를 예방할 수 있습니다."

"박사님, 그런데 제가 아는 교수나 의사분도 치매에 걸리셨습니다. 그것은 왜 그런 것인가요?"

"물론 프랑스의 철학자 장 폴 사르트르나 레이건 대통령처럼 끊임없이 정신활동을 하던 사람도 치매에 걸리는 수가 있습니다. 하지만 그들은 유명하기 때문에 더 매스컴에 부각되어 나온 것일 뿐입니다.

실제 통계를 보면 왕성하게 활동을 하는 사람이 치매발병의 확률이 현저하게 낮습니다. 그들은 운이 없었던 것이지요. 스님께서 기억하시는 교수와 의사분도 다른 치매환자의 숫자에 비하면 적은 것입니다. 중요한 것은 어떤 직업을 가졌느냐가 아니라, 실제로 얼마나 뇌를 왕성하게 움직이며 건강을 유지했느냐 입니다.”

“박사님, 어떻게 하면 왕성하게 뇌를 움직일 수 있나요?”

“뇌를 움직이라고 해서 퍼즐을 풀거나 공부를 하는 분이 있습니다. 물론 그것도 나쁘지 않습니다. 하지만 심리학자가 강력하게 제안하는 인지훈련은 머리를 쓴다기보다는 몸을 더 활기차게 쓰는 운동입니다.”

“왜 그렇지요?”

“운동 중에서도 걷기가 치매예방에 효과가 큰 것으로 나왔기 때문입니다. 미국 하버드 의대의 제니퍼 유브Jennifer Weuve 박사 연구팀은 2004년에 70세 이상의 할머니들을 대상으로 한 연구를 발표했습니다. 1986년부터 설문을 시작한 이래 조사에 참가한 1만 9천명 정도의 미국 여성을 2003년까지 추적 연구했지요. 그 연구결과에 따르면, 운동을 포함한 장기간 규칙적인 운동은 치매예방에 효과가 있는 것으로 나왔습니다. 다른 실험연구에서도 일관되게 걷기 운동의 효과가 보고되고 있습니다.”

“박사님, 걷기 말고 요가도 좋지 않을까요?”

“그냥 아무것도 하지 않는 것보다는 도움이 될 것입니다. 하지만 걷기가 가장 좋습니다.”

“박사님, 왜 그런가요?”

“상식적으로는 몸을 움직이기만 하면 활력을 주어 치매 예방에 좋을 것이라 생각하기 쉽지요. 하지만 요가나 스트레칭의 경우에는 정적인 운동입니다. 하지만 걷기 운동을 하면 운동 경추가 자극돼 뇌 혈류가 2배로 증가되고, 이것이 뇌의 활동량 증가로 이어져 결국 뇌가 젊음을 유지하게 됩니다.”

“박사님, 고스톱을 치면 치매예방에 도움이 된다는 말도 있는데 그것은 사실인가요?”

“말씀드렸지만 아무것도 하지 않는 것보다는 분명 도움이 될 것입니다. 하지만 고스톱도 결국 몸을 움직이지 않고 앉아서 해야 되는 것이지 않습니까? 이렇게 되면 뇌로 가는 피의 흐름이 원활하지 못해서 오히려 안 좋을 수도 있을 겁니다. 더구나 스트레스를 받으신다면 더 나쁘지요. 즐거움을 위해서 하고, 심각하지 않게 재미로만 한다면 그나마 좋습니다. 하지만 고스톱을 치면서 순전히 재미만 구하기가 힘들지요.”

“그럼 공부를 하면서 머리를 쓰는 것보다 걷기를 열심히 해야겠네요?”

“예방을 여러 개로 하시는 것이 나쁘지 않습니다. 걷기만 하시는 것보다는 공부도 하시는 게 좋습니다. 사람은 나이가 들어도 지적활동을 포기하지 않는 것이 매우 중요합니다. 일부러 예전 사진을 보며 기억을 떠올리려 노력하고, 낱말 맞추기를 하거나, 어느 시인처럼 세계에 있는 모든 산 이름을 차례로 외우거나, 다른 사람과 이야기를 나누는 등 줄곧 노력을 해야 합니다.

미국 일리노이대학 심리학과의 데니스 박Denise Park 교수는 70세 이상의 병든 노인에게 디지털 사진 조작법 등에 대한 8주 교육 프로그램을 진행했습니다. 앉아서만 생활하는 노인들임에도 불구하고, 교육기간이 끝나자 교육을 받지 않은 사람보다 인지능력 검사에서 점수를 더 좋게 받았습니다. 비록 움직일 수는 없어도 새로운 것을 접하고, 공부하는 것이 얼마나 인지능력 유지와 증진에 도움이 되는지 확인해주는 연구결과라고 할 수 있겠습니다. 나이든 노인, 병든 노인도 이런데 한 살이라도 젊은 사람들의 인지훈련 효과는 말할 필요도 없을 것입니다."

"박사님, 알겠습니다. 저도 즐거운 마음으로 산책을 하고, 꾸준히 머리를 쓰는 것을 습관화해야겠습니다."

수줍음을 어떻게
이길 수 있는가?

26

"박사님, 대개 불자들의 경우 원래 수줍은 성격이어서 사회생활을 하는 데 손해를 보는 때가 있다고 하는 사람이 많아요. 요즘 사회가 자기홍보를 잘해야 인정을 받는 경향이 강해져서 더 그런 것 같습니다. 박사님께서 수줍음을 이기고 싶어 하는 불자에게 도움이 될 만한 말씀을 해주실 수 있는지요?"

"스님, 수줍음은 성격을 표현하는 말이기 이전에, 적극적이지 못한 반응을 뜻하는 말입니다. 뭔가 불안해하면서 마음대로 남 앞에서 하지 못하는 현상이지요. 본심으로는 하고 싶은 것이 많아도 수줍음 때문에 결국 표현을 하지 못하다 보면 병이 생길 수도 있습니다."

"네, 수줍은 사람들을 보면 세세한 것까지 다 걱정하느라 쉽게 표현을 하지 못하더군요. 이렇게 말하면 상대방이 오해하지 않을까, 저렇게 행동하면 싫어하지 않을까 끙끙거리며 머릿속에서 여러 상황을 상상하느라 막상 실천은 하지 못하는 것 같습니다."

"스님께서 좋은 지적을 해주셨습니다. 수줍은 성향이 강한 분들은 주변 환경에서 위협적인 단서를 잘 찾습니다. 다른 사람이 보기에는 별것 아닌 것으로 넘길 수 있는 것도 아주 예민하게 반응하지요. 그래서 때로는 상황을 왜곡해서 받아들여 혼자만 안달복달하는 경우가 많습니다."

"맞아요. 상대방은 별 생각 없이 한 말에 혼자 상처를 받고, 반대로 항변도 하지 못하고 끙끙대지요. 그냥 사실 확인만 하면 간단히 처리될 문제도 직접 물어보지 못하고 혼자 생각을 키워 속앓이를 합니다."

"네, 스님, 혼자 생각을 하다보면 평소에는 생각나지 않았던 안 좋았던 일까지 더 잘 기억납니다. 잘 지내던 친구 사이에서도 예전에

서운했던 사건이 떠올라 더 감정적으로 반응을 하게 되지요. 그래서 수줍음은 현명하게 일상생활을 보내고 행복을 얻기 위해 꼭 고쳐야 하는 성격이기도 합니다."

"박사님, 어떻게 하면 수줍음을 고칠 수 있을까요?"

"저는 두 가지 방법을 권하고 싶습니다. 첫째는 자성 自省 을 하는 것입니다. 자신이 안달복달하는 것의 실체가 무엇인지 곰곰이 생각해 보는 것입니다. 예를 들어 아이들과 있다가 '너 지금 뭐하니?'라고 물었더니 아이가 시큰둥한 반응을 보였다고 합시다. 이 경우 수줍은 사람은 '왜 그런 반응을 보이냐'고 아이에게 묻지 못합니다. 그냥 혼자 '애들까지 나를 무시하다니, 나는 남들에게 존중받을 가치가 없나봐' 하면서 쉽게 상처를 받습니다. 이런 경우 그냥 감정적으로 반응하기보다는 객관적으로 관찰한 사실을 잘 떠올려 보세요. 아이가 본인의 말을 잘 못 들어서 그런 것일 수도 있습니다. 아니면 그때 마침 바빠서 그런 반응을 보인 것일 수도 있고, 혼자 무슨 생각에 빠져 있어서 그런 것일 수도 있습니다."

"자동적으로 떠오르는 생각을 막고, 정말 그 생각의 근거가 무엇인지 살피자는 거군요."

"네, 그렇게 하다 보면 자신이 안달복달하는 것이 실제 사실이 아니라 자신의 상상 때문이라는 것도 알게 됩니다. 지금 아이가 시큰둥한 반응을 보인 것뿐만이 아니라, 예전에 함께 잘 지냈던 기억을 떠올리면 자신의 가치가 있느냐 없느냐의 문제까지 가는 것은 너무 과

대망상적인 생각임을 스스로 깨닫게 될 것입니다."

"박사님, 그런 것을 남이 이야기하면 또 다른 상처가 될 수 있는데, 자기 자신이 깨닫는다면 더 낫겠네요."

"자성을 많이 하면 생각의 폭이 커지고, 자신감도 붙게 되지요. 그래서 상대방에게 확인하기 위해 물어보는 것도 잘 하게 됩니다. 그렇게 적극적이 되면 수줍음은 자연스럽게 없어지지요."

"박사님, 다른 방법을 또 말씀해 주세요."

"둘째는 자신이 겪은 서운한 상황에 대해서 다른 사람들의 생각을 물어보는 것입니다. 단, 다른 사람들에게 자신의 입장을 이해받기 위해서라기보다는 다른 사람의 생각을 알아보기 위해 이야기하는 것이 중요합니다. 제3자의 시각에서 상황을 보면 자신이 안달복달할 문제가 아니었다는 생각도 할 수 있습니다. 다른 생각을 할 수 있는 단서를 많이 발견할수록 기존의 수줍음을 일으켰던 생각의 단초에서 벗어나게 됩니다."

"박사님, 자성이거나 다른 사람에게 조언을 구하거나 간에, 수줍음을 일으키는 상황을 객관화하는 것이 중요하다는 말씀이군요."

"맞습니다. 그게 핵심입니다. 좀 더 큰 사고력을 갖게 되면 수줍음의 부정적인 측면은 많이 없어지고, 오히려 겸손함을 길러주는 긍정적인 측면이 강조되어 보일 것입니다."

"네, 큰스님들의 모습을 뵈어도 매번 적극적으로 표현을 하지 않으시지요. 때로는 너무 겸손하셔서 수줍은 성격을 갖고 계신 것은 아닌가 싶기도 합니다. 그러면서도 힘과 자신감이 느껴지지요."

사람들은 왜
복수를 하려고 하는가?

27

"박사님, 신문의 사회면을 보면 끔찍한 사건이 자주 나옵니다. 그 중에서도 친했던 관계인데 사사로운 이익에 의해 서로 관계가 깨진 뒤 복수를 하는 경우가 있습니다. 상대방뿐만 아니라 자신의 삶도 망치는 이런 범죄기사를 보게 되면 안타깝습니다. 왜 사람들은 친했던 사람에게 복수를 하려고 하나요?"

"복수는 앙갚음이지요. 아무 인연도 없던 사람에게 범죄를 하는 것을 복수라고 하지는 않습니다. 뭔가 관계를 맺고 있던 사람에게 받은 만큼 되돌려 준다는 생각에 나쁜 짓을 하는 것이 복수이지요. 그런데 친교나 복수 모두 관계에 대한 인간의 간절한 욕구에서 나온다는 점에서 비슷합니다."

"친교와 복수가 비슷하다? 그게 더 끔찍한 말일 수 있겠습니다."

"스님, 고독에 대해서 말씀드릴 때 언급했듯이 사람은 혼자 있기보다는 누군가와 더불어 있으려 노력합니다. '백지장도 맞들면 낫다'고 다른 사람과 함께 하는 것이 더 이득이 되고, 외로움도 줄일 수 있고, 자신의 존재가치를 인정받을 수 있기 때문입니다. 운동선수나 연예인 모두 다른 사람이 있을 때 더 신나서 목표를 잘 이루는 것을 떠올려 보세요. 확실히 인간은 혼자보다는 여럿일 때 더 좋은 존재입니다.”

“그렇긴 합니다.”

“그런데 복수는 바로 이런 소중한 대인관계를 잘 유지하기 위해 일어납니다. 즉 상대방에게 자신의 상황을 이해받으려는 욕구가 계속 있기 때문에 복수가 일어납니다.”

“박사님, 복수는 파국으로 치닫는 것인데 계속 유지를 하기 위해서라니요?”

“심리학에서는 ‘항상성 homeostasis’이라는 개념이 있습니다. 항상성은 같은 성질을 유지하면서 그것에 머무르려 하는 성질을 뜻합니다. 항상성은 신체적 기능에도 해당하는 개념입니다. 일정한 온도에 머물려는 성질, 즉 항상성 때문에 신진대사가 되어 체온유지가 되는 것입니다. 흥분한다고 심장마비까지 계속 달려 나가는 것이 아니라 적당한 선에서 마음을 가라앉힐 수 있는 것도 바로 우리 마음과 몸의 항상성 때문입니다.”

“박사님, 항상성의 원리는 아주 많은 일에 작용하는 법칙인가 보군요?”

“네, 그리고 항상성은 대인관계에서도 나타납니다. 어떤 사람과 일단 관계를 형성하면, 지속적으로 그 관계를 유지하려고 합니다. 그런데 만약 그 관계가 깨어지면 다시 원래의 상태로 돌아가려고 하지요. 자신이 얼마나 소중한 존재인지, 혹은 중요한 존재였는지 상대방이 느낄 수 있도록 노력합니다. 그런 노력 중에는 적극적인 구애 행동도 있지만, 그 반대의 복수도 있습니다. 복수나 구애 행동 모두 항상성을 유지하기 위한 선택입니다. 때로는 끈질기게 구애를 하다가 돌변해서 상대방을 해치는 범죄까지 하는 것도 원래 항상성이라는 같은 뿌리에서 나오기 때문입니다."

"그런데 그렇게 인간관계에 있어 항상성이 중요하다면 인간은 복수에서도 자유로울 수 없겠네요. 하지만 다른 방법도 있지 않겠습니까?"

"방법이 아예 없는 것이 아닙니다. 상담심리 발전에 큰 영향을 준 칼 로저스Carl. R. Rogers는 상처받은 마음의 치료를 촉진하는 세 가지 중요한 방법을 제시했습니다. 그것은 '무조건적 긍정적 존중 unconditional positive regard', '공감적 이해empathic understanding', 그리고 '솔직성 genuineness'입니다."

"박사님, 구체적인 것은 로저스의 상담관련 책을 살펴보면 알겠지만, 그의 이론의 핵심이 무엇인지 말씀해 주십시오."

"로저스는 모든 사람들이 이해받고 싶어 하는 욕구가 있음을 중시했습니다. 그리고 복수조차도 극악한 범죄이기 이전에 남에게 이해받고자 하는 인간의 여린 마음을 표현하는 것으로 생각했습니다. 복수를 만드는 여린 마음을 그대로 놔두면 복수에 취약하게 됩니다. 그러니 강한 마음으로 거듭나게 훈련을 해서 단련하는 수밖에 없습니다. 강한 마음을 갖게 되면 상황에 휘말려 복수를 선택을 하지 않습니다. 남 탓을 하는 것이 아니라 자신이 중심이 되어 스스로 다른 행동을 선택하지요. 칼 로저스 박사는 개인적 정체성과 인생의 의미를 찾기 위해서는 자부심과 책임의식을 가지고 자신에게 주어진 자유를 적극적으로 활용해야 한다고 주장했습니다."

"박사님, 좀 더 구체적으로 말씀해 주시겠습니까?"

"개인의 선택은 각 개인이 세상을 어떻게 바라보느냐에 달려 있습니다. 만약 세상을 긍정적으로 본다면 좀 여유롭게 생각하며 행복을 느낄 것입니다. 이별을 하게 되어도 너무 비관적이 되지 않고 다른 인연을 생각할 수 있습니다. 좀 더 큰 틀에서 자신이 겪는 어려움을 생각하게 됩니다. 어려움은 고통스럽지만, 또 다른 성장을 위한 좋은 기회로 보고 강인하게 견딜 수도 있습니다."

"네, 그렇군요."

"그러나 세상을 부정적으로 보거나 적대적으로 파악한다면 방어적인 태도를 가지게 될 것입니다. 그리고 혹시나 어려운 일을 당해서 영영 파멸할까봐 불안하게 됩니다. 그래서 우울증에 걸리거나, 아니면 상처를 덜 받겠다고 공격적으로 반응하게 됩니다. 약간의 상처에도 큰 파멸을 생각하다보니 과한 반응을 보이기도 합니다. 그러다가 정말 파국으로 치달을 복수극을 벌이기도 합니다."

"박사님, 세상에 대한 기본적 생각의 차이일 수도 있지만, 어떻게 보면 상대방에 대한 생각의 차이이기도 하네요. 즉 인간의 본성을 성선설로 보느냐, 성악설로 보느냐에 따라서도 선택이 달라질 수 있습니다. 성선설 쪽이면 상대방이 나를 아프게 한 것에 악의가 없었을 것이라고 봐서 더 여유롭게 반응할 수 있겠지요. 하지만 성악설이라면 처벌을 내려야 한다는 생각에 복수를 할 수 있는 것입니다.”

“스님, 맞습니다. 그래서 칼 로저스의 이론을 성선설에 가까운 인본주의적 접근이라고 표현하기도 합니다.”

뇌는 정말로 10%만 사용하는 것일까?

28

“박사님, 심리학과 관련해서 가장 널리 알려진 것 중 하나가 바로 우리 뇌의 10%밖에 쓰지 못한다는 이야기입니다. 아인슈타인이 사람은 잠재성을 10%밖에 못 쓴다는 말을 했다고도 하네요. 그리고 직접 아인슈타인과 같은 천재들의 뇌를 확인해 봐도 실제로 10%밖에 쓰지 못했다는 말도 있습니다. 그런데 그렇게 세상에 떠도는 말들이 정말인가요?”

“스님, 아닙니다. 모두 역사적으로나 과학적으로 근거 없는 이야기입니다.”

"그런데 왜 그런 이야기가 퍼졌을까요?"

"왜, 그런 10% 신화가 퍼졌는지는 확실하지 않습니다. 다만, 사람들에게 잠재성이 무한하니 좀 더 분발을 하라고 교육적 목적으로 말하는 사람이 많아서, 이런 잘못된 믿음이 없어지지 않는 것 같습니다."

"박사님, 그렇다면 우리는 뇌의 몇 퍼센트나 쓰고 죽나요?"

"전부 다 쓰고 죽습니다. 그리고 만약 우리가 뇌의 일부분만 쓴다면 치매환자처럼 심각한 상황에 처하게 됩니다."

"예? 박사님, 전부 다 쓴다고요?"

"만약에 우리가 뇌의 10%만 사용한다면, 나머지 90%에 해당하는 부위들은 왜 있는 것일까요? 그리고 왜 사고가 나서 뇌를 다치면 사람의 상태가 갑자기 변할까요? 어차피 10%만 쓰던 뇌이니까, 대부분의 쓸모없는 뇌 부위가 다칠 수도 있는데 말입니다."

"박사님의 말씀을 듣고 보니 좀 이상하기는 합니다."

"우리는 잠을 자고 있을 때조차 뇌가 활발하게 움직입니다. 뇌의 어느 한 부분만 활성화되는 것이 아니라, 어떤 정보를 처리하느냐에 따라 각기 다른 부위가 활성화됩니다. 예를 들어 뭔가를 보거나 상상을 할 때는 머리 뒤통수에 해당하는 후두엽이 활성화 됩니다. 다른 사람의 말을 이해하려고 할 때는 브로카Broca 영역이라고, 뇌의 앞부분에 가까운 쪽이 활성화 되어야 합니다. 그리고 말을 하려고 할 때에는 뇌의 옆부분인 측두엽과 뇌의 중간부분인 두정엽이 만나는 베르티케 영역이 활성화 되어야 합니다. 이렇듯 간단해 보이는 인지과정에도 다양한 뇌의 부위가 고루 활성화되고 있습니다.”

“그렇게 뇌가 바쁘게 움직이니까 사람이 다른 동물과도 다르게 살 수 있는 것이겠지요.”

“네, 스님의 말씀이 맞습니다. 우리는 뇌를 전부 사용하고 있으며 또 그래야 행복하게 오랫동안 살 수 있습니다. 정말 인간이 자신의 뇌 10%만 활용한다면 원숭이보다 더 못한 삶을 살게 되겠지요.”

좌뇌형 인간과 우뇌형 인간이라는 것이 있는가?

29

“박사님, 그렇다면 좌뇌형 인간이니 우뇌형 인간이니 하는 말도 틀린 것인가요?”

“스님, 그런 말들이 언제부터 나왔는지를 잘 보셔야 합니다. 감성지능EQ이 중요하다는 말이 한번 유행처럼 지나갔지요. 그리고 나서 좌뇌형과 우뇌형 인간이라는 말이 퍼지고 있습니다. 마치 새로운 상품을 만들어 내듯이 이야기를 하고 있습니다. 하지만 이것은 오래전에 과학적으로 발견된 좌뇌와 우뇌의 역할을 과장되게 해석한 것에 지나지 않습니다. 원래 어떤 사람을 좌뇌형 인간이니 아니니 단정 짓는다는 것 자체가 말이 안 되는 것입니다.”

"박사님, 과학적으로 발견했다는 말은 그래도 뭔가가 있기는 있다는 말이지 않나요? 구체적으로 좌뇌와 우뇌의 역할은 어떻게 다른지요?"

"대뇌피질은 독립된 두 반구로 이루어져 있습니다. 그리고 각 반구는 뇌량으로 연결되어 있지요. 이 뇌량 덕분에 정상인들은 두 반구의 차이를 느끼지 못합니다. 하지만 간질환자의 경우 병을 치료할 목적으로 뇌량을 절개하는 수술을 받습니다. 그 결과 정상인에게서 볼 수 없는 특이한 현상을 보여줍니다. 간질환자뿐만 아니라 사고를 당한 환자를 통해서 비교연구를 한 결과 좌뇌와 우뇌의 역할이 각각 다르다는 사실을 밝혔습니다. 좌뇌는 읽기, 쓰기, 말하기, 수학적 추리, 이해와 관련이 있는 뇌입니다. 즉 좌뇌는 주로 언어적 측면이 많습니다. 이에 비해 우뇌는 비언어적인 작업이나 공간지각, 추상적인 생각 등과 관련이 있습니다. 그래서 창의적 생각을 많이 하자는 취지로 우뇌를 강조하는 풍조가 생겼지만 실제로 이것은 어불성설입니다."

"박사님은 왜 어불성설이라는 주장을 하시는지요?"

"우리는 현상을 이분법적으로 범주화하는 것에 익숙해져 있습니다. 좋은 사람 아니면 나쁜 사람, 유용한 것 아니면 해로운 것 등등. 왜냐하면 이분법적으로 사고를 하면 상황을 단순하게 볼 수 있어 마음이 편해지기 때문입니다. 하지만 그렇게 단순화하다 보면 상황을 왜곡되게 이해할 위험이 있습니다. 어떤 것은 좋기도 하지만 동시에 나쁘기도 하지 않습니까? 예를 들어 좋은 약도 너무 많이 먹으면 독이 되는 경우가 있지 않습니까? 운동도 너무 과하게 하면 건강을 오히려 더 해치지 않습니까? 그러나 이렇게 애매하게 이야기하면 세상의 일들에 신경을 많이 쓰게 되어 마음이 불편합니다. 그래서 이분법적 사고를 합니다. 좌뇌형 인간, 아니면 우뇌형 인간라고 하는 분류도 인간의 다양성을 인정하기 귀찮아하는 이분법적 사고 때문에 나온 것입니다."

"박사님, 그래도 아까 좌뇌와 우뇌의 역할에 대해서는 연구자들이 체계적으로 연구를 했다고 하지 않았습니까?"

"스님, 좌뇌와 우뇌의 차이에 대해서 노벨상을 받을 정도로 훌륭한 연구를 한 로저 스페리 Roger Sperry 조차 좌뇌형 인간과 우뇌형 인간으로 나누는 것은 반대할 것입니다. 왜냐하면 그가 말하고 싶었던 것은 우리 뇌에서 일어나는 인지처리의 오묘함이었지, 단순함은 아니었기 때문입니다. 지금 이 자리에서 스페리의 실험을 다 말씀드릴 수는 없습니다. 나중에 전공도서나 인터넷에서 '분할뇌 split brain' 연구를 찾아서 그 실험 내용을 보시면 제 말씀을 이해하실 수 있을 것입니다. 제가 여기서 말씀드리고 싶은 것은 좌뇌형 인간과 우뇌형 인간은 과학적 배경보다는 상업적 논리로 나온 말이라는 것입니다. 스페리 박사가 논문을 발표한 것은 1966년이었지만, 불과 얼마 전까지만 해도 좌뇌형 인간이나 우뇌형 인간이라는 용어조차 없었습니다."

"좌뇌와 우뇌가 그 역할이 확실히 나눠진다면 사람들의 스타일도 그에 따라 나눌 수 있지 않을까요?"

“스님, 문제는 막상 뇌의 역할을 탐구하는 신경과학자의 연구에 따라 그 역할이 달라진다는 것입니다. 즉 좌뇌와 우뇌의 역할에 대한 연구는 1960년대에 이야기했던 것보다 훨씬 더 복잡한 양상으로 전개되고 있습니다. 거의 해마다 그 연구결과가 엎치락뒤치락 하고 있는 셈이지요. 예를 들어 좌뇌는 언어와 논리, 우뇌는 공간지각과 추상화로 두부 자르듯 확 나눠지지 않습니다. 우뇌에도 언어와 논리를 담당하는 기능이 있습니다. 단지 세부적이고 지엽적 정보처리는 좌뇌가 비교적 우세합니다. 그리고 전체적 정보처리는 우뇌가 다소 우세하지요. 하지만 이것 역시 어떤 과제를 주느냐에 따라 뒤바뀔 수도 있습니다.”

“아. 단순하게 생각할 문제가 아니군요.”

“그렇습니다. 스님, 사고로 좌뇌를 거의 잃은 사람의 경우에도, 남아 있는 우뇌를 통해 언어처리와 공간지각 등 일상생활을 거의 정상적으로 하고 있습니다. 만약 우뇌와 좌뇌의 역할이 확실히 구분되는 것이라면 좌뇌가 없으니 언어처리는 불가능해야 하는 것이지요.”

“비전문가가 보기에는 다 사람들이 살게끔 뇌가 구조화되어 있는 것 같습니다. 살다가 어떤 사고를 당할지 모르니까, 다른 쪽 뇌에도 예비적으로 사용할 수 있게 말입니다.”

“네, 스님의 말씀이 맞습니다. 원래 각 반구에 나눠져 있다고 생각한 정보처리 양식은 다른 쪽에도 어느 정도 있습니다. 이것이 생존을 주요 목적으로 뇌가 진화를 하다 보니 생긴 결과라고 보는 진화심리학자도 있습니다."

"결론적으로 말하자면, 좌뇌와 우뇌의 역할 구분이 일반인이 생각하는 것만큼 그렇게 확실한 것은 아니다, 이 말씀이시군요. 그리고 우리의 뇌는 아주 유연해서 부족한 부분을 보충할 수도 있다는 말씀이 더 적절하겠네요."

"네, 그렇습니다."

돈을 많이 벌어도 꼭 행복하지 않은 이유는 무엇인가?

30

"박사님, 절을 찾는 불자님들 중에는 안타까운 사연을 갖고 계신 분이 있습니다. 가난하게 태어나서 돈을 많이 벌면 행복할 것 같았는데, 부자가 되어도 별로 기쁘지 않다고 하는 분이 있습니다. 그렇게 원하던 대로 돈을 많이 벌어도 행복하지 않은 이유는 무엇인가요?"

"스님, 세상 사람들이 돈을 벌고 싶은 것은 돈에 의해서 얽매이는 일 없이 자유롭게 사는 모습을 떠올리기 때문입니다. 그러나 돈을 벌려면 돈 버는 수단에 얽매여야 합니다. 직장이나 가게, 주식 등 돈이 나오는 창구에 매달려야 합니다. 아주 운이 좋아서 복권에 당첨되더라도 얻은 돈을 지키려면 돈을 관리할 방법을 익혀야 합니다. 결국 돈을 벌기 위해서, 돈을 벌어도, 돈에 얽매이게 됩니다. 얽매이는 삶은 자유가 없으니 만족하기 힘들지요. 다만 자기보다 못한 남과 비교를 했을 때 일시적으로 만족할 수는 있지만, 진정한 행복을 느끼기는 힘듭니다."

"박사님, 너무 교과서적인 결론이 아닐까요?"

"아닙니다. 실제 현실이 그렇습니다. 심리학자인 팀 캐서 Tim Casher 와 리차드 라이언 Richard Ryan 교수 연구팀은 1990년대부터 2000년대에 이르기까지 미국과 러시아, 인도에서 대규모 비교연구를 실시했습니다. 이 연구 결과에 따르면, 돈이나 명예, 외모 등 흔히 외형적인 성공이라고 불리는 요소를 중시하는 사람들의 삶의 만족도는 그리 크지 않았습니다. 정말로 행복한 사람은 어떤 사람이었을까요?"

"욕심을 버리고 삶을 내려놓은 사람 아니었을까요?"

"네, 어느 정도 맞는 말씀입니다. 하지만 삶을 내려놓았다는 표현은 과학적으로 증명하기 힘들지요. 구체적인 행동으로 분석을 했어야만 했습니다. 그래서 연구팀은 여러 항목을 정해서 살펴보았지요. 그 결과 주변 사람들과의 좋은 대인관계나 자신의 재능을 개발하는 것, 그리고 사회활동을 중시하는 사람들의 삶의 만족도가 더 높았다는 사실을 밝혀냈습니다."

"사회적으로 바람직한 사람이 개인적으로도 행복하군요. 박사님, 그런데 왜 이런 현상이 나오는 것일까요?"

"사회심리학자 도널드 캠벨 Donald Campbell 박사의 '쾌락의 쳇바퀴 hedonic treadmill'라는 비유로 행복을 설명해드리도록 하겠습니다. 인간은 힘들게 방아를 돌리듯이 노력을 하면 새로운 상태를 만들어 낼 수 있습니다. 그리고 변화를 계속 만들다 보면 바로 자신이 원하는 상태에 도달하는 경우도 많지요. 그러나 사람은 결코 그 순간에 지속적으로 만족해하지 못합니다. 새로운 상태에 곧 익숙해지기 때문입니다. 이사를 가서도 처음에는 낯설지만 곧 익숙해집니다. 전학을 가도 마찬가지이고요. 새로운 절, 새로운 산, 새로운 사람을 만나도 마찬가지입니다. 새로운 것은 처음에는 낯설다가 좀 지나면 일상적인 것으로 바뀌어 곧 익숙해집니다."

"박사님이 일전에 설명해 주셨던 항상성의 원리가 생각나는 설명이네요."

"네, 항상성의 원리는 일상의 많은 부분을 설명할 수 있는 원리이지요. 새로운 것에 익숙해진다는 것은 좋은 것 같습니다. 하지만, 새로운 것에 만족하던 것도 그 전에 평범했던 것과 다름없어진다는 것을 의미하지요. 결국 마치 쳇바퀴를 돌리듯이 열심히 노력은 하지만, 만족도는 제자리에 머물게 됩니다. 그런데 특히 돈과 같은 외형적인 성공은 이런 측면이 더 강하게 나타납니다."

"박사님, 왜 그렇지요?"

"외형적인 성공은 자아실현과 같은 내면의 성공과는 다릅니다. 계속 비교대상이 겉으로 보입니다. 월급을 받으면 나보다 돈을 더 많이 번 사람의 금액이 보이지요. 성형수술을 하면 나보다 예쁜 사람이 보입니다. 명성을 얻게 되어 어떤 모임에 나가면 나보다 더 유명한 사람을 쉽게 확인할 수 있습니다. 그래서 그들보다 더 나아지겠다는 야망을 또 키우게 되지요."

"그런 야망은 결국 부질없는 욕망이지요."

"네, 스님 말씀이 맞습니다. 그래도 세상 사람은 야망의 노예가 됩니다. 야망은 본질적으로 채워짐이 아니라 부족함을 느끼는 것에서부터 나오지요. 그만큼 만족할 수가 없습니다. 어떤 것을 이루면 곧바로 다음 목표를 향해 달려들어야만 직성이 풀리지요."

"박사님, 그래서 세상 사람들은 차분히 주변을 돌아보며 심사숙고를 하지 못하는 거군요. 대신에 폭주기관차처럼 질주하는 삶을 사는 것이고요. 그러다가 남과 비교하는 것을 멈추고, 내면의 목소리에 기울이게 되면 자신이 뭐했나 싶어 허무한 느낌이 들기도 하고요."

"네, 스님, 돈이나 물건에 의한 행복은 어찌 보면 도달할 수 없는 행복일지 모릅니다."

"맞습니다. 하지만 돈이나 물질에 만족감을 느끼는 사람이 있기는 있지 않습니까?"

"문제는 그 만족감이 오래 가지 못한다는 것입니다. 미국 캘리포니아 대학의 경제학과 리처드 이스터린 Richard Eaterin 교수는 '쾌락의 쳇바퀴'를 알아보는 설문조사를 실시했습니다. 조사에 참여한 대학생들에게 집, 자동차, 텔레비전, 수영장 등을 제시하고, 그 중 어떤 것이 행복을 가져다 줄 수 있는지 응답자에게 골라보라고 했습니다. 그리고 실제로 자신이 갖고 있는 것은 무엇인지 체크하게 했지요. 놀랍게도 평균적으로 약 두 개 정도만 부족한 것으로 드러났습니다."

"그 말은 자신을 행복하게 해줄 물질적인 조건을 거의 갖췄다는 말이군요."

"연구팀은 16년 뒤에 같은 대학생을 대상으로 똑같은 조사를 되풀이 했습니다. 대학생들은 이제 중년에 가까워지고, 사회적으로 안정된 지위를 얻었습니다. 하지만 재미있는 사실이 밝혀졌습니다. 그 동안 대학생들은 행복을 가져다 줄 것이라고 믿었던 물건을 얻었음에도 불구하고 여전히 실제로 행복하지는 않았다는 사실입니다. 그리고 여전히 자신이 행복해지기 위해 필요한 물건과 자신이 갖고 있는 물건과는 두 개 정도 차이가 났습니다. 시간이 많이 흘렀지만 결국 외형적 성공에 대한 욕망은 쳇바퀴를 돈 셈이지요."

"물질적인 조건으로는 계속 두 개 정도 부족한 삶을 사는 게 인간이군요. 자기가 갖고 있는 것보다는 부족한 그 두 개 때문에 계속 얽매이는 바보군요. 이런 바보 같은 상태를 벗어나려면 어떻게 하면 되는지요?"

"심리학자들은 자원봉사 등을 통해 내면적 성취를 얻기를 권하고 있습니다. 자원봉사를 하면서 자신이 갖고 있는 행복의 요소를 보고, 또 그 행복을 나눠주는 경험을 하라는 것이지요. 자원봉사는 더구나 돈이 들지 않습니다. 거액의 기부자가 되지 않아도 자신의 열정과 시간을 투자하면 얼마든지 행복을 느낄 수 있습니다."

"우리 절에서도 자원봉사의 기회를 많이 갖고 있는데, 그때 참여하시는 분들의 표정이 밝은 이유가 있었군요. 저는 원래 좋은 성품을 가지셔서 행복하시겠거니 했는데, 심리학적으로는 다른 원리가 있었네요."

"사람의 마음 중에는 돈을 얻으면 행복해지는 마음이 있습니다. 하지만 오히려 돈을 얻으면 행복해지지 않는 마음도 있습니다. 미국 로체스터대학 심리학과 에드워드 데사이Edward Deci 교수는 1972년에 실험 참가자를 두 집단으로 나눠 실험을 했습니다. 한 조건에는 퍼즐의 답을 맞힐 때마다 1달러를 주었습니다. 다른 조건의 참가자에게는 아무 돈도 주지 않았지요. 첫 퍼즐 게임이 끝난 다음에 새로운 게임을 시작하면서, 연구자는 실험참가자들에게 자유롭게 게임에 참여할 수 있고 중간에 멈출 수 있다고 말했습니다. 그리고 참가자들이 새로운 퍼즐 게임을 얼마나 오랫동안 즐기는지 시간을 쟀지요. 그 결과 보수를 받지 않는 사람들이 두 배 정도 더 긴 시간 동안 게임을 즐겼습니다. 연구자는 1달러를 받은 실험참가자들이 돈을 의식했기 때문에 오히려 행복에서 더 멀어진 것으로 연구결과를 해석했습니다."

"박사님, 사이비 종교에 대해서 이야기할 때 들었던 인지부조화 이론이 생각나는데요?"

"네, 비슷한 이론적 틀로 설명을 하는 것입니다. 돈을 받은 사람은 진짜 이 게임을 원해서 즐기는 것이 아니라, 돈을 받고 억지로 하는 것이라고 생각해서 흥미를 잃었습니다. 게임과 같이 자기가 원해서 할 수 있는 일에 대해서는 돈을 주면 오히려 역효과를 가지게 되어 있습니다. 이런 이유 때문에 만약 자원봉사를 하려고 온 분에게 일당 만원을 준다면 화를 내실 것입니다."

"돈이 행복을 해치는 것이군요. 굳이 고마움을 표시하려면 다른 가치 있는 것을 선물로 드려야겠네요."

"네, 세상은 돈이 중요하다고 합니다. 하지만 예나 지금이나 그리고 앞으로도 행복에는 돈 이상의 어떤 요소가 필요합니다. 도덕적 가치를 중심으로 인생을 살아가다 보면 돈이 없어도 행복을 얻는 사람이 많습니다. 이것도 행복의 요소와 돈의 관계를 말해주는 것이라고 할 수 있겠습니다."

"쾌락의 쳇바퀴 이론과 인지부조화 이론이 각각 내용은 조금 다르지만 돈으로 인간의 행복을 살 수 없다는 것은 똑같네요. 그냥 도덕적으로 돈으로 행복을 살 수 없다는 훈계가 아니라, 심리학적으로 왜 그렇게 될 수밖에 없는지를 들으니 느낌이 새롭습니다."

"설법을 하실 때에도 활용하신다면 불자들도 마찬가지로 더 절실하게 느낄 수 있을 것입니다."

사람은 어떻게
친해지는가?

31

　　"박사님, 돈이 많아도 친구가 없으면 마음이 허하다고 하더군요. 그런데 친해지고 싶어도 그 방법을 잘 몰라서 친구를 못 사귀는 경우가 많습니다. 사람들은 어떻게 친구가 되는 것인지요?"

　　"최초로 만날 때는 누구나 낯섭니다. 그러나 좀 더 만남을 나누면 호감을 갖게 되고 결국 친한 관계를 나눌 수 있습니다. 그러니 친구가 되기 위해서는 호감을 갖고 만남을 지속적으로 가질 수 있는 기회를 확보하는 것이 관건입니다. 심리학에서는 두 사람이 서로 호감을 느끼는 요인을 크게 세 가지로 나눕니다."

　　"그게 무엇인가요?"

　　"첫째 근접성입니다. 가까이 있다 보면 접촉 빈도가 늘어납니다. 그래서 친하게 지낼 수 있는 확률이 높지요. 어릴 적 친했던 친구를 떠올려 보십시오. 같은 동네에 살았던 친구, 함께 등하교를 했던 친구, 함께 놀던 친구 등, 심리적으로 가까이 지냈던 친구들은 물리적으로도 가깝게 살았습니다. 심리학에서는 경찰훈련생 등 낯선 사람들이 섞여서 살아야 하는 상황을 놓고 실험을 해보았습니다. 그 결과 가까이 잠을 자거나 교실 좌석이 비슷한 훈련생끼리 더 쉽게 친구가 된다는 사실을 밝혀냈습니다."

"박사님, 친구가 되고 싶으면 어떻게든 가까운 곳에서 살거나, 눈앞에서 움직이려 노력해야겠군요. 계속 접촉하는 것이 중요하겠습니다."

"네, 그렇습니다. 속세에서 사는 사람의 경우 자신이 사는 아파트 동수나 지역에서 친구를 사귑니다. 친구를 사귀기 위해 뜻 맞는 사람을 찾아 도시를 마구 헤매지는 않지요."

"가까이 살면서 계속 반복해서 접촉하다 보면 상대방의 단점에도 무뎌져 관계를 맺게 될 수 있겠군요. 박사님, 사람이 친해지는 데 영향을 주는 다른 요인은 또 무엇인가요?"

"방금 스님께서 말씀하신 것과 연관이 있는 특성인 친숙성입니다. 심리학에서는 '단순노출효과 simple exposure effect'라는 것이 있습니다. 단순노출효과는 명확히 인식하지 못하는 자극에 대해 별다른 조치 없이 자주 노출이 되면 긍정적인 감정이 증가하는 현상을 지칭합니다. 처음에 이상했던 광고문구도 자꾸 보다 보면 익숙해져 스스로 따라 하게 되고, 텔레비전에 나오는 못생긴 연예인도 자주 보게 되면 정감이 느껴지는 것 모두가 단순노출효과 때문입니다."

"접촉이 많아지면 단순히 단점에 무뎌지는 것이 아니라 긍정적인 감정이 늘어나는군요. 하긴 그럴 것 같습니다. 접촉이 많아지면 교류가 계속 된다는 의미이니까 매력을 느낄 수 있는 기회도 더 늘어나겠지요. 누구나 저마다의 장점을 갖고 있으니 말입니다."

"네, 그렇지만 이 친숙성 법칙에는 예외가 있습니다. 첫인상이 너무 부정적인 사람이라면 단순노출을 계속할수록 혐오감만 증가하게 될 것입니다. 다만 너무 부정적이지 않거나 중립적인 대상자가 자주 노출이 될 때 효과가 있습니다. 친하게 지내고 싶으면 처음에 너무 튀어 상대방을 자극하기보다는, 일단 접촉 빈도를 차츰 늘리려 노력하는 것이 현명할 수 있습니다.”

“물 한 방울 한 방울이 모여 폭포를 만드는 법이지요. 대인관계에서 과욕은 금물입니다. 상대방이 마음을 열어줄 때까지 기다려야겠지요. 박사님, 마지막으로 세 번째 요인은 무엇인가요?”

“신체적 매력입니다. 아름답고 잘 생기면 친구를 사귀기 더 쉽습니다.”

“좀 의외입니다. 마음을 다루는 심리학에서 외모 지상주의를 조장하는 이론을 만들다니요.”

“외모 지상주의를 조장하는 것이 아니라, 심리학은 연구를 통해 현실을 그대로 기술하는 것이 주된 특징인 학문입니다. ‘어떻게 해야만 한다’라는 주장은 윤리학에 더 가깝습니다. 이에 비해 심리학은 실제 사람들의 머리와 행동에서 확인할 수 있는 바를 밝혀내려고 노력합니다. 심리학 연구에 따르면 친구 사귀기에서부터 사업 파트너 정하기, 인재 선발 등 다양한 만남 상황에서 사람들은 일단 외모를 중심으로 판단을 합니다.”

“책 내용을 표지로만 판단할 수 없듯이, 사람도 찬찬히 이야기 해보고 그 속을 파악해야 하는데 안타깝습니다.”

“얼굴을 보고 판단을 하는 것은 진화적인 이유때문일 것입니다.

우수한 유전자를 가진 사람일수록 얼굴의 대칭성이 높습니다."

"박사님, 얼굴의 대칭성이요?"

"얼굴을 반으로 나눠 왼쪽과 오른쪽이 똑같은 것입니다. 얼굴 사진을 반으로 접으면 딱 맞아떨어진다면 대칭성이 완벽한 것이지요. 인간은 대칭적 얼굴을 아름답다고 인식을 하는데, 이것은 원시시대에서부터 우수한 유전자를 가진 사람을 판단할 수 있는 가장 간편한 방식이었기 때문일 것입니다."

"놀랍네요. 얼굴로 상대방을 판단하는 것에 그냥 보기 좋은 것뿐만 아니라 우수한 유전자에 대한 판단이 녹아 있었다니 말입니다."

"스님, 유전자는 밖으로 그 특성이 드러나게 되어 있습니다. 얼굴도 그 중 하나이지요. 그래서 비슷한 유전자를 가진 가족은 비슷한 모습을 하고 있는 것이지요."

"이해하기 쉽게 사람들이 친해지기 쉬운 좋은 얼굴을 뽑아 주신다면 어떤 것이 있나요?"

"외국에서는 여러 나라 사람을 놓고 매력적인 얼굴에 대해서 비교 연구를 했습니다. 즉 할리우드 배우 사진을 놓고 여러 인종, 각 나라 사람들이 어떻게 평가하는지를 살펴보았습니다. 그 결과 서로 다른 인종과 국가라고 해도 비슷하게 매력적인 얼굴을 선택한다는 것을 알아냈습니다. 여성의 경우에는 아이 같은 얼굴을 갖고 있을 때 매력적이라고 보았습니다. 큰 눈망울, 두드러진 광대뼈, 작은 코, 환한 웃음 등 아이 같은 모습을 하고 있다면 호감을 느끼게 합니다."

"여성이 완전히 성숙한 얼굴인 것보다 아이 같을 때 더 매력적인 것 같기는 하네요. 그렇게 많은 여배우들이 있었어도 오드리 햅번은 아직도 사랑을 받고 있으니까요. 그런데 남자는 어떤 얼굴이 매력적인가요?"

"남자는 턱과 이마가 중요합니다. 강인함이 느껴지는 턱과 넓은 이마를 가져서 남성성이 보인다면 매력 점수를 높게 받을 수 있습니다. 거기에 평소에 부드러운 성격을 갖고 있으면서 세련된 옷차림까지 갖고 있다면 더할 나위가 없지요."

"오드리 햅번과 〈로마의 휴일〉 영화를 함께 찍은 배우 그레고리 펙처럼 말이군요."

"스님은 계속 예전 배우로 예를 드시네요. 하지만 요즘에는 레오나르도 디카프리오라는 배우나 한국 배우인 장동건을 매력적인 얼굴의 전형적인 예로 생각하고 있습니다."

"외모가 비단 얼굴만 뜻하는 것은 아니지 않나요? 잘생긴 얼굴 말고도 매력적으로 보이기 위해 신경을 쓰는 것은 뭐가 있나요?"

"여성의 경우에는 확실히 외모에 신경을 쓰고 있습니다. 다이어트를 해서 날씬한 몸매를 보여주려고 노력하지요. 최신 유행의 옷을 입고, 새로운 헤어스타일을 하고, 예쁜 장신구로 자신을 돋보이게 해서 매력적으로 보이려 합니다. 이에 비해 남자는 외모 그 자체를 다듬기보다는 자신의 능력을 보여줘서 '매력 호감도'를 높이려고 합니다."

"박사님, 어떻게요?"

"자신의 경제력을 드러낼 수 있는 비싼 선물을 사주거나, 직장에서의 자신의 지위를 드러내는 이야기를 즐겨 하거나, 자신의 고급스러운 취미를 강조하는 등 주로 물질적인 측면을 강조합니다."

"그런데 사람들이 외모에 그렇게 신경을 쓰면 우리가 품성을 왜 개발해야 하나요? 차라리 성형수술을 하거나, 신용대출을 받아서 경제력을 자랑하는 게 친구를 사귀는 데 더 도움이 되겠습니다."

"스님, 외모가 큰 요소이기는 하지만 친구 사귀기가 외모로만 유지되지는 않습니다. 외모는 주로 처음 만남의 물꼬를 트는 데 중요한 역할을 합니다. 그 다음에는 남자와 여자 모두 친절함이나 따뜻함 등 성격 특성을 높게 평가하고 있습니다."

"불자들이 와서 친구를 사귈 때에도 외모에 신경을 많이 쓰는 것을 나무라는 경우가 많았습니다. 하지만 인간이 그럴 수밖에 없다면 일단 비판을 하기보다는 그 상황을 이해하고 서로 바람직한 성격 특징을 발견할 수 있도록 유도하는 게 좋겠네요."

"네, 친구 사귀기는 처음 호감을 갖는 것이 중요하지만, 안정된 관계를 갖는 것이 더 중요합니다. 호감은 외모로 좌우가 많이 되지만 안정된 관계는 성격이나 미래 비전 등 다른 요소가 더 중요합니다. 그러니 진중한 관계라면 꼭 안정에 필요한 요소를 강조해서 말씀해 주시는 것이 좋겠습니다."

"박사님, 안정된 관계를 갖게 하는 요소는 무엇인가요?"

"미국의 심리학 잡지 「Psychology Today」에서 구독자 4만 명을 대상으로 우정에 대해서 조사를 한 적이 있습니다. 조사결과 우정에서 가장 중요한 것이 신뢰로 밝혀졌습니다. 다른 말로 하자면 서로에 대한 충성심이기도 하지요. 그 다음으로는 상대방에 대한 지지가 중요하다고 꼽았습니다. 우리는 친구에게 계속 비판만 받고 싶어하지는 않습니다. 고독을 줄이기 위해 친구를 갖고, 힘들 때 힘이 되어 주기를 바라며 친구와의 관계를 유지합니다."

"박사님, 친구 사이에서도 쓴 소리를 적당히 해야겠군요."

"네, 스님 말씀이 맞습니다. 충성스러운 진짜 친구는 때로는 상대방을 위해 쓴 소리를 할 줄 알아야 하지만, 그게 계속 반복되면 피하게 됩니다. 친구에게는 공감과 지지를 더 많이 원합니다."

"다른 요소는 없는지요?"

"솔직함과 유머감각이 필요합니다. 솔직함은 진실된 우정의 기본이지요. 또한 사람들은 우정에서 복잡하거나 심각한 것보다는 거짓이 없고 재미있는 단순함을 추구한다고 볼 수 있습니다. 이렇게 최상위 3순위를 봐도 알 수 있듯이 잘생긴 외모는 좋은 친구가 되는 데 별 도움이 되지 않습니다."

"정리하자면, 이렇게 되겠네요. 외모가 우정을 처음 시작할 때는 도움이 되지만 그게 전부는 아니다. 못생긴 사람도 자주 보면 단순노출효과에 의해 친밀감을 줄 수 있다. 그리고 서로의 관계에 대한 헌신, 즉 충성심이 중요하다. 장기적으로 우정을 나누려면 솔직함과 재미를 주는 유머를 줘야 한다. 왜냐하면 결국 우정을 쌓으려는 것은 자신의 삶을 행복하고 풍성하게 하기 위한 것이니까."

"네, 맞습니다. 아주 잘 정리하셨습니다."

잘 되면 자기 탓, 안 되면 남의 탓을 하게 되는 이유는 무엇인가?

32

"박사님, 친구를 사귀더라도 이상하게 질투심을 느끼는 경우가 많아요. 친구에게 좋은 일이 생기면 축하를 해주다가도 너무 잘 되는 것 같으면 인정하는 대신에 폄훼를 하게 됩니다. 그리고 자신이 좋은 일이 생기면 자기능력이 대단해서 그런 것이고, 그것을 잘 알아주지 않는 다른 사람에게 서운해 합니다. 왜 이런 모순이 벌어지는 것인가요?"

"심리학자들은 그런 현상을 귀인이론으로 설명합니다. 여기에서 귀인 attribution 은 원인을 찾는다는 뜻입니다. 사람들은 어떤 현상이 벌어지면 그것을 설명하고 싶은 욕구가 있습니다. 그리고 다른 사람에게 이해를 받고 싶은 동기로 자신의 생각을 이야기합니다. 그런데 이때 자기 자신이 주인공이냐 다른 사람이 주인공이냐에 따라 전혀 다른 원인 찾기 방식을 보입니다."

"박사님, 구체적으로 말씀해 주십시오."

"어떤 가게에 갔는데 직원이 퉁명스럽게 안내를 하면 그 사람의 성격이 고약하다고 생각합니다. 사실은 그날 날씨가 너무 더운 나머지 직원도 지쳐 그런 것일 수 있다는 생각을 하지 않습니다. 이렇게 상황 요소는 과소평가하고 기본적인 개인 특성의 영향을 과대평가하는 것을 기본적 귀인오류fundamental attribution error 라고 합니다."

"완전히 잘못된 편견이군요."

"네, 그렇지만 많은 사람들이 이러한 잘못된 사고 패턴을 갖고 있습니다. 재미있는 것은 자기 자신의 행동을 설명할 때는 기본적 귀인오류가 나타나지 않습니다."

"그렇다면 어떤 현상을 보인다는 말씀인가요?"

"사람들은 자신을 가급적 긍정적으로 보이려고 노력합니다. 그래서 자신의 성공은 내적인 장점 때문이며, 실패는 상황 탓인 것으로 선전합니다."

"잘 되면 내 탓, 못 되면 조상 탓이라는 속담 그대로이군요."

"네, 그렇습니다. 이런 자기과시 욕망 때문에 사람들은 자기 자신의 성공이나 실패의 정확한 이유를 왕왕 분석하지 못합니다. 예를 들어 성적을 잘 받은 학생은 자기가 똑똑해서 점수가 잘 나왔다고 생각합니다. 마침 시험이 쉽게 나와 동점자가 많다는 사실을 아예 무시합니다. 만약 자기의 행동이 부정적인 경우에는 그것이 아주 일반적인 것으로 포장해서 자신의 이미지를 지킵니다."

"예를 들면 어떻게요?"

"스님, 흡연자라고 해도 담배는 몸에 해롭다는 것 정도는 알고 있습니다. 다른 사람들이 자신의 흡연 모습을 부정적으로 볼 것을 예상하지요. 그래서 흡연자는 전체 인구에서 흡연자가 실제의 숫자보다 많다고 생각합니다. 그래서 흡연자가 일반적이며, 자신은 특별하지 않다고 이야기합니다. 반대로 자신이 잘하는 것에 대해서는 자신이 아주 특별하다는 것을 강조하지요."

"코에 걸면 코걸이, 귀에 걸면 귀걸이 식으로 맘대로 해석하는군요."

"네, 올바르게 보이지는 않지만 이게 실제 우리가 대부분 저지르는 오류입니다. 오류라고 하지만 이렇게 해서 자존심을 보호할 수도 있으니 귀인오류는 없어지기 힘듭니다."

"박사님, 그런 오류가 아니라 좀 건설적인 방법으로 자존감을 지킬 수는 없는 것인가요?"

"심리학자들은 하향비교가 도움이 된다고 말합니다. 하향비교는 자기보다 더 심각한 상황에 처한 사람과 비교하는 경향을 뜻하는 말입니다. 예를 들어 자동차가 박살이 나는 사고를 당했는데 멀쩡하게 잘 운전하고 다니는 사람과 비교한다면 자책을 하다가 마음이 울적해질 것입니다. 하지만 사람들은 대부분 '그래도 사람이 크게 안 다친 게 어디야?'라며 위로합니다. 그런 식으로 다른 사람과 비교하면서 자존감을 지킬 수 있습니다."

"박사님, 자원봉사를 하는 경우 하향비교가 거의 자동적으로 이뤄질 수 있어 더 좋겠군요. 남을 돕는 순수한 기쁨과 함께 무의식적으로 자신은 비참한 상황은 피하는 삶을 살고 있다는 안도감을 느낄 수 있을 테니 말입니다."

"네, 그런 측면이 있습니다. 부자나 잘 나가는 연예인하고만 자신을 비교한다면 그것을 누리지 못하는 자신의 능력 부족과 외적인 조건 차이를 탓하느라 우울해질 수 있습니다."

"기본적 귀인오류와 사회비교이론을 잘 안다면 행복을 더 잘 지킬 수 있겠군요."

"네, 맞습니다."

결심을 해도 작심삼일이 되는 이유는 무엇인가?

33

"박사님, 매해 새해가 되면 일상적으로 반복하게 되는 게 신년계획입니다. 하지만 작심삼일이라는 말 그대로 곧 흐지부지 되지요. 왜 번번이 이렇게 신년계획이 좌절되는 이유는 무엇인가요? 의지력 부족 말고 다른 설명을 할 수 있는지요?"

"새해 첫날이 되면, 공부를 한다, 운동을 한다, 금연을 한다, 음주를 하지 않는다, 체중을 줄인다 등등의 결심을 하는 사람이 많습니다. 영국 심리학자 리차드 와이즈만 Ricahrd Weiseman이 2007년에 3000여 명의 사람들을 대상으로 조사를 실시했습니다. 그 조사에 의하면 새해 첫날의 결심이 오래 가지 못하고 실패하는 비율이 88%나 된다고 합니다. 그러니 신년계획 실패가 놀라운 일이 아닐 수도 있습니다. 문제는 왜 이런 일이 계속 반복되느냐는 것이지요. 인지심리학자들은 인간의 인지특성 때문에 이런 중도포기 현상이 나타날 수밖에 없다고 주장합니다."

"박사님, 인간의 인지특성이 어떤 것인데 그런 일이 벌어지나요?"

"인간은 전지전능한 신이 아닙니다. 아는 것도 제한되었고 한 번에 생각할 수 있는 범위도 한계가 있는 존재이지요. 인지심리학에서는 이것을 '정보처리 능력의 한계'라고 부릅니다. 그런데 신년 계획을 세울 때는 마치 모든 요소를 고려해서 통제할 수 있을 것처럼 생각합니다. 하지만 한 해 내내 신년계획에만 주의를 기울일 수는 없습니다. 정보처리 능력의 한계 때문에 눈앞에 놓인 문제를 해결하는 데에도 급급하지요. 그러다보니 신년계획은 뒤로 밀리게 됩니다. 결국 계획은 흐지부지 실패하게 됩니다."

"박사님, 하긴 사람들이 많은 백화점이나 기차역에만 가도 집중할 수 없어서 생각이 잘 정리되지 않습니다. 그게 인간이지요. 그런데 그런 것이 제한된 정보처리 능력 때문이었군요. 신년계획이 더 중요하다고 해도 용량이 부족해서 당장 머리에 떠오르지 않으니 지킬 수가 없게 되는 것이군요."

“네, 정확히 잘 지적하셨습니다. 그러니 신년계획을 지키려면 그냥 의지를 다짐하는 것만으로는 충분하지 않습니다. 구체적으로 행동변화를 분명히 가져 올 수 있는 인지적 전략을 활용해야 합니다.”

“박사님, 구체적으로 어떻게요?”

“제한된 정보처리 능력이 문제가 되니, 일부러 계획에 관련된 메모를 주변에 많이 붙여놓아 자주 머리에 떠오르도록 해야 합니다. 그리고 추상적이어서 생각하기 힘든 계획을 세우기보다는 구체적으로 떠올릴 수 있는 목표를 세워야 합니다. 예를 들어 1년 안에 금연을 하자는 계획보다는 ‘첫 달 내내 담배 10개 피 이상 안 피우기’와 같이 수치화된 구체적인 목표를 세워야 합니다.”

“박사님, 운동선수들도 보니까 ‘올림픽 챔피언이 되자’는 큰 계획만 세우는 게 아니더군요. 언제까지는 기록을 얼마나 앞당기고 체중을 어떻게 조절하자는 식의 매우 자세하고 구체적인 주간/월간 목표를 세워놓고 있더라고요. 계획 달성에 성공하는 사람을 보면 꿈만 높은 것이 아니라 구체적인 목표를 세우는 전략을 공통적으로 활용했더라고요.”

“맞습니다. 계획을 잘 달성하려면 환경도 자신에 맞게 변화시켜야 합니다. 술을 마시면 저절로 담배를 피우기 때문에 술자리에 나간다면 계획대로 금연하기가 더 힘듭니다. 그래서 구체적으로 자신의 결심과 몸과 환경이 잘 결합해서 계획이 잘 달성될 수 있도록 세심하게 주의를 기울여 노력해야 합니다.”

"박사님, 중국의 조삼모사朝三暮四 고사를 봐도 그렇고, 사람들은 장기적인 목표보다는 눈앞에 있는 이해관계에 더 마음이 잘 흔들려서 계획을 실천하기가 힘들지 모릅니다."

"학문적으로도 조삼모사의 상황은 좋은 연구대상입니다. 조삼모사의 상황을 경제학에서는 '시간선호time preference'라고 하고 심리학에서는 '미래할인time discounting'이라고 합니다. 시간선호를 한마디로 말한다면 현재를 더 중시하는 경향입니다. 미래의 불확실성uncertainty이 가득하지만, 눈앞에 펼쳐지는 현재는 미래보다는 더 확실성이 크기 때문에 더 선호를 합니다. 심리학자인 허버트 사이먼Herbert Simon 박사는 '제한된 합리성bounded rationality' 이론으로 1978년 노벨경제학상을 수상했습니다. 앞에서 말씀드린 제한된 정보처리 능력도 허버트 사이먼 박사가 정리한 개념입니다."

"박사님, 이번에는 좀 더 자세히 설명해주실 수 있는지요?"

"인간은 스스로를 만물의 영장이라고 하지만 기본정보처리 능력은 보잘 것 없습니다. 방금 상대방이 불러준 전화번호가 9자리만 넘어도 헷갈려 하는 것이 인간이지요. 똑같은 내용도 그림과 함께 전달했을 때와 글로만 전달했을 때 이해하는 수준이 다른 것이 인간입니다."

"맞습니다."

"사이먼 박사는 순간순간에 입력되는 수많은 정보를 제한된 시간 안에 적절히 파악하고 처리해야만 환경에 적응할 수 있는 인간에 주목했습니다. 그 결과 인간은 완전히 합리적이라기보다는 제한된 범위 안에서만 합리적일 수 있다고 생각했습니다. 이런 생각을 발전시켜 나온 이론이 바로 '제한된 합리성' 이론입니다. 인간은 인지적 한계로 인해 한꺼번에 많은 정보를 다룰 수 없습니다. 그렇기 때문에 인간은 의사결정 문제를 자신의 인지적 한계 내에서 조작할 수 있는 크기로 단순화시키지요."

"박사님, 결국 인간이 선택하는 것은 모든 정보를 고려한 최적 optimal 의 대안이 아니라 그냥 주어진 상황에서 최선의 대안이 될 수밖에 없겠네요."

"네, 스님, 그래서 사이먼 박사는 '대충 때우기 satisfice'가 인간의 판단과 행동의 특징이라고 지적했습니다. 'satisfice'는 사이먼 박사가 만든 용어로 희생 sacrifice 과 만족 satisfy 의 합성어입니다. 이렇게 최소한의 합리성을 추구하는 경향을 놓고 미국 심리학자인 수잔 피스크 Susan Fiske 와 셸리 테일러 Shelley Taylor 교수는 속칭 '귀차니스트'에 가까운 의미를 갖고 있는 '인지적 구두쇠 cognitive miser'라고 표현하기도 했습니다."

"박사님, 제한된 합리성 개념은 이제 좀 이해가 되었습니다. 그런데 그게 조삼모사하고 어떻게 연결되는 것인가요?"

"다이어트를 예로 들어보기로 하겠습니다. 인간은 새해에 다이어트를 결심했더라도 제한된 합리성 때문에 전체정보를 동등하게 처리하지 못하지요. 미래에 나빠진 자신의 모습보다는 눈앞에 놓인 음식에 대한 정보가 더 많이 처리됩니다. 그렇게 어떤 하나의 측면에서 가장 도드라지는 특정항목에 따라서 판단하고 선택범위를 줄이다 보면 결국 음식을 입에 넣게 됩니다.”

“박사님, 미래와 현재에 대해 동등하게 생각한다면 되지 않나요?”

“네, 하지만 그런 생각은 논리적으로 차분하게 따질 때나 겨우 나오는 것입니다. 일상적으로 사람들은 그때그때 제한된 범위 안에서 대안을 찾습니다. 만약 미래와 현재를 동등하게 생각한다면 극심한 스트레스 때문에 정상적인 생활이 힘들 수도 있습니다. 둘을 동시에 고려한다는 만큼 정보처리 비중이 커지게 되어 인지적 부담이 됩니다. 그래서 인간은 최소희생 최대효과를 추구하는 인지적 구두쇠답게 가장 실용적인 선택을 합니다. 덕분에 미래의 가치를 깎아내고 현재에 집중하는 조삼모사의 원숭이와 같은 선택을 하고마는 것이지요.”

“그리고 마찬가지로 현재의 문제를 해결하느라 신년계획을 실행했을 때의 이익을 고려하지 못하고 말이지요?”

“네, 스님, 그렇습니다. 그래서 작심삼일作心三日이 되는 것입니다.”

글을 컴퓨터로 보는 것과
책으로 보는 것, 어느 쪽이 나을까?

“박사님, 이야기를 다른 생활적인 문제로 바꾸어 보

겠습니다. 요즘은 컴퓨터가 없으면 살 수 없는 시대가 되었습니다. 신문기사도 인터넷으로 볼 정도입니다. 그런데 이제는 전자책까지 나와서 책도 컴퓨터를 통해서 보게 되었습니다. 그런데 아직 익숙하지 않아서 그런지 종이에 인쇄한 신문이나 책을 보는 게 더 좋다는 사람이 있습니다. 심리학적인 측면에서 보신다면 어느 쪽이 과학적으로 더 좋다고 생각하는지요?"

"스님, 최근 들어 나이와 상관없이 컴퓨터 사용자 수가 증가하면서 그런 질문을 하시는 분이 많습니다. 저 역시 같은 내용을 책으로 읽는 것과 컴퓨터 스크린으로 읽는 것 중 어느 것이 더 도움이 될까가 궁금했습니다. 그래서 논문을 찾아보았지요. 결론부터 말씀드리자면 아직은 종이에 인쇄된 것을 보는 쪽이 더 유리합니다."

"박사님, 어떤 면에서 유리한지 좀 더 자세히 설명해 주시겠습니까?

"2008년 노르웨이의 스타뱅거 Stavanger 대학의 읽기연구센터의 앤 만젠 Anne Mangen 박사는 학술지에 자신의 연구결과를 발표했습니다. 그의 연구에 따르면 컴퓨터 모니터 상에서 글을 읽는 것은 책으로 읽는 경우보다 뇌에 스트레스를 더 준다고 합니다. 그리고 클릭, 스크롤링 등 컴퓨터를 조작하기 위한 행동이 사용자의 주의집중을 방해한다고 합니다. 그뿐만이 아닙니다. 인터넷 네트워크 장애로 인해 내용을 보지 못하게 될까봐 불안도 증가하게 됩니다. 어떤 때는 화면의 편집이 마음에 들지 않아 보기 불편한 경우도 있습니다. 그리고 어떤 웹 페이지는 눈이 아플 정도로 너무 자극적인 색이나 아이콘 등으로 내용을 강조해 놓아서 차분하게 읽을 수도 없게 합니다.”

“네, 박사님, 저도 그런 점을 느꼈습니다. 아무래도 책장을 넘기며 책을 읽는 게 더 좋지요. 읽다가 예전 내용이 궁금하면 휘리릭 책장을 도로 넘기면 되는데, 컴퓨터는 마우스로 버튼을 클릭하면서 웹페이지 내용을 찾는 게 번거롭기도 합니다.”

“스님, 그리고 컴퓨터로 글을 읽다가 보면 하이퍼텍스트로 링크된 것이 많습니다. 그래서 링크된 것을 누르다보면 잡다하게 이것저것을 읽게 됩니다. 원래 읽고자 했던 내용이 아니라, 다른 것을 더 많이 읽게 되는 경우가 많습니다. 이것은 독서를 하다가 다른 생각을 산만하게 하도록 조장하는 것과도 같은 것이지요. 그래서 컴퓨터로 글을 읽을 때 이것저것 클릭하다 보면 눈은 아프게 뭘 보았지만, 뭘 보았느냐고 정리하라고 하면 모호한 답을 하게 됩니다. 그래서 아직은 책으로 글을 읽는 것이 더 유리합니다.”

“맞아요. 그런 측면도 있습니다. 그런데 박사님께서는 ‘아직’이라는 표현을 쓰시네요. 왜 그렇게 말씀하시는지요?”

“스님, 사람은 적응을 잘합니다. 만약 이런 컴퓨터로 읽기와 관련된 방해요소에 대해서도 잘 적응한다면 상황이 달라질 것입니다. 아직은 태어난 후 컴퓨터로 당연히 공부한 세대가 어리고, 컴퓨터를 일상적으로 쓰기 시작한 지 오래되지 않았습니다. 그렇다 보니 아직 완벽하게 적응할 시간이 지난 것이 아니지요. 만약 지금의 어린 세대가 더 자라고, 나이든 사람이 더 컴퓨터로 글 읽는 것에 익숙해진다면 연구결과가 다르게 나올 수도 있을 것입니다."

"그래도 그때까지는 책에 익숙했던 사람들에게 컴퓨터로 글을 읽기가 심적 부담이 되겠네요. 이것저것 새로운 주변 환경에 적응하느라 막상 글 내용의 이해에는 신경을 덜 쓰게 되고 말입니다."

"네, 스님, 그렇습니다. 하지만 무조건 적응을 할 때까지 기다리시기보다는 컴퓨터를 활용해서 효과적인 글 읽기를 할 수 있는 방법을 스스로 찾는 것이 더 좋습니다. 책에 대한 독서법이 다양하게 있어도 나에게 맞는 독서법을 따로 골라야 하듯이 컴퓨터에 대한 읽기도 자신에 맞는 것을 발전시켜야만 합니다."

"박사님, 어떻게 하면 컴퓨터를 통한 독서법을 얻을 수 있을까요?"

"우선 책을 통한 독서법, 도서를 통해 읽기 자체에 대한 공부를 해야 합니다. 그래서 개략적으로 자신에게 맞는 독서 스타일을 확인하세요. 그런 다음 다양한 포맷의 컴퓨터 글을 읽어서 자신이 가장 편하면서 공부효과도 큰 것을 골라야 합니다. 컴퓨터의 글은 매체 특성상 별도의 필기 없이 내용을 저장하거나, 링크를 통한 심화학습이 가능합니다. 이런 장점을 적절히 활용하면서 책을 통한 읽기보다도 더 효과를 거둘 수 있는 독서법을 찾아야 합니다."

"박사님, 컴퓨터의 글 읽기도 기본적으로는 읽기이기 때문에 일단 독서법에 대한 책부터 봐야 하는 거군요. 천리 길도 한 걸음부터이니 새로운 기술에 바로 덤비지 말고 차근차근 밟아나가야겠습니다.”

　“독자의 입장에서는 매체가 무엇이냐보다는 그 내용을 가장 잘 읽고 이해하는 방법이 무엇이냐를 고민하는 것이 당연한 수순이 될 것입니다.”

가짜 약을 먹어도 몸이 낫는
이유는 무엇인가?

35

　“박사님, 제가 듣기에는 의사는 플라세보placebo 라고 하는 약을 처방한다고 하더군요. 그게 실제 약효가 없는 약인데도 어떻게 병을 낫게 할 수 있나요?”

　“스님으로부터 플라세보라는 말을 들으니 반갑네요. 심리학이 그만큼 많이 퍼졌다는 뜻이 되니까요. 흔히 플라세보는 가짜약이라는 뜻의 위약僞藥으로 번역하기도 합니다. 그러나 그 번역어는 적절하지 않아요. 방금 스님께서 약효가 없다고 하셨지만, 병을 낫게 하면 그것이 약효가 있는 것이 아니겠습니까? 그러니 약이 아니라는 말뜻을 가진 위약보다는 스님이 말씀하신 것처럼 그냥 플라세보라고 부르는 것이 더 적절합니다. 플라세보는 젖당이나 녹말, 우유, 증류수 등 평소에 음식으로 섭취하는 것들로 만듭니다. 다만 환자에게는 약이라고 선의의 거짓말을 해서 긍정적인 심리적 효과를 거둬 병을 고치는 것이지요."

"박사님, 플라세보에는 무엇이 있나요?"

"엄마가 어린 아이의 상처에 대고 호— 하고 입김을 불어주는 것도 플라세보입니다. 입김에는 어떤 약 성분도 없습니다. 하지만 신기하게도 고통이 줄어듭니다. 플라세보 효과 때문입니다."

"생각해보니 우리 주변에 플라세보가 있었네요. 박사님, 병원에서는 플라세보가 어떻게 쓰이고 있나요?"

"신경정신과에서는 곧바로 신경계에 영향을 줄 수 있는 약을 처방하기보다는 플라세보를 주는 경우가 많습니다. 신경계에 부작용이라도 있게 되면 바로 큰 일이 나니까요. 신경안정제의 경우 자신의 몸과 맞지 않으면 어지러움이나 구토나 무기력증 등의 부작용이 있을 수 있어 매우 조심해야 합니다. 그래서 일단 플라세보를 줘서 병세가 호전되는지를 보고 약을 쓸 것인지 말 것인지를 결정하기도 합니다. 요즘에는 신경안정제나 우울증 약 등이 잘 나와서 부작용이 많이 없어져 바로 처방을 하기도 하지만요."

"박사님, 심리학에서는 플라세보와 관련된 연구나 활용된 사례가 없는지요?"

"있습니다. 2007년 미국 미시간 대학과 프린스턴 대학 연구팀은 자기공명장치 MRI 를 통해 플라세보가 실제로 생리적 반응을 이끌어 냄을 확인하는 연구를 했습니다. 연구팀은 실험참가자에게 통증 억제제를 주고 그것을 몸에 발라준 후 전기충격을 가했습니다. 그리고 뇌의 반응을 살폈더니 그냥 충격을 가한 경우보다 훨씬 통증을 덜 느끼는 것으로 나타났습니다. 그런데 그 통증억제제는 사실 스킨로션, 즉 플라세보였습니다. 결론적으로 이 연구는 일체유심조의 원리를 보여준다고 하겠습니다. 마음을 어떻게 가지느냐에 따라, 즉 뇌에 전달되는 정보가 어떠냐에 따라 그에 대한 신체적 반응도 달라짐을 보여주고 있으니까요."

"하긴 일상적으로 어깨에 통증을 느끼던 것도 '괜찮다'라고 생각하면 실제로 통증이 많이 사라지는 것을 경험한 적이 있습니다."

"그렇습니다. 중요한 것은 긍정적으로 마음을 갖는 것입니다. 만약 부정적인 마음을 가지면 아무리 좋은 약을 먹어도 소용이 없게 됩니다. 실제로 우리는 감기약을 먹어도 잘 듣지 않는 경우가 많습니다. 하지만 정말 그 효과를 믿는다면 맹물을 먹어도 병이 낫는 법입니다."

"박사님, 약이 잘 듣지 않는 현상에 대해서도 심리학적 연구가 있나요?"

"네, 심신의학 분야에서 연구를 합니다. 미국 하버드 의대의 허버트 벤슨 교수는 자기 자신을 절망의 이미지로 받아들여지게 되면, 몸에서는 장애로 나타난다는 사실을 밝혔습니다. 장애가 나오는 이유는 노세보 효과nocebo effect 때문입니다. 노세보 효과는 플라세보 효과와 반대입니다. 즉 마음을 부정적으로 먹으면 실제 몸 상태도 안 좋아지는 것이 노세보 효과입니다.”

“박사님, 좀 더 자세히 설명해 주시겠습니까?”

“2006년 미국 보스턴의 브리그햄 병원 연구팀은 실험에 참가한 대학생들에게 머리 위로 전류가 지나간다고 말했습니다. 그리고 그 전류가 두통을 일으킬 수 있다는 말도 했습니다. 일상에서도 고압선 밑을 지나갈 때면 기분이 좀 찝찝하지 않습니까? 실험참가자들도 전류가 두통을 일으킨다는 말이 맞을 수 있다고 생각했습니다. 그 결과 대학생의 3분의 2 이상이 실제로 두통을 호소하게 되었습니다.”

“박사님의 말씀대로 일상에서도 경험하고 있는 바라서 그런 것인지, 특별한 연구 같지가 않은데요?”

“스님, 그런데 실험에서 실제로 전류는 흐르지 않았습니다. 즉 두통을 일으킬만한 물리적 요인이 전혀 없었습니다. 두통이 일어날 것 같다는 심리적 요인만 있었습니다. 마음만으로 두통이 생긴 것입니다. 이것은 치료의 부작용에 대한 환자의 예상이 치료결과에 매우 심각한 영향을 줄 수 있음을 의미하기도 합니다. 예를 들어 아주 오래된 산삼이라고 해도 그 효험을 믿지 않으면 비타민보다 못하게 되는 것이지요. 암 환자가 자신은 결국 죽을 거라고 생각하면 금방 죽게 될 수도 있고요.”

“네, 불자님 중 몸이 많이 아픈 분을 봐도 그런 것 같습니다. 병이 나을 수 있다는 믿음을 갖고 매달린 끝에 암을 이겨낸 분의 이야기를 심심치 않게 듣습니다. 반대로 낙담에 빠져 제대로 힘을 써보지도 않고 돌아가시는 분들도 있지요. 이 모든 것이 마음을 어떻게 먹느냐에 달려 있다고 생각하기는 했었는데, 그게 심리학적으로도 타당한 근거가 있다니 신기합니다."

"심리학은 우리 일상에 가장 가까운 학문입니다. 사람의 마음을 다루니까요. 너무 어렵게 생각하지 마시고 심리학 교재를 찬찬히 보셨으면 합니다. 그동안 막연하게 생각했던 것이 이론으로 잘 정리되어 있음을 발견하는 재미를 많이 느낄 것입니다."

명상이 문제해결에 도움이 되는 원리는 무엇인가?

36

"박사님, 일상적으로 막연하게 생각했던 것이 심리학 이론으로 있다고 하셨지요? 그래서 여쭙고 싶습니다. 스님들의 일상생활은 참선입니다. 설령 선방에서 생활하지 않는 스님들이라고 해도 선이 기초가 되어 생활을 합니다. 저는 참선이 정신수행에 도움이 될 수밖에 없다는 사실을 체험하고 있는 사람입니다. 그런데 이런 점에 대한 심리학 연구도 있나요?"

"네, 있습니다. 서양에서도 참선과 명상을 유용한 스트레스 관리 방법으로 생각하는 사람이 많아 관련연구도 그동안 활발하게 진행되었습니다. 명상과 참선을 학문적으로는 공히 '주의를 집중하는 노력'으로 정의합니다. 명상을 하면 마음이 편안해질 뿐만 아니라 신체적인 변화도 일어납니다."

"박사님, 구체적으로 어떤 변화가 일어나는지요?"

"명상을 하면 심장의 박동, 호흡, 산소 소비량, 이산화탄소 배출이 현저히 감소합니다. 그리고 무엇보다 면역력이 증가합니다. 흔히 말하는 명상법들은 종교와 지역에 따라 그 형태가 조금씩 다릅니다. 하지만 그 핵심 내용과 앞에서 말씀드린 신체적 반응을 이끌어낸다는 점에서는 공통적인 부분이 큽니다."

"주로 명상기법에서 공통되는 점은 무엇인가요?"

"우선 집중을 잘할 수 있도록 조용한 장소를 선택합니다. 처음에는 짧은 시간밖에 집중을 하지 못하지만 점점 시간을 길게 잡아서 수행을 할 수 있게 됩니다. 보다 더 높은 경지에 도달하기 위해 반복 수행을 강조한다는 것도 중요한 공통요소입니다. 이 세상 그 어떤 것도 갑자기 이뤄지는 것은 없기 때문입니다. 특히 고차원적인 생각은 이전 생각을 부정하거나 세척하고, 새로운 생각을 들어앉히는 과정을 마치 탑을 쌓는 것처럼 반복해야 합니다. 탑은 일순간에 이루는 것이 아니니 자연히 반복적인 수행을 강조할 수밖에 없지요."

"또 이와 같이 수행의 과학적 근거와 심리학적 방법이 있다니 매우 신기합니다."

"네, 그렇습니다. 그리고 심오한 종교에서 공통적으로 결가부좌結

跏趺坐를 권장하다는 점도 눈에 띕니다."

"박사님, 결가부좌가 필요한 과학적 근거가 있나요?"

"결가부좌를 하면 두 다리가 동시에 눌리지 않습니다. 해본 분들은 잘 알 겁니다. 무릎을 꿇고 앉은 자세에 비해 혈액이 다리에 비교적 잘 통하게 되지요. 또한 허리를 똑바로 펴고 앉아있으면 훨씬 덜 졸리게 됩니다. 수많은 자세를 통해 반복수행을 해 본 결과 결가부좌가 가장 유리하고 이롭다는 사실을 체득하게 되어 현재의 명상법으로 정착된 것이 아닌가 생각합니다."

"불교에서는 좌선 명상을 하면서 화두 話頭를 챙깁니다. 혹시 이것에 대한 심리학 이론은 없는지요? 명상과 좌선, 심리학적 방법이 꼭 일치한다는 생각을 떠나 한번 소개해 주시지요."

"심리학에서는 세상을 바라보는 틀을 프레임 frame 이라고 합니다. 마치 화가가 세상을 일정한 규격의 액자 안에 그려 넣는 것처럼 사람들은 의식의 틀 안에 세상을 담습니다. 그런데 화두는 이 틀을 갑작스럽게 변화시키거나 아예 부수어 없애버리려는 암호라고 할 수 있을 겁니다. 즉, 화두는 하나의 주제사고에 대해서 고도로 정신집중할 수 있도록 유도하는 가장 좋은 방법이라고 생각합니다. 물론 거기에는 화두에 대한 강력한 의심이 대두되어야 할 겁니다마는 그런 과정이 이미 충실하고 여건이 형성되었다고 보았을 때죠."

"박사님, 좀 더 자세히 심리학적으로 설명해 주시겠습니까?"

"사실 화두는 대답하기 불가능하거나, 풀어 대답해서는 안 되는

것으로 되어 있습니다. 그래서 수행자로 하여금 기존의 프레임으로
는 생각할 수 없게 하여 생각을 어루대어 보는 형식의 접근을 차단하
고 있습니다. 즉 기존의 언어나 사고방식으로 세상을 보고 평가하는
수준을 근원적으로 뛰어넘어 극복하도록 유도합니다. 오직 화두에만
전적으로 정신 집중하여 강력한 의단이 형성되도록 하고 있습니다.
대신에 여태껏 지니고 있던 일상적인 의식은 마비가 된다거나 단절
이 된다고 보면 되리라 봅니다. 그런 상태에서 새로운 의식이 떠오른
다거나 전환된다거나 아니면 전광석화처럼 깨달음이 이뤄지는 것이
라고 표현해 보고 싶군요. 그러나 이것은 어디까지나 제 소견입니다.
또한 스님 앞에서 깨달음을 이야기한다는 것은 다소 넌센스 같은 느
낌도 드네요. 그렇지만 명상과 참선에 대해 스님이 심리학적인 입장
에 대해 질문을 하셨기에 답해 보는 것입니다.”

“심리학에서는 화두를 그런 식으로 본다는 것이 매우 신기합니
다.”

“심리학 개론서 중에는 명상에 대해 이야기하는 책이 꽤 많습니다.
선사禪師인 야수타니 로시Yasutani Roshi의 설법을 인용한 책도 있습니
다.”

“박사님, 그 내용을 잠깐 소개해 주실 수 있겠지요?”

“제가 기억나는 대로 옮겨보자면 다음과 같습니다. 즉, ‘당신은
밤낮으로 360여 개의 뼈마디와 84,000개의 기공, 즉 당신의 전존재
의 속속들이 무無에 대해서 정신을 집중하여 자문해야 한다. 당신의

모든 것이 의심과 질문의 한 덩어리가 되도록 하라. 무에 대해서 정
신을 집중하고 그 속으로 완전히 뚫고 들어가라. 무無 속으로 뚫고 들
어간다는 것은 그것과 완전히 일체가 되는 것을 의미한다. 이런 일체
감을 어떻게 이룰 수 있겠는가? 밤낮으로 무에 대해서만 생각함으로
써 이룰 수 있다. 어떤 상황 속에서도 당신 자신을 오직 무와 떨어뜨
리지 마라!'입니다."

"박사님, 놀랍습니다. 불교적 수행의 자세가 이미 심리학 개론서
에 들어가 있다니요. 그리고 그것을 박사님이 정확하게 기억하시다
니요."

"네, 저에게도 하도 인상 깊은 구절이라서 지금까지 외우고 있답
니다. 물론 그 내용을 다 깨우치지는 못했습니다. 하지만 저에게는
하나의 화두로서 그야말로 머릿속에서 떠나지 않고 있지요."

체화된 마음

　심리학은 인간의 마음을 다룬다. 하지만 인간의 마음만을 다루는 것은 아니다. 동물의 마음도 다룬다. 그리고 앞으로는 로봇의 마음을 다룰 수도 있다. 현재에 대부분 인공장기로 바꿔 기계와 다름이 없는 인간의 마음을 다루는 것처럼 말이다.

　뇌를 포함한 몸을 갖고 있다는 것은 인간다운 마음이 실현되는 기본 조건이라는 생각이 당연히 받아들여져 왔다. 그러나 만약 인간이 새로운 기기를 통해 다른 감각을 더 많이 사용할 수 있게 된다면 어떤가? 즉 기초적인 신진대사 이외에 정보처리는 컴퓨터에 더 많이 의존하게 된다면 어떤가? 현재에도 컴퓨터를 켜야 뭔가가 생각난다는 사람이 많다. 이 경우 마음은 담배를 피우고, 술을 먹어야 생각이 난다는 사람은 그것에 그만큼 의존하고 있는 것이듯이 어느 정도 컴퓨터에 의존하고 있는 것이다. 하지만 이 현상을 좀 더 세밀하게 살펴 보자. 우리 몸은 동물이나 과거 원시인의 몸과 같고, 우리가 인간다움이라고 부르는 지능적인 행동 중 하나인 인터넷 활용은 컴퓨터를 통해서 나올 수 있게 되는 것은 아닐까? 환경과 맞닿아 있는 다양한 접점, 즉 인터페이스 interface 중의 하나로서 몸이 있을 뿐이 아닐까? 그리고 그나마 인공장기처럼 다른 기계적 인터페이스를 통해 대체가능하기 때문에 몸의 고유성은 없게 되는 것이 아닐까?

　이런 질문들에 대답하기 위해서는 체화된 인지 embodied cognition 개념을 먼저 검토해야 한다. 체화된 인지는 현재 인지과학의 화두 중 하

나이며, 인간마음의 본질에 대한 논의의 핵심이다. 20세기 초의 행동주의심리학의 한계를 극복하고자 나온 고전적 인지주의는 뇌가 마음의 특성결정에 바탕을 이루고 있다는 역할을 무시하는 또 다른 한계점을 갖고 있었다. 시간이 흘러 1980년대 이후의 연결주의와 인지신경과학이 발달하면서 뇌의 중요성이 부각되기 시작했다. 마음과 뇌의 관련성이 다시 논의의 중심이 되었다.

그러나 연결주의는 실제 뇌가 아니라 이론적, 추상적 뇌를 중심으로 일종의 비유로서 마음의 형식모형을 제기하는 문제점이 있었다. 이를 극복하기 위하여 실제의 구체적 뇌를 탐구하며 뇌의 여러 부분이 지니는 인지적 기능을 탐색하는 인지신경과학이 더욱 강조되었다. 그러나 이 역시도 문제점을 지니고 있었다. 마음은 곧 뇌라는 등식에 따라 마음을 인간의 뇌 속의 신경현상으로 제한하여 개념화하는 것에 강조했기 때문이다. 마음의 복잡한 현상은 아주 간단하게 신경현상으로 환원되어 설명이 되었다. 그러나 그것이 진정 올바른 설명이냐는 것에는 과학자 사이에서도 의구심이 생겨나기 시작했다. 그리고 대안적 패러다임으로 '체화된 인지Embodied Cognition: Embodied Mind: Embedded Mind: Extended Mind로도 표현한다' 접근이 부상했다. 체화적 인지접근은 이전의 패러다임들이 몸과 환경의 역할을 무시한 것을 바로 잡고자 하였다.

철학자이자 인지과학자이며 신경과학자인 알바 노에Alva Noe의 2009년 저작 『뇌 과학의 함정: 인간에 관한 가장 위험한 착각에 대하여Out of Our Heads』에는 다음과 같은 내용이 나온다.

"뇌는 난로가 열을 내듯이 의식을 만들어내지 않는다. 차라리 악기에 비교하는 것이 더 나을 것이다. 악기는 혼자서 음악을 만들거나 소리를 내지 않는다. 사람들이 음악을 만들거나 소리를 내도록 해줄 뿐이다. '당신은 당신의 뇌'라는 신경과학자인 프랜시스 크릭의 생각, 더 기본적으로 말해 소화가 위의 현상이듯이 의식이 뇌의 현상이라는 생각은 저절로 연주되는 오케스트라와 같은 환상이다.”

이처럼 ‘체화된 인지’ 접근은 마음이 뇌 속에서 일어나는 신경적 상태나 과정이라고 하기보다는 신경적 기능구조인 뇌와 뇌 이외의 몸, 그리고 환경의 3자가 괴리되지 않은 총합체^{nexus} 상에서 이루어지는 행위 중심으로 재개념화 되어야 함을 주장한다.

언어학자이자 인지과학자인 조지 레이코프 George Lakoff 는 마크 존슨 Marc Johnson 과 함께 쓴 책 『몸의 철학』에서 “지각이나 운동과 같은 신체능력과 분리된, 그리고 신체 능력으로부터 독립적인 완전히 자율적인 그러한 이성능력은 존재하지 않는다”고 못 박았다. 이것은 탈脫 신체화된 이성을 강조한 데카르트의 입장과는 완전히 배치되는 주장이다. 즉 체화된 인지는 서양철학의 주조를 뒤집는 인간관과 인식론을 제안하고 있다. 최근 과학연구는 이성이 근본적으로 신체화되어 있다는 쪽으로 많이 기울고 있다. 지각작용과 개념작용이 뚜렷하게 구분될 수 없으며 그 과정은 대부분 우리가 의식하지 못한 채 진행된다.

이성이 만들어지는 뇌를 보자. 우리는 개개의 뉴런의 작용에 대해 알지 못한 채 이들을 자유로이 사용하는 것처럼 사고와 신체의 긴밀한 연결은 무의식적이다. 이렇게 보면 ‘개념’이라는 것은 특정한 범주들을 구별하고 그것들에 대해 사유할 수 있도록 해주는 신경구조이다. 그리고 신체화된 개념은 실제로 우리 두뇌의 감각 운동계의 일부나 그 운동계를 이용하는 신경구조라는 결론이 나온다. 레이코프는 심지어 ‘영성靈性’도 신체화에서 독립될 수 없다고 주장한다. 영적경험을 정열적으로 만들고 거기에 치열한 욕구와 즐거움, 고통, 환희 등을 가져오는 것은 몸이라는 견해다. 그리고 이러한 감각들 없이는 영성이 완벽할 수 없다고 주장한다.

이러한 체화된 인지접근은 마음의 작용이 신체나 물질로 환원할 수 없는 고차적 수준의 과정이라고 생각한 전통적 심신이원론을 일차적으

로 깨뜨린다. 그리고 이차적으로는 '마음은 곧 뇌'라는 환원주의적 생각도 깨뜨린다. 그러면서 마음개념을 새롭게 재구성하는 움직임을 촉발시키고 있다. 이 접근은 구체적인 몸을 가지고 embodied 환경에 구현, 내재되어 embedded 사회환경에 적응하는 유기체가 환경과 순간순간적 상호작용 행위역동 dynamics 상에서 비로소 마음이 존재한다고 본다. 즉 유기체의 몸과 문화, 역사, 사회의 맥락에 의해 구성되고 결정되는 그러한 역동적 활동으로서의 마음을 강조하는 접근이다.

체화된 접근은 뇌를 넘어서서 고전적 인지주의에서 배제되었던 '몸'을 마음의 바탕으로 되찾게 하고 있다. 앤디 클락 Andy Clark 등이 주장하는 것처럼, 몸을 통해 구현되는 마음과 분리될 수 없는 환경을 인지과학과 심리학에 되살려 놓고, 공간적 연장 extension 이 없는 '정신적심리적 실체'로서의 마음이 아니라 환경에 확장된 마음 extended mind 으로 재개념화 할 가능성과 필연성을 제시하고 있다. 마음은 뇌 속에서 일어나는 신경적 상태나 과정이라고 하기보다는 신경적 기능구조인 뇌와 뇌 이외의 몸, 그리고 환경의 3자가 괴리되지 않은 총합체 nexus 상에서 이루어지는 행위중심으로 재개념화 되어야 한다.

인지가 상호작용에서 파생되는 것이라면, 그러한 행위와 상호작용이 가능하기 위해서는 어떠한 형태이건 '체화 embodiment'가 필요할 수밖에 없다. 그런데 체화된 인지접근에 따라서 마음이 몸을 통하여 환경에 역동적인 활동에 존재하는 것으로 개념화 한다면, 상호작용 행위가 출현할 수 있는 상황조건에 좀 더 주목할 필요가 있다. 환경에 주안점을 두면 몸이 확장된 개념으로 인공물을 생각해 볼 수 있다. 아예 스스로 행동할 수 있는 로봇이나 인지시스템이 있다면, 인간을 포함한 이 행위주체자와 에이전트 사이의 다층적 상호작용의 중요성을 고려하지 않을 수 없다.

인간의 마음이 인간의 몸 없이도 구현될 수 있게 된다면 어떤가? 우리는 인간에 대한 정의를 다시 내려야 할 것이다. 그리고 체화된 인지에서의 구현조건에 몸뿐만 아니라 인지시스템도 고려해야 할 것이다. 예를 들어 원숭이 몸에 들어간 인간과 기계 안에 들어간 인간, 심지어 다른 사람과 몸을 바꾼 인간에 대해서 철학적으로 어떻게 정의해야 할 것인지 고민해야 할 것이다. 체화된 인지는 종교적으로도 도전적인 주제이다. 생명공학의 도움으로 인간의 배아를 동물에 주입하면 어떻게 될까? 설화에 등장하는 식으로 동물의 몸으로 들어간 인간이었던 영혼이 생길 수도 있다. 그런 존재를 어떻게 대할 것인가의 문제는 과학이라기보다는 종교와 철학, 윤리적 주제에 더 가깝다. 이렇게 체화된 인지접근은 계속 발전하며 인간이라는 존재의 의미와 인간과 마음에 대한 재개념화를 진지하게 묻고 있다.

무릎을 탁치는
심리학 이야기

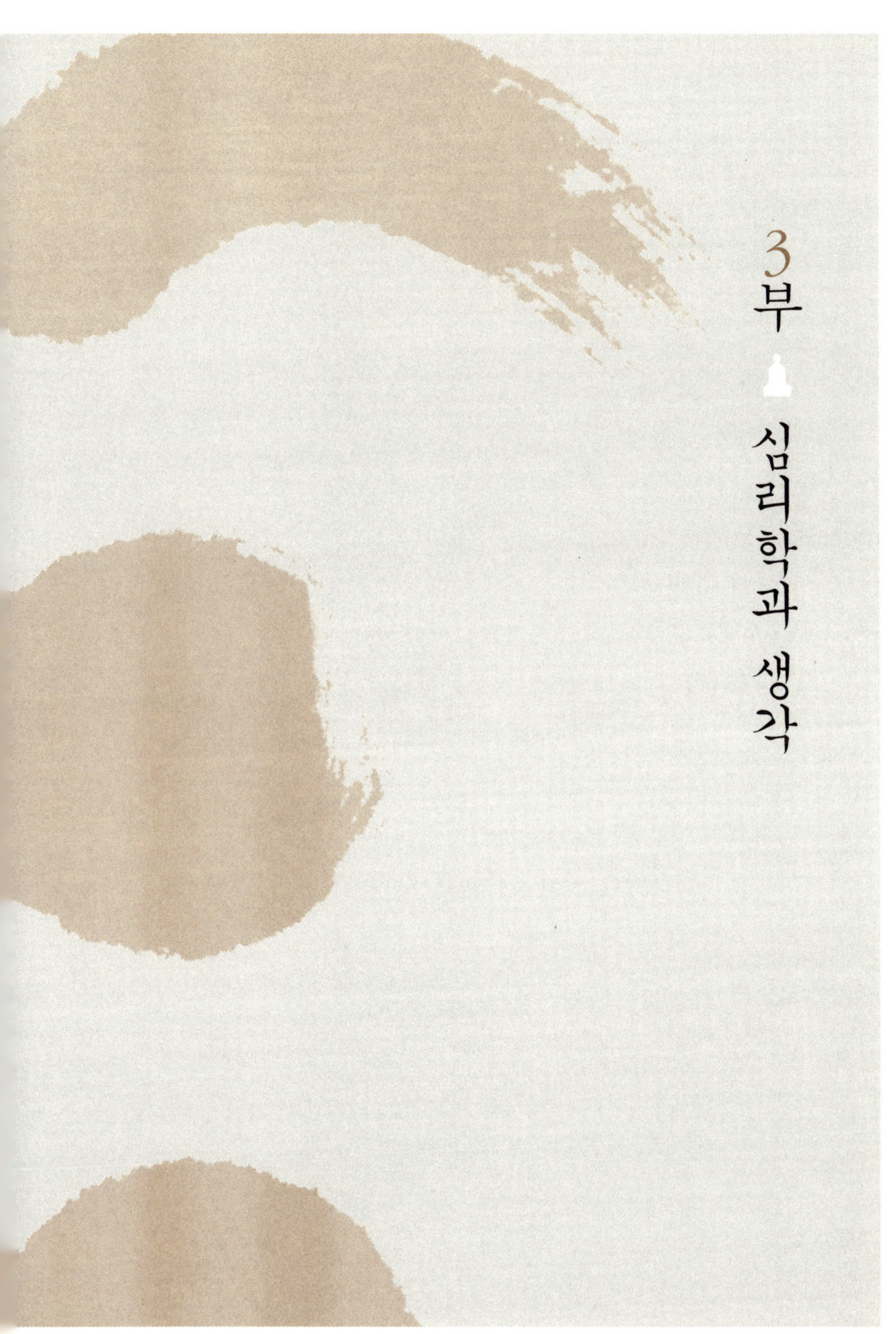

3부

심리학과 생각

사랑과 미움은 얼마나
차이가 있을까?

37

 "박사님께서 화두에 대해서 말씀하시니 생각나는 것이 있습니다. 제게 와서 집안의 분란紛亂을 하소연하는 불자들이 가끔 있습니다. 그때 저는 '사랑과 미움은 다 똑같은 것이다'라는 말을 불쑥 던지곤 합니다. 그러면 불자들은 너무 추상적인 화두라고 말합니다. 저는 종교적인 성찰을 깊이 할 화두가 아니라, 실제적으로 각자에게 생각의 전환점을 준 것인데 말입니다."

 "스님의 말씀은 심리학적으로도 맞는 말씀입니다. 다만 전후좌우 설명이 부족하다 보니 불자들이 받아들이기 쉽지 않은 것일 수 있습니다."

 "박사님, 그러면 그런 경우에는 어떻게 설명하면 좋을까요?"

"사람은 누구나 모순된 마음을 갖고 있습니다. 귀신을 무서워하면서도 공포영화를 보려는 것이 사람입니다. 그리고 공포영화를 보면서 왜 돈 주고 이런 고통을 느끼나 하면서 후회를 잠깐잠깐 하기도 하지요. 때로는 너무 무서워 아예 눈을 감기도 합니다. 하지만 극장을 나설 때는 흥분을 감추지 못하며, 다시 공포영화를 보러 오겠다는 생각을 하곤 합니다. 이렇게 마음은 시시각각으로 아주 극단적인 변화를 보입니다. 이것을 심리학자들은 '카타스트로피 이론catastrophy theory'으로 설명하고 있지요."

"박사님, 카타스트로피 이론이 무엇인지 자세히 설명해 주시겠습니까?"

"카타스트로피는 '극단적 전환'이라는 의미를 가진 단어입니다. 인간의 마음은 극단적으로 방향을 바꿀 때가 많습니다. 몹시 겁난다고 하면서도 짜릿함을 맛보기 위해 놀이기구를 탑니다. 비명을 지르거나 울기도 하지만 나중에는 웃으며 당시의 전율감을 떠올리기도 합니다. 이렇듯 상식적으로 보면 울음과 웃음은 완전히 상반된 감정의 뿌리를 갖고 있는 듯합니다. 하지만 실상은 같은 뿌리를 갖고 있습니다. 이처럼 사랑과 미움에 대한 것도 같은 뿌리를 갖고 있지요."

"박사님, 사랑과 미움에 대해서 좀 더 자세히 설명해 주시겠습니까?"

"부부 중에 배우자가 바람이 났다고 가정을 해보겠습니다. 어떤 사람은 배신감에 치를 떨며 폭행을 하거나 심지어 살인까지도 하려

합니다. 우리가 신문에서 보게 되는 치정살인 기사처럼 말입니다. 그들의 말을 들어보면 배우자를 너무 믿고 사랑했었기 때문에 자신이 순간적으로 극단의 행동을 한 것이라고 합니다. 만약 믿음과 애정이 없거나 약했다면 거기에 따라 배신감도 적었을 것이기에, 극단적인 살인이나 심한 폭행까지는 벌이지 않았을 것입니다. 극도의 흥분상태에서는 감정이 모순되는 방향으로 가는 경향이 있습니다. 그렇기 때문에 흥분상태에서는 자신을 자제해야 하는 것입니다."

"박사님, 너무 어이없는 일을 당해도 헛웃음이 나오지요. 마찬가지로 앞에서 그러는 것도, 극도의 흥분 상태에서는 모순되는 감정 표현이 돼서 그런 것이군요?"

"네, 스님의 말씀이 맞습니다. 그런 사례를 많이 들어가면서 설명한다면 불자님들도 잘 이해하시리라 생각합니다."

"박사님, 요즘 문제가 되고 있는 유명인 자살사건도 카타스트로피 이론을 통해서 설명할 수 있겠군요. 정열적으로 일에 몰두하다가 그 결과가 조금 안 좋으면 스트레스를 아주 많이 받게 되지요. 그래서 평소에는 자신감에 넘치던 사람이 순간적으로 '나는 쓸모없는 존재다'라며 극단적인 선택을 하는 것이군요. 그 전에 힘든 일을 안 겪은 사람도 아닌데, 너무 쉽게 죽는 것이 이상하다 싶었습니다. 자기는 뭐든지 할 수 있다는 확신을 할 때 다시 생각했어야 합니다."

"스님, 확신을 할수록 한켠으로는 '혹시나' 하는 마음도 생깁니다. 다만 그것을 의식의 표면으로 떠오르게 하지 않고 억압해서 그렇지요."

"그렇다보니 흥분한 상태에서는 고삐 풀린 망아지처럼 억압했던 것이 올라오는 거군요?"

"네, 그렇습니다. 인간은 누구나 기쁨과 슬픔, 증오와 사랑 등 모순되는 감정을 갖고 있습니다. 그런데 극도의 흥분상태가 되면 정상적으로 이러한 감정을 처리하지 못합니다. 쉽게 예상하지 못했던 상황이라 판단의 근거가 될 만한 정보도 없습니다. 그저 현재의 감정상태에 따라 순간적으로 대응을 하게 됩니다. 그 결과 평소에는 생각하지 못한 극단적인 선택을 하지요. 나중에 정신을 차려보면 후회를 하게 될 일인데도 하게 되는 것은 극도의 흥분상태를 누그러뜨리는 자제력을 잃었기 때문입니다."

"박사님, 정말 인간은 이렇게 행동할 수밖에 없는 것인가요?"

"스님, 카타스트로피 이론이 맞는다고 해도 그렇게 행동하는 것이 좋다는 이야기는 아닙니다. 심리학은 현상을 있는 그대로 일단 묘사를 하는 것이니까요. 대책은 별도로 세워야 합니다. 자제력을 갖기 위해 심호흡을 하거나 주변의 조언을 구하는 등의 노력을 해야 합니다."

"정리하자면, 극과 극은 통한다는 말이 심리학적으로 맞는 말이군요. 경우에 따라서는 사랑과 미움은 하나일 수 있습니다. 그렇기 때문에 감정을 가볍게 보는 것은 이치에 맞지 않은 거군요. 마음의 뿌리를 잘 살펴야겠습니다."

"네, 그렇습니다."

자살을 막을 수 있는
방법은 무엇인가?

38

"박사님, 극단적인 선택에 대한 말이 나왔으니 여쭤 보고 싶은 게 있습니다. 요즘 사람들은 자살을 쉽게 선택하는 것 같습니다. 극한 선택을 앞에 놓고 괴로워하는 중생들이 많아요. 그들에게 어떻게 하면 실질적인 도움을 줄 수 있을까 고민할 때가 많아졌습니다."

"스님, 놀랍게도 전 세계적으로 자살하는 사람이 매일 약 1천명이라고 합니다. 전쟁의 사망자 숫자를 방불케 합니다. 참 끔찍한 일이지요. 그리고 특히 우리나라의 경우 OECD 국가 중에서 최대 자살국이라는 오명을 갖고 있습니다. 상황이 이렇다 보니 마지막 도움을 구하려 스님께도 하소연을 하는 사람도 있을 것입니다."

"박사님, 저는 그들에게 좀 더 큰 틀에서 생각을 하라고 조언합니다. 자신을 괴롭히는 문제가 사실 얼마나 사소한 것일 수 있는지를 깨닫게 되면 자살과 같은 극단적인 선택을 하지 않게 될 것이니까요. 그런데 심리학적으로는 어떤 도움을 주는 것이 좋을까요?"

"자살에 대한 기본태도부터 바꿔야 합니다. 자살이라고 하면 개인적인 병약함 때문에 선택한 것이라 여깁니다. 그러나 사실은 그렇지 않습니다. 교통사고가 모두 운전자의 부주의 때문이라고 말하며 개인적 문제로 치부하는 것이 부적절하지요. 마찬가지로 현재 사회의 많은 사람들이 범하고 있는 자살도 모두 개인적 문제로 치부할 수만은 없습니다. 개인적 상담뿐만 아니라 체계적인 지원책을 빨리 써야 합니다.”

“박사님, 그 지원책이라는 것에는 무엇이 있나요?”

“희망을 갖게 해야 합니다. 자살은 더 이상 상황이 나아질 가망성이 없다는 절망감이 극에 달할 때 결심하게 됩니다. 돈이 없는 사람은 의미 있는 노동의 기회를 주거나, 약간의 경제적 보조를 해서 희망을 갖게 해야 합니다. 자살자 중에는 무직자인 경우가 많거든요.”

“알겠습니다. 박사님, 다른 방법으로는 무엇이 있나요?”

“자살을 기도하는 사람은 유서를 작성하거나, 평소 소중히 여기던 물건을 나눠주는 등 인생을 마무리하는 모습을 은연중에 보여줍니다. 주변 사람에게 ‘살고 싶지 않다’거나 ‘끝장내고 싶다’는 말도 흘립니다. 진짜 자살을 하기 전에 자신의 힘든 상황을 알아주기를 바라면서 말이지요. 이런 때는 주변 사람들이 생각을 바꿀 수 있도록 적극적으로 나서야 합니다. 함께 즐거운 시간을 보내는 식으로 혼자 있지 못하게 해야 합니다.”

“박사님의 말처럼 혼자 있다 보면 계속 자신만의 생각에 빠져 자살까지 이어질 수 있겠네요. ‘그럴 수도 있다. 나도 그렇다’ 등의 주변 사람의 말을 들으면 얼마든지 다르게 생각할 수 있을 겁니다. 이게 제가 말한 큰 틀에서 생각하라는 조언과 통하는 점이 있습니다. 무한히 반복되는 고통을 직시하고, 그곳에서 벗어날 수 있는 참된 깨달음의 길을 선택해야 하지요. 자신만 힘든 것이라 생각하며 계속 억울해하고 상황을 피하려고 하니 극단적인 선택을 하고 마는 것입니다.”

“스님의 말씀이 맞습니다. 생각을 바꾸면 극한 고통의 순간을 영원히 행복할 수 있는 전환점으로 만들 수 있습니다. 쉽게 말해 위기가 곧 기회인 셈이지요.”

“많은 위인들도 그때 극한 선택을 하지 않고 절망의 끝에서 희망을 찾았지요. 그런 사례를 많이 이야기해준다면 도움이 될 것 같습니다.”

“스님의 말씀이 맞습니다. 평소에 위인전이나 자기개발서 등을 보면 도움이 됩니다. 자신보다 더 힘든 환경에도 굴하지 않고 성공한 사람의 이야기를 떠올린다면 희망을 가질 수 있어 자살할 확률이 많이 줄어듭니다.”

“그저 무조건 도덕적으로 자살은 하면 안 된다는 말보다 심리학적으로 설명하니 더 절실하게 느껴집니다. 자살을 생각하게 하는 고통의 실체를 파악하고, 주변 사람의 고통도 살핀다면 자살시도는 줄어들겠군요.”

“네, 결국에는 어떤 행동도 그 원인이 되는 마음이 있습니다. 그러니 마음을 잘 살펴야 합니다. 그래서 매사에 깊게 생각하는 것이 중요합니다. 그런 습관을 익혀야 합니다.”

감정적으로 반응하는 것이 왜 나쁜가?

39

"박사님, 그런데 지금까지의 말씀을 들어보면 감정은 차분한 생각을 멈추게 해서 나쁜 것 같이 들립니다. 왜 감정적으로 반응하는 것이 나쁜 것인가요?"

"스님, 감정 그 자체는 나쁘지 않습니다. 우리는 감정을 통해 자신의 상태를 풍부하게 표현할 수 있습니다. 그리고 감정을 통해 편리하게 정보처리를 해서 이득을 보기도 합니다. 예를 들어 너무 뺀질뺀질하게 생긴 사람을 만나는 경우, 그냥 '왠지 싫어서' 피합니다. 그런데 나중에 알고 봤더니 그 사람이 사기꾼으로 드러났습니다. 이 경우 감정적으로 판단해서 미리 피한 것이 도움이 됩니다. 물론 외모로 판단해서 손해를 보는 경우도 있습니다. 제가 문제로 삼고자 하는 것은 극단적으로 감정에 치우쳐 반응할 때가 나쁘다는 것입니다."

"그랬군요. 그런데 박사님, 사람은 그 감정을 통제하는 게 쉽지 않으니 문제가 아닙니까?"

"네 맞습니다. 그래서 더 감정에 주의를 기울여야 합니다. 사람들은 흔히 화를 내면 풀린다는 표현을 씁니다. 하지만 화를 너무 내면 뇌가 흥분해서 정상적인 상태로 되돌아오는 데 시간이 많이 걸립니다. 마치 술을 마시다가 딱 멈춘다고 술에서 바로 깨지 못하는 것처럼 말입니다."

"흥분한 상태에서 점점 일을 키우게 되는 것도 뇌가 계속 멈추지 못해서 그런 것인가 보군요? 그런 말씀을 들으니 생각나는 기사가 있습니다. 끔찍한 범죄를 벌인 사람의 뇌는 일반인들과 다르다는 내용이었습니다. 계속 되는 폭력이나 감정적 폭발로 뇌 구조가 변할 수 있다고도 하는데, 정말 그런가요?"

"이상 성격으로 극악한 범죄를 저지르는 '사이코패스psychopath'들은 뇌 기능의 장애자이기도 합니다. 즉 뇌기능의 이상 때문에 범죄를 저지르는 사람들이지요. 사이코패스의 경우에는 감정의 변화가 거의 없습니다. 사람을 죽일 때도 특별히 흥분하지 않지요. 왜냐하면 이미 그런 자극에 무감각해질 정도로 뇌의 구조가 변했기 때문입니다. 사소한 것에도 민감하게 반응할 정도로 예민하다면 그런 끔찍한 범죄 자체를 꿈꾸지도 못할 것입니다."

"박사님, 뇌는 유전이 되지 않습니까? 그렇다면 범죄성향도 유전이 된다는 말인가요?"

"범죄발생에는 환경적 요인도 무시할 수 없습니다. 하지만 아무래도 유전의 가능성을 말씀드리지 않을 수 없습니다. 2005년 영국에서 이뤄진 3500쌍의 대규모 쌍둥이 연구 결과를 보면 사이코패스 유전율이 70% 가까이 보고되고 있습니다. 사이코패스에게 나타나는 감정기능장애는 편도체amygdala와 복내측전전두엽ventromedial prefrontal cortex을 포함한 앞쪽 뇌 부위인 전전두엽 장애입니다. 즉 이 부위가 이상이 있으면 사람은 이상 행동을 할 수 있습니다."

"박사님, 뇌가 변하면 행동도 변한다는 것은 알고 있습니다. 하지만 범죄와 연관된다고 생각하니 끔찍하네요."

"스님, 뇌의 편도체는 공포, 즐거움과 같은 감정과 관련돼 있습니다. 이런 편도체의 기능은 인간이 사회적 존재가 되기 위해 필수적인 기능이지요. 그러나 편도체가 망가지면 다른 사람의 마음을 이해하거나 감정 상태를 살피거나 어떤 것이 올바른 것이고 나쁜 것인지 등을 살펴 판단하지 못합니다. 그러면서도 자기 안의 분노를 인지하는 데는 뛰어난 능력을 보이지요."

"외부의 것은 둔한데, 내부의 것에는 민감하다는 게 정말 신기합니다. 그리고 끔찍합니다."

"네, 스님, 그렇습니다. 뇌는 민감합니다. 만약 감정처리와 관련된 신경전달물질이나 그 부위가 망가진다면 자신이 평소에 몹시 싫어했던 사이코패스가 될 수도 있습니다. 그러니 평소에 건강하게 뇌를 유지하도록 노력해야 합니다."

"박사님, 어떻게 하면 되는지요?"

"뇌의 앞부분을 적절하게 쓰려고 해야 합니다. 뇌의 앞부분인 전두엽은 미래 계획이나 도덕적 판단을 담당하는 영역입니다. 그러니 평소에 이와 관련된 문제를 피하지 말고 적극적으로 해결하고자 적당하게 머리를 쓰려고 자꾸만 노력해야 합니다. 감각적으로만 반응하면서, 뇌의 앞부분을 안 쓰면 지나친 소유욕을 갖게 되고, 본능에

"불교에서도 집착을 경계합니다. 그래서 집착을 벗어던지는 생활 수련 자세를 강조하니까 그런 것들도 도움이 되겠네요."

"스님의 말씀이 맞습니다. 용맹정진을 하면서 올바름에 대해 판단을 하고, 득도와 중생구제를 향한 계획을 잡으시는 것 자체가 뇌 건강에 좋은 것입니다."

원하는 대로 이뤄진다는 말은 심리학적으로 정말 맞는 말인가?

40

"박사님, 요즘 유행하는 말이 칭찬입니다. 이왕이면 욕하는 것보다는 기를 살려주는 칭찬의 말이 좋지요. 베스트셀러 제목으로 아예 '칭찬은 고래도 춤추게 해 준다'는 말이 있습니다. 이렇게 용기를 북돋아주는 칭찬이 심리학적으로도 타당한 효과가 있나요?"

"칭찬은 자신이 바라는 대로 사람의 행동을 촉진시켜주는 좋은 수단입니다. 물론 처벌도 사람을 다그쳐서 원하는 행동을 이끌어낼 수는 있죠. 하지만 스트레스를 받게 됩니다. 이에 비해 칭찬의 경우에는 하는 사람이나 받는 사람 모두 긍정적인 감정이 생겨서 좋습니다. 또한 칭찬은 사람들에게 긍정적인 자아상을 갖게 해서 원하던 목표

를 얻는 효과가 있습니다. 이것을 '피그말리온 효과Pygmalion effect'라
고 합니다."

"박사님, 피그말리온이 무엇인가요?"

"피그말리온은 그리스 신화에 나오는 키프로스 섬, 왕의 이름입니
다. 그는 자신이 조각한 여인상에게 연정을 느꼈습니다. 그리고 여인
상을 대할 때마다 '당신은 참으로 예쁘고 아름답다'라고 칭찬을 했
습니다. 그 모습을 본 여신 아프로디테는 그 여인상에게 생명을 불어
넣었습니다. 피그말리온은 자신이 바라던 대로 여인과 결혼을 했습
니다. 이런 신화에서 이야기를 따와 '원하면 곧 이뤄진다'라는 심리
학적 원리를 '피그말리온 효과'라고 합니다."

"박사님께서 플라세보 효과를 설명할 때 들었던 내용과 비슷하네
요."

"네, 마음의 특성은 비슷한 면이 있습니다. 플라세보 효과는 주로
건강과 관련된 효과를 뜻합니다. 이에 비해 피그말리온 효과는 세상
의 전 부문에 걸쳐 자신이 마음먹은 대로 이뤄짐을 강조하는 의미로
쓰이고 있답니다. 피그말리온 효과는 '자기 충족적 예언self-fulfilling
prophecy'이라고도 합니다."

"박사님, 자기 충족적 예언에 대한 구체적인 연구 결과가 있나
요?"

"로젠탈Rosental 과 제이콥슨Jacobson 박사의 연구가 가장 유명합니
다. 로젠탈과 제이콥슨은 초등학교 교사들에게 지능검사 결과를 토

대로 지능이 급성장할 학생들의 명단을 알려 주었습니다. 그런데 사실은 이 명단은 조작된 것이었습니다. 연구팀은 그냥 무작위로 아이들을 선정해서 명단을 만들었습니다. 하지만 이런 사실을 해당 학생과 교사들은 몰랐습니다. 8개월 후 실제 지능검사를 했더니 우수자 명단에 포함된 학생들은 실제로 지능지수가 증가했습니다. 그리고 교사들로부터도 더 높게 평가를 받았습니다."

"놀랍네요. 박사님, 어떻게 그런 결과가 생긴 것인가요?"

"앞서 말씀 드렸던 피그말리온 효과가 작용한 탓입니다. 교사는 우수자 명단에 있는 학생들에 대해서 긍정적으로 인상을 평가했겠지요. 그래서 자신의 칭찬이나 처벌행동을 그에 맞게 조절했을 것입니다. 그 결과 학생들도 자신이 우수자 그룹에 있음을 눈치 채게 되고 결국 우수한 아이가 된 것입니다."

"긍정적인 칭찬을 하면 할수록 좋은 것도 아이가 스스로 좋은 인상에 맞게 행동을 하려고 하기 때문이군요."

"네, 그렇습니다. 하지만 모든 경우에 항상 그런 것은 아닙니다. 너무 잦은 칭찬을 하면 그 칭찬을 당연하게 받아들입니다. 오히려 칭찬을 하지 않으면 처벌을 받았다고 생각하며 토라지거나 아예 자신의 일을 하지 않을 수도 있습니다. 칭찬은 근거를 가지고 정확히, 그리고 적당히 할 때, 효과가 있습니다. 말하자면 칭찬은 고래를 춤추게 하지만 인간은 고래가 아니니까요. 인간은 훨씬 복잡하답니다."

"긍정적으로 생각을 하고 희망을 주는 칭찬을 해주되 상황에 맞게

"네, 그렇습니다. 불자를 대하실 때도 이 점 유념해 주시기 바랍니다. 칭찬을 받지 않을 행동에 대해서는 오히려 크게 꾸짖어 주는 것이 칭찬으로 거둘 수 있는 개선효과보다 더 큽니다. 그리고 칭찬을 하는 상황을 다른 사람도 봅니다. 그러니 올바른 효과를 거두시기 위해서는 적시에 적당한 사람에게 반드시 근거를 가지고 칭찬을 하셔야 합니다."

모든 것을 다 기억한다면 생각하는 데, 사는 데, 얼마나 도움이 될까?

41

"지금까지 박사님 이야기를 듣다 보니 아주 많은 것들을 기억하고 계시네요. 공부할 때나 가르칠 때 큰 도움이 되겠습니다. 정말 좋으시겠어요."

"감사합니다. 그런데 기억력은 마냥 부러워할 것은 아닙니다. 심리학에서는 기억력 천재와 관련된 유명한 사례가 있습니다."

"박사님, 그 사례에 대해서 말씀해 주시지요."

"러시아의 '솔로몬 세라세프스키 Solomon-Veniaminovich Shereshevsky'는 기억천재로 유명합니다. 대부분의 학술서적에서 간단히 'S'라고 불리우고 있습니다. 세라세프스키의 기억력은 그를 연구한 학자인 루리아Luria도 충격을 받았을 정도였습니다. 세라세프스키는 아무리 긴 단어 목록을 보여줘도 단 한번 만에 줄줄 외울 수 있던 사람이었습니다."

"텔레비전에 나오는 기억력이 뛰어난 사람을 떠올리면 되겠네요?"

"그들보다 훨씬 더 대단한 사람입니다. 세라세프스키는 그냥 외우는 게 아니라 순서를 거꾸로도 암기할 수 있었고 몇 번째 단어가 뭐였는지도 금방 말할 수 있었습니다. 그에게는 암기에 관한 한 거의 한계가 없어 보였습니다. 그의 기억은 수십 년간 변함없이 지속되었습니다. 루리아는 1920년대부터 1960년대까지 매년 그를 만나서 예전에 보여줬던 목록을 다시 외워보라고 해봤는데 그때마다 그는 그동안 봐온 모든 목록을 줄줄 외워댔습니다."

"박사님, 그는 정말 상상하기조차 할 수 없는 기억 천재의 경지네요."

"그런데 그에게는 약점이 있었습니다. 스님이 방금 말씀하신 상상력이 부족했던 듯합니다. 즉 그는 연상이 되지 않는 단어에는 약한 기억력을 보였습니다. 예를 들어 실제로 존재하지 않고 논리적으로만 생각해낼 수 있는 '무無' 같은 단어를 외우는 것을 힘들어했습니다. 그리고 사람들의 얼굴도 잘 기억하지 못했습니다."

"기억 천재가 얼굴을 잘 기억하지 못하다니 의외네요?"

"아니, 좀 더 정확하게 말하자면 그는 얼굴을 아주 정확히 기억했습니다. 다만 그것을 사람과 짝을 맞추지 못했습니다. 사람의 얼굴은 수염이 자라거나 머리 길이가 달라지거나 낯빛이 달라지는 등 변화무쌍하지요. 그럼에도 불구하고 보통 사람은 동일인으로 기억을 합니다. 하지만 세라세프스키는 정확한 기억력 때문에 그 얼굴을 모두 다른 얼굴이라고 생각했습니다. 매번 완전히 다른 사람에 둘러싸여 있는 셈이었지요."

"박사님, 참 신기하면서도 무서운 이야기네요. 매번 낯선 사람에게 둘러싸인 기억천재라니."

"세라세프스키는 거울에 비친 자신의 얼굴도 매일매일 새롭게 보였습니다. 조금씩 변해가는 자신의 모습을 받아들이기 힘들었지요. 덕분에 그의 머릿속은 언제나 혼란스러웠습니다. 그동안 보고 들은 모든 것이 머릿속에서 떠다녔고, 수많은 이미지들이 끊임없이 튀어나와서 잠도 제대로 잘 수 없었다고 합니다."

"우리가 농담으로 천재는 천하의 재수 없는 사람의 준말이라고 하는데, 정말 불쌍한 기억 천재네요."

"사람들은 기억을 그대로 저장하는 것이라고 생각합니다. 하지만 있는 그대로를 저장할 줄 알았던 세라세프스키가 일상생활에 적응하지 못한 것을 보면 기억이 참으로 오묘한 것임을 알 수 있습니다."

"기억만 잘 하면 생활이 엄청 편하게 될 줄 알았는데, 너무 잘하면 기본적 생활조차 안 된다니 매우 놀랍습니다. **과유불급**이라는 말이

다시 떠오릅니다. 인간의 인지능력과 같은 마음은 부족한 듯 하지만 그게 최선의 것이라는 생각이 듭니다."

"네, 그렇습니다."

왜 있는 그대로
기억하는 것이 힘든가?

42

　　"박사님, 지금까지는 여러 주제에 대해서 심리학이 어떤 연구를 했는지를 여쭤 보았습니다. 하지만 마침 기억에 대한 말씀도 나왔고 하니, 어느 한 주제에 대해서 심리학이 얼마나 심도 있게 연구하는지를 알고 싶습니다."

"심리학의 깊이를 아는 데 기억만한 주제도 없지요. 왜냐하면 기억은 마음의 자리이니까요. 기억이 없다면 우리는 기본적인 생활을 할 수 없을 것입니다. 하드 디스크가 없는 컴퓨터가 전원을 켜도 아무 반응을 하지 못하는 것과 같이, 기억이 없으면 인간은 멍하니 시간을 보낼 것입니다."

"박사님 말씀을 들으니 멀뚱히 하늘을 보면서 시간을 보내는 치매 환자가 생각납니다. 그러고 보면 기억은 내가 나일 수 있게 하는 중요한 요소인 것 같습니다."

“네, 스님의 말씀이 맞습니다.”

“박사님, 그렇게 중요한 기억이라면 온전히 갖고 있도록 우리가 진화를 했어야 하지 않나요?”

“스님, 그런데 기억의 특성상 그렇지 못합니다.”

“박사님, 그러니 답답하다는 말씀입니다. 왜 사람들은 자신이 했던 것을 기억하지 못하는 것일까요? 기억하지 못하다보면 본의 아니게 거짓말을 하게 된다니까요? 저만 해도 일주일 전에 누군가에게 지시했던 세부사항이 가물가물해서 답답하답니다. 수행을 하면서 얻은 지혜로 모든 것에 더 밝아져야 함에도, 이 기억이란 놈은 점점 더 어두워지는 것 같아요.”

“그래도 모두 다 어두운 것은 아니지 않습니까?”

“그러니 더 화가 나지요. 어떤 것은 기억이 잘 나고, 어떤 것은 기억이 잘 나지 않으니 꼭 골탕을 먹는 느낌이 듭니다. 아예 기억을 못한다면 포기를 할 수 있을까요?”

“기억은 원래 깜박깜박하는 것입니다. 어느 누구도 완벽하게 모든 것을 있는 그대로 기억할 수는 없습니다. 기억은 외부의 것을 그대로 복사하는 것이 아니거든요. 기억은 자신의 감각을 가지고 받아들여 자신의 생각을 붙여내서 저장을 하는 것이에요.”

“그래도 기억이란 것은 가급적 원본에 가깝게 해야 정상인 것이 아닌가요?”

“인간의 뇌는 있는 그대로를 저장하는 사진기가 아닙니다. 그럴 수도 없지만, 우리가 사는데 그런 기억을 가질 필요도 없습니다. 직접 실험을 해보도록 하지요. 눈을 감고 스님의 청소년 시절을 떠올려 보십시오. 자, 아주 생생한 기억을 떠올리셨습니까?"

마하스님은 눈을 감았다. 고등학교 체육대회 때가 떠올랐다. 친구들이 내지르는 격려의 함성, 그날의 날씨, 자신의 땀 냄새, 등이 생생하게 기억났다. 몇십 년 전의 일이 불과 1초도 안된 것처럼 다 기억났다. 아까 일주일 전의 일도 잘 기억하지 못한다고 하소연하던 자신이 아니었다.

"스님, 자, 이제 눈을 뜨시고 그때의 기억을 다시 생각해 보십시오. 기억을 하실 때 특정 영상과 같은 것이 떠오르셨을 것입니다. 마치 자신이 주인공이 된 영화를 보는 것처럼 말입니다."

"네, 그렇습니다."

"스님, 그런데 이상하지 않습니까? 기억이 정말 외부의 사건을 그대로 복사하는 것이라면 카메라에 해당하는 눈이 딱 하나로 고정되어 있었어야 하지 않습니까? 그런데 기억속의 장면을 보면 참으로 역동적입니다. 아예 영화처럼 편집까지 근사하게 되어 있습니다. 하늘에서 내려다본 것 같은 장면이나 심지어 자기 자신을 밖에서 본 장면까지도 들어가 있습니다. 적어도 그 당시의 눈높이가 아닌 좀 더 키가 큰 어른의 눈높이에 맞는 시선으로 기억을 하고 있습니다. 이것은 우리가 기억을 할 때 있는 그대로 꺼내는 것이 아니라 자신의 의도에 맞게 변형해서 기억을 하고 있음을 나타내주는 예시라고 할 수 있습니다."

"간단한 실험이지만 기억의 특성을 쉽게 이해할 수 있네요. 저는 6살 때부터 기억이 납니다. 그런데 그때의 기억은 영상이라기보다는 사진처럼 기억이 납니다."

"스님, 구체적으로 어떤 시점에서 기억이 나시는지요? 제가 아까 말씀드린 것처럼 눈높이가 다르지 않습니까?"

"네, 박사님 말씀처럼 그 당시 제 키정도였을 어른의 허벅지 높이에서 보는 세상 모습이 아니네요. 어른이 찍은 옛날 사진처럼 좀 더 큰 키에서 보는 듯한 풍경 모습이 더 잘 생각나요. 거기에 왠지 색은 좀 더 바랜 느낌입니다."

"스님, 그때나 지금이나 눈으로 보는 세상은 다 천연색이 아닙니까? 노안이 된 지금이 더 흐릿한 색이어야 하지요. 하지만 초롱초롱한 동안으로 봤던 그 당시가 오히려 흑백에 가깝게 기억되는 것은 우리가 있는 그대로 기억하는 것이 아님을 나타내는 것이랍니다."

"참, 신기하네요. 선명한 기억조차 이렇게 왜곡이 되어 있다면 어렴풋한 기억은 얼마나 틀린 것일까요? 박사님, 나이 들어서 기억을 못한다고 더 아쉬워하고 말 것도 없겠네요. 이렇게 틀린 기억을 할 거라면 말입니다."

"스님, 그것은 아닙니다. 젊은 사람이나 나이든 사람이나 모두 자주 깜박깜박합니다. 젊은이라고 해서 리모컨이나 자기물건을 어디에 놨는지 다 기억하던가요? 모두 다 기억을 못하는 경우가 많지만, 으레 나이 드신 분들이 나이 때문에 그런 것이다 생각해서 거기에 더 민감해할 뿐이지요."

"원래 기억이라는 것이 있는 그대로 저장하기 힘든 것이라는 박사님의 말씀은 충격적입니다. 흔히 사진기로 사진을 찍듯이 기억을 하는 것이라 생각하지요. 그런데 박사님 말씀을 들으니 기억은 사진찍기가 아니라 마치 바람 위에 글을 쓰는 것과 같은 일이군요."

"스님, 좋은 비유를 하셨습니다. 스님의 비유처럼 기억은 원래 참으로 불안정한 것입니다. 그렇게 불안정한 기억으로 이처럼 잘 사는 것이 신기할 정도로 말입니다."

나이가 들면 기억력이
정말 떨어지는가?

43

"그런데 박사님의 말씀은 제가 본 것과 참 다른 면이 있습니다. 텔레비전에 나오는 어떤 식당 주인은 그 자리에서 몇 백 명이 주문한 메뉴를 그대로 외우는 것을 본 적이 있어요. 또 제가 아는 어떤 나이 든 변호사는 지금도 법전을 통째로 외우고 있다고 합니다. 그런 사람을 보면 모든 것을 기억할 수도 있는데, 내가 문제가 있어 그러지 못하고 있다는 느낌이 들어요."

“지금 스님께서 예를 들어 말씀하신 기억은 전혀 다른 기억이랍니다.”

“다른 기억이라? 어떻게요?”

“스님, 기억은 하나가 아닙니다. 즉 기억의 종류는 여러 가지입니다. 이것을 중다기억이론multiple memory theory 이라고 하지요. 중다기억이론에 따르면 우리가 어떤 것은 기억을 잘하는데 또 다른 것은 기억을 잘하지 못하는 이유가 바로 그 기억하는 종류가 달라서라고 합니다. 기억을 구조적으로 분석하면 단기短期 기억과 장기長期 기억으로 나눌 수 있습니다.”

“박사님, 단기와 장기라면 시간이 다르다는 말인가요?”

“네, 스님, 좀 더 이해를 돕기 위해 우선 기억의 기본과정에 대해서 말씀드리지요. 우리가 기억이라고 말하는 것을 잘 들여다보면, 기본적으로 어떤 것을 기억에 저장하는 과정과 그것을 잘 꺼내는 과정이 합쳐져 있는 것을 알 수 있습니다. 좀 더 학문적인 용어로 바꾸자면 이렇습니다. 외부에 있는 어떤 자극을 내가 갖고 있는 감각기관을 통해 내 안의 뇌, 즉 마음 안에 아로새겨 두었다가, 잠시 뒤에 그 자극이 없어져도 다시 꺼내어 볼 수 있는 능력을 기억이라고 말하지요.”

“그렇군요. 박사님, 더 자세히 설명해 주시지요.”

“그런데 지금까지 이야기를 잘 살펴보면 기억의 과정이 세 단계로 나눌 수 있음을 확인하실 수 있을 것입니다. 기억을 내 마음에 아로새겨 두는 과정, 그 다음에 그것을 저장하는 과정, 맨 마지막으로 시간이 지나도 계속 유지하다가 회상하는 과정이지요."

"그 세 단계 중 어느 하나라도 잘못되면 정확하게 기억할 수 없게 되겠군요?"

"그렇지요."

"그래서 내가 기억을 못하게 되는 것이군요? 박사님, 제가 벌써 치매를 걱정할 나이가 되었나 봅니다."

"스님, 꼭 그런 것이라고 생각할 수는 없습니다. 흔히 건망증이 심하면 치매를 걱정하십니다. 하지만 치매는 단순히 무엇인가를 자주 까먹는 것 이상으로 다른 정상적인 활동이 되지 않을 때나 사용할 수 있는 말입니다. 가장 흔한 치매 중 하나인 알츠하이머병의 경우, 마음에 아로새겨 저장하는 과정과 관련된 뇌의 해마hippocampus 라고 하는 부위가 손상되거나 망가진 것입니다. 그래서 최근에 있었던 일을 기억하지 못하는 특징을 보이는 것이지요. 하지만 스님은 특정항목을 기억하지 못하시는 것일 뿐 다른 일들은 잘 기억하시지 않습니까? 제가 이렇게 만나 뵙기 위해 올 것도 다 기억하시고, 저의 이름도 정확히 불러 주시지 않았습니까? 그러니 치매라고 할 수는 없지요."

"박사님, 예전에는 안 그랬는데 요즘 부쩍 까먹는 것이 많으니 걱정돼서 한 말이었습니다."

"스님, 젊었을 때에 비하면 나이 들수록 새로운 것을 배우는 속도는 확실히 늦어집니다. 1시간 공부하면 알 것을 3시간을 해야 겨우 이해되는 식으로요. 하지만 정확도 면에서는 별 차이가 없습니다.

그래서 끈기를 가지고 공부한 만학도가 시험에서 좋은 점수를 받을 수도 있는 것이지요. 그러니 속도를 생각하시지 말고 정확도를 생각하시면 그렇게 상심할 일만은 아닙니다. 젊은 사람도 때로는 기억하는 것이 더디거나 다른데, 나이가 들었다고 해서 꼭 틀린 기억을 하는 것은 아니니까요."

"그래도 나이가 들어서인지 기억력이 영 신통치 않아서 때로는 자괴감이 들 때도 있고, 은근히 걱정이 됩니다."

"스님, 나이가 들어 기억하는 저장용량이 떨어졌다기보다는 저장할 때의 속도가 좀 늦어진 것입니다. 하지만, 나이가 들면 넓게 볼 줄 알게 되어서 다른 것과 연결시키는 능력은 사뭇 커지지요."

"그래요? 통찰력이라고 할까, 그렇게 더 넓은 지평을 볼 수 있다는 것에 다소 위안을 삼고 있습니다."

"스님의 말씀이 맞습니다. 사람이 나이가 들면 기억력 중 저장능력은 좀 줄어든 대신 사고력이 현저히 커집니다. 그래서 사람은 나이가 들수록 속도가 처지는 대신 한 발 한 발 앞으로 내딛는 걸음이 진중해져서 무게 있고 의미 있는 자취를 남기려 노력하게 되지요. 젊었을 적 아무리 빨리 내달려도 도달하지 못했을 곳을 천천히 걸어 정확히 도달합니다. 산에 올라가는 데 힘만 가지고 냅다 올라갈 수는 없지요. 힘이 모자라면 앞길을 내다볼 수 있는 경험과 끈기로 올라가 정확히 정상에 서는 방법도 있지요. 어쩌면 그것이 더 지혜로운 방법일지도 모르겠습니다."

"그리 말씀하시니 박사님이 저보다 훨씬 더 수행자 같군요."

스님의 장난기어린 말에 박사는 밝게 웃었다. 그리고 이렇게 말했다.

"스님 눈에는 스님이, 미천한 자에게는 미천한 자만 보이는 법이겠지요."

"재치 있고 의미심장하며 다분히 심리학적인 말씀이시군요. 그런데 앞에서 제가 질문한 기억 문제에 대한 설명을 계속 듣고 싶은데요."

기억의 비법을 만드는 원리는 무엇인가?

44

"스님, 기억을 내 마음에 아로새겨 두는 과정을 심리학에서는 부호화 encoding 과정이라고 합니다. 부호화는 외부의 자극을 나의 뇌가 알 수 있는 암호 code로 바꾸어 저장한다는 뜻을 갖고 있지요. 외부 자극을 시각적으로나 청각적인 기호로 바꿔 부호화를 하고 나면, 그 기억대상들은 저장고로 옮겨지지요. 이게 저장의 과정입니다."

"마치 먹을 것을 가져다가 창고에 넣어놓는 것처럼 말이지요?"

"네, 그런데 이 창고는 두 가지가 있습니다. 음식물을 아주 오랫동안 넣어둘 목적으로 만든 장기 저장창고가 있고, 금방 다시 꺼내어 먹을 용으로 만든 단기 저장창고가 있지요. 그리고 장기 저장창고에 들어가기 전에는 일단 단기 저장창고에 넣어놨다가 이것을 계속 간직해야 할 필요가 있는지를 결정합니다.”

“박사님, 기억물이 순차적으로 저장이 진행된다 이 말씀이군요. 그러면 저장창고의 용량에도 차이가 있겠군요. 금방 입출고를 하는 창고보다는 계속 재어놓는 장기 저장창고는 계속 누적이 될 테니 훨씬 더 용량이 크겠네요?”

“스님, 맞습니다. 장기 저장창고는 거의 무한대라고 볼 수 있지요. 하지만 단기 저장창고의 용량은 한계가 있습니다. 단기 저장창고를 심리학에서는 단기기억이라고 부르는데, 흔히 ‘마법의 숫자 7magic number 7’이라고 알려진 바대로 7개에서 위아래로 2개 정도 더 많이 기억하거나 아니면 못할 정도로 한계가 있습니다. 누군가 7개나 8개 숫자로 된 전화번호를 불러줘도 바로 외워서 척척 번호를 누르는 것이 힘든 것도 이 때문이지요. 반대로 단기기억 용량 안에 있는 4개 정도의 숫자는 금방 외워집니다. 주로 전화번호 끝자리처럼 말이에요.”

“아아, 일상적인 전화번호 외우기에도 심리학의 원리가 숨어 있었군요.”

“네, 그리고 스님이 보셨다는 몇 백 명이 주문한 메뉴를 외운 사람의 경우에도 심리학의 원리로 설명할 수 있습니다. 제가 단기기억의 용량은 제한적이라고 했지만, 연습을 통해서 그것을 확장할 수 있습니다. 보통은 50초 전의 것을 기억하지만 누구는 2분까지도 정확히 기억할 수 있습니다. 거기에 7개 정도의 숫자가 아니라 몇 백 개의 숫자까지도 연습을 통해서 외우게 할 수 있습니다. 그런 점에서 이 기억을 그냥 단기라고 부르는 것은 문제라고 지적하는 심리학자도 많습니다."

"박사님, 그러면 어떻게 불러야 올바른가요?"

"미국 심리학자인 배들리 Baddley 는 단기기억을 '작업기억 working memory'이라고 부릅니다. 즉 단기기억은 일종의 마음의 작업대라고 보는 것입니다. 창고가 아무리 크고 선반에 아무리 많은 물건이 있어도 작업대가 좁으면 올려놓고 작업할 수 있는 양이 제한되지 않습니까? 보통 사람의 경우에는 특별한 훈련을 하지 않기 때문에 그냥 제한된 용량의 작업대를 갖고 있습니다. 마법의 숫자 7처럼 말이지요."

"박사님, 작업대를 키울 수 있다면 동시에 올려놓고 작업할 숫자가 많겠군요. 그러니 제가 텔레비전에서 봤던 사람은 그 작업대가 아주 남달랐던 사람이군요."

"네, 그렇습니다. 작업대도 다른 사람보다 컸지만 그 사람만의 비법이 있었을 것입니다. 일종의 기억술로 작업대를 효과적으로 쓰는 연습을 했을 것입니다. 제가 알고 있기로는 음식 메뉴를 음악으로 바꿔서 저장하기도 한다고 합니다."

"아니 어떻게요?"

"예를 들어 만둣국을 시키면 '미'이고, 비빔밥을 시키면 '파'이고

하는 식으로 자신의 식당에서 나오는 음식에 고유의 음계이름을 만
듭니다. 그런 다음에 손님의 주문을 모두 받으면 하나의 음악이 완성
되겠지요."

"박사님, 그런 전략을 쓰는 게 더 번거롭지 않나요?"

"스님, 몇 명의 주문을 받을 때는 이 전략이 유용하지 않습니다.
하지만 몇 백 명의 주문이라면 그것을 그냥 글자로 기억하는 것은 힘
듭니다. 만둣국-비빔밥-된장찌개-김치찌개-만둣국-돌솥비빔밥-순
두부찌개-파전-비빔밥식으로 몇 백 개의 주문을 그냥 있는 글자 그
대로 기억하는 것보다는 흥얼거릴 수 있는 하나의 음계가락으로 만
드는 것입니다. 즉 주인은 주문을 저장할 때 마치 작곡하듯 넣고, 주
방장에게 말할 때는 기억 속에서 유행가를 흥얼거리듯이 곡조를 떠
올려가며 음을 각 음식명으로 바꿔 말합니다. 여기에서 주인에게 음
악은 일종의 자신만의 암호인 셈이지요."

"암호라……."

"네, 제가 부호화 과정을 설명하며 했던 말이기도 하지요. 어떻게
암호를 쓰느냐에 따라 작업 기억의 용량은 변할 수 있습니다. 학창시
절 억지로 이야기로 만들어 외우거나, 앞글자만 따서 외웠던 화학 원
소기호나 역사적 사건, 발생년도, 왕의 이름순서 등등이 그랬던 것처
럼 말이지요."

"그렇군요. 그때는 그냥 그게 더 외우기 편해서 한 것인데 그 뒤에
는 심리학적 원리가 숨어 있었군요."

"스님, 사실은 그것들도 심리학적 원리를 따라 만든 기억술이기도 하지요. 심리학적 원리에 따른 기억술을 사용하면 스님도 쉽게 수백 가지의 메뉴를 외울지도 모릅니다."

"박사님, 그걸 외워서 제가 무슨 소용이 있겠습니까? 허허."

"스님, 맞습니다. 순간적으로 메뉴를 외우실 수 있지만 오래 갈 수는 없습니다. 왜냐하면 단기기억은 저장용량의 한계도 있고 보유시간이 짧은 것이 그 특징이지요. 외부에서 강한 자극을 받으면 쉽게 없어지는 기억입니다. 그러니 자신에게 의미가 강한 자극이 아닌 한은 열심히 외웠다고 해도 일정시간이 지나면 쉽게 잊혀집니다."

"결국 단기기억의 용량범위 안에서 암기를 하려고 노력하는 것이 기억을 잘 할 수 있는 비법이군요."

"네, 그렇습니다."

어떤 것은 기억이 잘 나는 반면, 기억이 잘 나지 않는 기억도 있는 이유는 무엇인가?

"박사님, 어떤 의미가 강한 기억은 쉽게 잊어버리지 않나요?"

"네, 어떤 기억은 충격을 받아도 쉽게 사라지지 않고, 오랜 시간이

지나도 생생하게 남아 다시 회상할 수 있습니다. 이것이 바로 앞서 장기 저장창고로 비유했던 장기기억입니다. 심리학자들은 개인적 관련성이 커서 계속 기억의 단서가 될 만한 것이 반복적으로 부호화되어 장기기억에 남을 가능성이 높다고 생각하고 있습니다. 자신이 좋아하는 것, 자신에게 중요했던 것은 수시로 남과 이야기를 하거나 혼자 생각을 하면서 꺼낼 수밖에 없지요. 그런 과정을 통해 기억 흔적은 다른 것에 비해서 더욱 깊게 됩니다. 기억 흔적이 강한 것은 뇌 속에 확고하게 저장되어 다음번에도 다른 것들보다 더 잘 꺼내지게 되는 것이지요."

"박사님, 뇌에 강한 흔적이 남으면 잊지 않는다고요?"

"예전의 심리학과는 다른 점이 이렇게 뇌를 중심으로 설명하는 경향이 강해졌다는 것입니다. 인간의 뇌는 몸을 이루고 있는 체세포와는 다르게 정보를 주고받을 수 있는 뉴런 neuron 이라고 하는 독특한 신경세포로 되어 있습니다. 그리고 뉴런과 뉴런은 시냅스 synapse 라고 하는 부위를 통해 정보를 주고받지요."

"맞습니다. 요즘 심리학 책들을 보면 뇌에 대한 내용이 빠지지 않더라고요."

"뇌가 마음이 움직이는 실제적인 물질적 자리이기 때문에 심리학에서는 매우 중요시합니다. 기억을 설명할 때도 뇌의 작용으로 설명하면 명확합니다."

"박사님, 어떻게요?"

"뇌는 성장할수록 신경세포의 가지 수가 많아지며 두터워지지요. 신경전도가 활발히 일어나는 부위의 시냅스는 새로운 가지도 생겨나면서 두터워져 흥분전도가 훨씬 원활하게 일어나고요. 이런 구조적인 변화로 특정 시냅스 회로가 활성화되어 흥분전도가 회로를 쉽게 건널 수 있게 됩니다. 신경세포의 이런 작용 덕에 기억은 더 깊고, 오래 시냅스에 고정되고, 기억의 흔적으로 새겨져 회상하기가 더 쉬워지게 됩니다."

"박사님, 낯선 설명방식이기는 하지만 명확하게 보이기는 하군요."

"다른 설명도 있습니다. 인지심리학적으로 보충설명을 드려 보지요. 인간의 생각은 '의미'를 중심으로 움직입니다. 즉 외부에 있는 모든 것을 다 처리하는 것이 아닙니다. 내가 의미 있어 하는 것을 더 부각해서 보지요. 왜냐하면 인간의 인지능력에는 한계가 있기 때문에 전체 사물을 모두 다 똑같이 처리하려면 과부화가 걸려 이상을 일으킵니다. 그래서 편의상 의미를 중심으로 생각을 합니다. 그러다 보니, 생각의 재료가 되는 기억대상도 의미가 있는 것을 주로 떠올리게 되지요."

"박사님, 의미 추구는 불교에서도 중요하게 생각하는 바입니다. 내가 중요하게 생각한 사람이나 사건, 지식도 쉽게 잊어버리지 않아요. 의미를 통해 기억을 하다 보니 생각은 계속 추상화되고 압축되겠지요. 맞아요. 어떤 경우에는 그 복잡한 사건의 의미를 간단한 화두로 정리할 수 있을 경지에 이르기도 하지요. 화두 안에는 복잡한 원리를 이해할 암호가 다 들어가 있습니다."

"네, 스님 말씀이 맞습니다. 역시 스님이시라 이렇게 불교적인 것과 심리학을 잘 연결해 주시네요. 그런데 꼭 개인적으로 의미가 있는 것이라고 해서 고차원적인 것만 떠올리실 필요가 있는 것은 아닙니다. 특히 일반 사람들은 태생적으로 먹고 마시고 잠자고 배변하는 것 등 생존과 관련된 것을 쉽게 잊지 못합니다. 이것도 그 당사자에게는 큰 의미를 지니기 때문이지요. 때로는 먹고 마시고 잠자고 배변하는 것도 잊으며 다른 일에 몰두할 수 있는 것도 그 일이 그만큼 더 큰 의미를 지니기 때문입니다."

"박사님, 저도 기본적 생리현상을 가볍게 보고 드린 말씀은 아니었습니다. 저는 의미를 중심으로 생각해 보니 기억을 제대로 이해할 수 있었음을 말해본 것이었습니다. 의미는 각자에 따라 다르게 느껴질 수밖에 없습니다. 배고픈 사람에게는 먹는 것이 가장 의미 있게 다가오겠고, 도를 깨우치려는 이에게는 먹는 것보다 도가 더 의미 있게 다가오겠지요."

"제가 스님의 뜻을 잘못 이해했었군요. 죄송합니다."

스님은 사과를 하는 박사에게 오히려 공손하게 더 허리를 굽혔다. 그리고 이렇게 말했다.

"박사님, 저는 여기에서 우리가 좀 더 생각해봐야 하는 논점이 있다고 봐요. 예를 들어, 자신과 관련이 있다 없다는 것은 내가 직접 그것을 해보았느냐 아니냐의 문제가 아니라는 점을 생각하면 어떨까요?”

“스님, 구체적으로 어떤 것인지 더 설명해 주시겠습니까?

“자신의 삶과 관련이 없어 보였던 것도 자신과 인연이 있는 것으로 인식을 하면 더 잘 기억이 될 수도 있습니다. 도량이 큰 사람일수록 아주 세밀한 것까지 놓치지 않는 경우가 있는 것도 그것을 하찮게 보지 않고 자신과 연관시킬 줄 알았기 때문이겠지요. 저는 큰스님들의 말씀을 들으며 우주만물이 하나의 말 속에 들어오는 경험을 많이 했습니다. 그 분들은 세세한 것까지 놓치지 않고 연결을 시키셨습니다. 반대로 제가 어떤 것을 갖고 기억이 잘 나지 않거나 생각이 잘 되지 않는다면 그 원인으로 내가 그것에 얼마나 의미를 부여했는가를 고민해야 할 것이겠지요.”

“맞습니다. 스님은 법전을 통째로 외우는 변호사가 부럽다고 하셨지만, 그것은 법전이 변호사에게 장기기억의 저장고에 넣었다가 빼낼 만큼 여전히 의미가 있기 때문입니다. 그 변호사가 아무리 기억력이 좋더라도 스님처럼 염불을 척척 외우기는 힘들 것입니다. 만약 그가 불심이 깊어 의미를 발견한다면 또 모르지요. 어쩌면 그 변호사는 스님께서 염불을 암송하시는 모습을 보고 감탄했을지도 모릅니다.”

“결국 기억을 나게 하고 말게 하고는 저 자신에게 달려 있는 것이군요. 즉 내가 얼마나 의미를 잘 부여하느냐에 따라 기억이 달라지는 것이군요. 길을 물어보면 어떤 사람은 식당을 중심으로 길을 설명하고, 어떤 사람은 술집을 중심으로 길을 가르쳐주는 것도 각자 생각의 중심이 먹는 것과 술에 있었기 때문이겠군요."

"네, 맞습니다."

"신기하군요. 제가 불교수행 중에 깨우치게 된 것과 심리학이 이리도 잘 통하다니요. 제가 심리학을 공부해야 하는 이유를 찾은 것 같습니다."

제3자가 확신에 가득차서 하는 말은 얼마나 믿을 수 있는가?

46

"박사님, 사람들이 자기와 관련된 의미에 따라 기억을 구성할 수 있다는 것은, 그 기억이 있는 그대로 저장되는 것이 아니라 왜곡될 수 있다는 뜻이기도 하지요?"

"네, 그렇습니다."

"그럼, 속세에서 무슨 문제가 났을 때 해결방법으로 법에 의지하지 않습니까? 그때 중요하게 생각하는 목격자의 진술도 기억에 의존한 것이니 문제가 있겠군요."

"네, 스님의 말씀이 맞습니다."

"박사님, 그 사람이 악의를 갖지 않고 확신할 만한 사실에 대해서 이야기를 한다면 어떤가요?"

"악의가 있거나 없거나, 그 사람이 자신의 기억을 확신하거나 말거나 간에 왜곡의 문제는 있습니다. 심리학자인 로프터스_{Loftus}는 이 점에 대해서 오랜 기간 연구를 했습니다. 로프터스는 한 실험에서 참가자들에게 자동차 사고에 관한 영상을 보여주었습니다. 그리고 나서 마치 법정에서 증언을 하는 것처럼 질문을 했습니다. 예를 들어 어떤 집단에게는 '자동차 충돌 시 어느 정도의 속도로 달리고 있었는가?'라고 묻고, 또 다른 집단에는 '자동차가 부딪혔을 때 어느 정도의 속도로 달리고 있었는가?'라고 물었습니다. 그 결과는 어떻게 나왔을까요?"

"둘의 차이가 아주 미세하네요. '충돌'이라는 말이 더 격한 느낌이 드는 데 반해, '부딪혔다'는 표현은 좀 더 부드럽군요. 그러니 충돌이라는 말이 쓰인 질문을 들은 사람들이 더 격하게 반응을 했겠네요."

"역시 스님다우시고 속세에서 심리학을 전공한 분다우시군요. 스님 말씀대로 충돌이라는 단어가 쓰인 질문을 받은 집단은 자동차의 속도가 더 빨랐다고 대답했습니다. 그리고 일주일 후에 추가 질문에서는 사고현장에서 유리 파편 등을 보았다고 말했습니다. 그들은 목격자로서 충실하게 생생한 정보를 전했습니다. 그러나 참고로 그들이 본 영상에는 유리파편이 없었습니다. 상대방의 질문을 듣고 그러려니 하고서 목격자들이 대답한 것입니다."

"박사님, 그렇다면 사람들에게 어떻게 물어보느냐에 따라 본의 아니게 기억이 왜곡될 수 있겠군요?"

"스님, 네, 그럴 수 있습니다. 그런데 기억의 왜곡은 성품이나 필요의 문제가 아니라 기억 자체의 본질 때문에 벌어지는 일입니다. 질문 내용뿐만 아니라, 그 날의 정서 상태, 스트레스의 정도 등에 따라서 기억의 양과 질이 달라집니다. 만약 기분이 나쁘다면 과거에 일어났던 일 중에 좋지 않은 내용을 더 찾게 됩니다. 스트레스를 받으면 생각하기가 귀찮아져 기억의 양이 확 줄어들거나 대충 다른 것으로 꾸며댈 수도 있습니다. 그래서 최근에는 법정에서의 목격자 진술도 아주 조심스럽게 취급하고 있답니다."

"어허, 묘하네요. 박사님, 기억을 못하는 망각만 걱정하면 되는 줄 알았더니 오히려 기억을 생생하게 해도 문제인 경우가 있으니 말입니다."

"그렇습니다. 생생한 기억이라고 해서 꼭 진짜로 있었다는 보장이 없습니다. 자신도 모르는 사이에 어떤 의도에 의해 왜곡된 것을 진짜로 있었다고 말할 수 있으니 말입니다. 커다란 사고를 겪은 희생자의 경우 워낙 그 충격이 강해서 시간이 흘러도 진짜로 있었던 일을 있는 그대로 기억할 것 같았습니다. 하지만 911명의 피해자에 대한 체계적인 조사결과 사람들은 3년 이후부터 급격한 기억왜곡을 보였습니다. 심지어 사건 발발 당시 자신이 있었던 시간과 위치 같은 기본적인 정보조차 매년 진술할 때마다 달라지는 경우가 늘었습니다."

"하긴 저도 삼풍백화점 붕괴사고가 터졌을 때, 매일 매스컴에서 다루고 계속 구조발굴을 하고 그러니, 나중에도 그 사고 당일에 있었던 일들은 도저히 잊지 못할 것이라고 생각했습니다. 그런데 지금은

무릎을 탁치는
심리학 이야기

어느덧 그때가 몇 년 몇 월이었는지, 사고가 몇 시에 일어났는지 그 날 제가 보았던 책이 무엇인지 등등 기억이 가물가물합니다. 이야기 하라고 하면 언급할만한 몇 장면이 생생하게 떠오르는 것도 사실이 지만, 그럴수록 조심해야겠다는 생각이 듭니다."

"스님, 제3자의 확신에 찬 기억뿐만 아니라, 자신의 확신에 찬 기 억까지도 염려를 하시다니 스님의 통찰력의 세심함은 정말 그 깊이 가 다르십니다."

"아닙니다. 아직도 부끄럽습니다. 저는 박사님이 말씀을 하기 전에 는 구체적으로 심리학과 어떻게 연결시킬지 모르는 것들이었습니다. 저는 질문을 어떻게 하느냐에 따라 기억의 내용이 달라진다면, 우리가 주고받는 질문에 있어서도 세심해야겠다는 생각도 해봤습니다. 기억 하는 내용이 달라지면, 그것을 재료로 삼아 생각하는 결과도 달라집니 다. 그러니 질문을 단어를 바꿔가며 여러 각도로 하면 다차원적인 생 각을 할 수 있습니다. 부정적인 것은 일부러 긍정적인 것으로 해보고, 긍정적인 것은 일부러 부정적인 것으로 해보는 식으로 말입니다."

"스님, 구체적으로 어떻게 질문하는 것을 말씀하시는 것인지요?"

"예를 들어 누가 '네 삶에서 얻은 것이 무엇이냐?'고 물으면 인생 을 바라보는 틀이 플러스(+)인 상태에서 지나온 날을 기억해 낼 것입 니다. 그리고 감사한 마음을 갖게 되겠지요. 하지만 '네 삶에서 잃은 것이 무엇이냐?'고 물어본다면 마이너스(-) 시점이 되어 반추를 한 결과 뭔가 자신이 피해를 입었다는 생각에 서운한 감정을 더 많이 갖게 될 것입니다. 똑같은 인생인데도 질문을 어떻게 해서 어떤 기억을 불러오느냐에 따라 생각하는 바가 달라지는 것이지요. 그러니 '네 삶은 어떠하냐?'라고 중립적으로 물어보거나, 긍정과 부정을 동시에 물어보는 식으로 질문을 변화시키며 답을 구해야겠지요."

"스님께서 말씀하신 내용은 소크라테스의 문답법과도 비슷하군요. 상대방이 주장하는 것의 빈틈을 확인하기 위해 끊임없이 질문을 바꾸는 것이 말입니다."

"박사님, 제가 예로 든 것은 다른 사람의 생각을 비판적으로 보기 위함만은 아닙니다. 문답법은 자신의 생각을 체계화하는 데에도 큰 도움이 되지요. 불교에서도 명상을 할 때 자신의 생각에 대한 내성으로 빈틈을 찾습니다. 그럴 때 자신이 확신한다고 믿고 있는 바, 자신이 경험했다고 믿고 있는 바 등을 의심한다면 어떨까요? 저는 그런다면 인식의 한계를 뛰어넘는 깨달음을 얻는 데 큰 도움이 될 것이라 생각해 왔습니다. 흔히 자신이 알고 있는 것을 허물어야 더 큰 앎과 만날 수 있다는 교훈은 많이 알고 있습니다. 그래도 그것을 실행하기는 힘들지요. 그런데, 기억의 불안정성부터 제대로 이해한다면 더 아쉽게 매달릴 것이 없어 훌훌 자유로운 사고를 할 수 있을 듯합니다. 훌훌 날아오르다 보면 하늘의 이치와 만나는 시간도 그만큼 앞당겨지겠지요."

"제3자의 말을 믿지 못하는 것은 그 사람이 생각의 바탕으로 삼은 기억 자체가 불안정하기 때문입니다. 그러나 만약 기억이 사실 그대로

라면 굳이 믿지 않을 이유가 없습니다. 또한 스님이 지적하신 것처럼 자신의 생각의 빈틈을 찾아서 교정을 했다면, 자신의 기억을 믿지 않아야 할 이유도 없습니다. 그냥 무조건적으로 믿는 것이 아니라, 이처럼 한번 다른 가능성도 있을 수 있음을 검토한다는 것이 중요합니다."

"다른 가능성을 고려한다는 게 바로 생각의 지혜겠지요."

기억을 증진시켜 생각을 키우는 방법은 없는가?

47

"스님, 어쩌다 보니 제가 기억의 부정적인 측면을 이야기한 것처럼 되었습니다. 하지만 기억이 왜곡될 수 있다고 하지만, 꼭 필요한 것만은 사실입니다."

"박사님의 말씀이 맞습니다. 만약 기억이 없다면 인간은 예전에 봤던 것이라고 하더라도 매번 새로운 것으로 인식하겠지요. 그래서 새롭게 학습하고 또다시 그것을 새롭게 인식해서 힘들게 공부해야 하는 과정을 무한 반복할 것입니다 그렇게 되면 깨달음이라는 것은 이뤄질 수 없습니다. 왜곡되는 바가 있어도 자신이 알고 있는 것을 적용해 가면서 생각을 키워나가야 깨달음에 좀 더 가까워지는 것이지요."

"스님의 지적이 맞습니다. 인간은 기억력의 한계가 있을 뿐만 아니라, 한꺼번에 여러 개를 처리하는 인지능력 또한 부족합니다. 속세의 사람들이 돈을 세는 것과 같이 한 가지 일에 집중하고 있는데 다른 것을 이야기하면 하나도 알아듣지 못합니다. 심지어 정신 혼란스럽게 한다고 화를 내지요. 이런 제한된 능력을 갖고 있는 사람이 여러 가지 요소를 연결시켜 그나마 고차원적인 생각을 할 수 있는 것은 다 생각의 재료인 기억이 현실적으로 잘 기능하기 때문입니다."

"박사님, 그렇다면 우리는 기억의 왜곡을 분석하는 것보다, 기억을 증진시켜 생각을 키울 방법을 찾는 것이 올바른 선택 방향이겠네요."

"네, 그럴 수 있습니다. 심리학자라면 기억의 능동적 처리과정으로 일어나는 왜곡이 주된 관심사일 수 있지만, 응용적 측면에서는 기억술을 익히시는 게 도움이 되실 것입니다."

"박사님께서 추천해 주고 싶은 기억술이 있으신지요?"

"기억술의 종류는 많으나 심리학적 원리에 충실한 것 몇 가지만 뽑아서 말씀드리도록 하겠습니다. 첫째, 이미지 연상법입니다. 어떤 것을 외워야 한다면 시각적인 이미지화를 꼭 시키십시오. 파비오Pavio의 이론에 따라 사람의 인지과정은 글자를 처리하는 통로와 이미지를 처리하는 통로가 구별된다고 합니다. 그런데 만약 글자를 처리하는 통로로 처리한 것이 시원치 않다면 기억이 나지 않을 것입니다. 그러니 다른 통로를 예비적으로 만들어 놓는 것이 지혜로운 선택이 되겠지요. 그리고 글자로 이해하는 것보다 시각적인 이미지로 이해하는 것이 더 쉽고 빠르지요. 다른 나라에 가서도 꼭 영어를 몰라

서가 아니라 화살표로 된 도로 표지판이나 간단한 그림으로 된 화장
실 표시가 더 이해가 잘 되어 머릿속에 잘 떠오르는 것을 생각해 보
십시오. 만약 자신이 공부하는 것에 대해서도 일부러 도표로 만들거
나 그림을 그리거나 하나의 영상으로 떠올리며 암기한다면 훨씬 쉽
고 재미있게 나중에 기억해 낼 수 있을 것입니다."

"하긴 불자들에게 수많은 설법을 해도 극락의 모습을 제대로 떠올
리지 못하지만, 탱화를 보면 쉽게 떠올리지요. 그리고 부처님에 대한
묘사도 하나의 그림으로 기억한 분들이 나중에 더 정확하게 기억을
합니다."

"둘째, SQRRR, 혹은 SQ3R이라고 부르는 기법입니다. 이것은 의
미를 중심으로 기억이 되는 특성을 활용한 공부법입니다."

"박사님, 번역을 하지 않고 영어의 약자를 그대로 쓰는 이유가 있
을 것 같군요. 구체적으로 설명을 해주시겠습니까?"

이규민 박사는 SQ3R법이 전체 개관 summary-내용에 대한 질문
question-본문 읽기 read-요점 암송 recite-복습 review의 과정으로 되어
있으며, 각 과정의 약자를 따서 만든 것이라고 설명했다. 이렇게 공
부를 하면 내용을 좀 더 능동적으로 처리하게 해주며, 자신의 취향에
따라 흥미 있게 지식을 체계화할 수 있는 장점이 있다고 했다.

"스님께서 고등학교 때 공부했던 교과서의 체제도 이런 체제를 갖
고 있었을 것입니다. 단원목표를 통해 내용의 핵심을 개관하는 동시
에 주요 질문을 정리하지요. 그 다음에 본문이 나오고, 교과서의 연

습문제나 선생님의 질문을 통해 요점을 암송하게 합니다. 그리고 정식 시험을 통해 복습할 기회를 줍니다. 그냥 생각 없이 쫓아서 한다면 이 또한 주입식 공부법이 되겠지만, 원래는 아주 능동적인 공부법이었습니다."

"박사님, 저는 지금도 그런 공부법을 쓰고 있습니다. 개략적으로 책의 목차를 훑어보고 내용을 살펴본 다음에 맥을 잡지요. 그 다음에 왜 이렇게 쓴 것일까라는 질문을 하면서 마치 저자와 대화를 하는 것처럼 책을 읽지요. 그리고 요점이 무엇인지 공책에 쓰고 나중에 시간이 될 때마다 살펴봅니다. 그리고 다른 책을 보다가 연관되는 점이 있다면 다시 예전에 공부했던 것을 들춰보며 복습을 합니다."

"스님, 아주 좋은 공부법을 갖고 계십니다. 이렇듯 심리학에서 제안하는 지침은 각자의 특성에 따라 변화시켜야 최고의 결과를 얻을 수 있는데, 이미 그것을 체득하고 계셨군요."

"계속 칭찬만 하시니 쑥스럽고 부끄럽습니다. 또 다른 방법으로는 무엇이 있는지요?"

"가장 좋은 방법은 반복입니다. 기억은 뇌에 저장되는데, 앞에서 설명을 드렸듯이 기억흔적이 많은 것이 더 잘 기억됩니다. 그러니 기억흔적을 많이 남기기 위해서 반복만큼 좋은 것은 없습니다. 하지만 그냥 무한대로 똑같은 내용을 반복만 하면 고차원적인 생각을 키우는 것과 잘 연결되지 않을 수도 있습니다. 그러니 다른 항목과 일부러 연결시켜가며 정교화해서 공부를 하는 것이 좋습니다."

"박사님, 구체적인 예를 들어주시겠습니까?"

"스님, 학생 때 역사를 배우던 것을 떠올려 보십시오. 고구려, 백제, 신라의 이름을 초등학생 때 처음 듣는 경우가 많습니다. 그런데 우리가 역사를 생각하게 된 것은 초등학생 때부터 나라 이름을 막무가내로 반복해서는 아닐 것입니다. 중학교, 고등학교를 거치며 고구려의 왕과 그의 업적을 짝지우고, 주요 인물을 짝지우고, 주요 사건을 짝지워 가는 식으로 정교화를 하게 되면서 고구려가 어떤 나라인지를 곧 생각하게 된 것이지요."

"박사님, 한마디로 정리하자면 정교화 기법이 되겠네요. 반복법이 아니라."

"맞습니다. 스님, 좋은 이름입니다. 정교화 기법. 기억은 무조건 외우는 노력을 기울인다고 나아지지 않습니다. 얼마나 정교화시키느냐에 따라 놀랍게 그 결과가 달라집니다."

"박사님께서 그렇게 말씀하시니 더 생각나는 게 있네요. 조각가는 큰 틀을 먼저 세우고 차근히 자신의 작품을 만듭니다. 특정 부분을 완전한 완성품으로 먼저 세공하며 가는 경우는 드물지요. 처음에는 큰 돌을 자르고, 그 다음에는 형태를 다듬고, 주요 부분을 깎고, 전체적 틀에서 배치를 다시 살피고, 특정 부분의 정교화를 시작하며 다른 곳도 계속 손을 봅니다. 그렇게 전체를 생각하는 조화 속에서 조각을 하지요."

"네, 맞습니다."

"박사님, 저는 공부도 조각과 마찬가지라고 생각합니다. 큰 틀을 잡고 공부를 해야 하고, 조화를 맞춰 나가야지요. 특정 부분에 대해서만 지식이 정교화 되면 볼썽사나워집니다. 그리고 좋은 방식도 아닙니다. 만약 어린아이 때 어차피 알아야 될 지식이라며 대학교 수준의 고구려사를 정교하게 외우도록 시킨다면 지쳐서 나가떨어질 것입니다. 자신의 수준에 맞는 정교화가 중요하지요. 해서 어릴 때는 어릴 때대로, 성숙했을 때는 성숙한 대로의 공부가 있습니다. 그래서 스님은 제자들의 수행을 지도할 때도 답을 주기보다는 기다려줘야 할 때가 더 많은 것입니다. 처음부터 너무 많은 것을 주려고 하기보다는, 그저 본인이 쉽고 재미있게 공부를 시작할 수 있도록 돕는 것이 중요합니다."

똑같은 사람인데 왜 기억력이 차이가 날까?

48

"박사님, 제 주변 사람을 보면 사람마다 기억능력이 다른 것 같습니다. 어떤 사람은 기억을 잘하지만, 어떤 사람은 암기력이 별로 좋지 않기도 하지요. 이것은 사람이 달라서 그렇다고 할 수 있겠지만, 심지어는 똑같은 사람인데 어떤 것은 잘 외우고, 어떤 것은 잘 외우지 못합니다. 왜 그런 것인가요?"

"여러 가지 원인이 있을 수 있습니다. 개인의 능력 이외에 환경적 요인이 중요한 역할을 합니다. 만약 시끄러운 환경이라면 아무래도 집중할 수 없으니 기억이 안 좋아집니다. 스트레스를 받은 환경도 그렇고, 몸이 안 좋아서 집중력이 떨어진 경우에도 기억이 좋지 않습니다. 이렇듯 사람의 기억은 원래 아주 불안정한 것입니다."

"그렇군요."

"스님, 그리고 특별한 환경적 변화가 없는데도 기억력이 달라진다면 기억해야 하는 대상이 다른 것은 아닌지를 살펴봐야 합니다."

"기억하는 대상이요?"

"네, 기억을 해야 하는 내용이요. 우리는 다 같은 기억이라고 부르지만 사실 그 내용은 다 다르답니다."

"박사님, 어떻게 다른가요?"

"스콰이어 Suire 라고 하는 유명한 기억 심리학자는 우리의 기억이 독립적인 체계로 되어 있다고 주장했습니다. 스콰이어 박사는 기억을 '서술적 기억'과 '절차적 기억'으로 나누었습니다. 그리고 서술적 기억은 의미적 기억과 일화적 기억으로 또 세부적으로 구분했습니다."

박사는 서술적 기억 descriptive memory 이 '무엇은 무엇이다'와 같이 책이나 학교에서 배운 지식을 그 내용으로 한다고 소개했다. 서술적 지식의 대상은 흔히 'know-what'에 해당하는 지식이다. '자동차는 운송수단 중 하나이다'와 같은 일반적 지식에 해당하는 의미적 기억과 일화적 기억으로 구분된다. 일화적 기억 episode memory 은 말 그대로 우리의 일상사와 관련된 잡다한 기억이다. 즉 내가 겪은 사건, 들은 이야기, 본 것 등과 관련된 기억이다. 이에 비해 절차적 기억 procedural memory 은 'know-how'에 해당하는 지식을 대상으로 하고 있다. 예를 들어 자동차의 운전 기술과 관련된 기억을 하는 것이다.

"박사님, 서술적 기억과 절차적 기억의 예를 실생활에서 들어주실 수 있는지요?"

"네, 스님, 운전면허의 필기시험에서 자동차의 내부구조를 기억해서 문제를 맞추는 것이 서술적 기억에 대한 것입니다. 그에 비해 실기시험에서 주행을 보는 것은 절차적 기억에 대한 것이지요. 사람에 따라 서술적 지식에는 까막눈이어도, 막상 실행에 해당하는 절차적 지식에는 일가견이 있어 그것을 더 잘 기억하는 사람이 있을 수 있습니다. 반면에 서술적 기억은 잘 못해도 신변잡기적인 일화적 기억은 아주 세밀하게 잘하는 사람이 있을 수도 있지요."

"박사님께서 그렇게 예를 들어 주시니 좀 더 이해가 잘 됩니다."

"스님, 마찬가지로 절차적 기억은 잘 못해도 이론적으로 서술적 기억은 잘 해서 실무점수와 다르게 필기성적을 잘 받는 사람도 있을 수 있지요. 이런 차이가 나타나는 것은 당사자들 각자 성격, 동기부여 수준에 따라 마음이 끌리는 기억의 내용이 다르기 때문입니다. 그러니 똑같은 사람인데도 기억을 잘하고 못하는 것을 따지려면, 전체적인 기억력이라는 표현보다는 그 기억의 종류를 잘 살펴봐야 할 것

무릎을 탁치는
심리학 이야기

입니다."

"기억을 해야 하는 내용이 서술적이냐, 절차적이냐, 일화적이냐에 따라 기억이 달라지는 것이군요. 저도 제가 어느 기억을 더 잘하고 못하는지 확인하고, 부족한 부분을 더 보충하기 위해 노력해야겠습니다."

"박사님, 기억에 대해서 알게 될수록 이것을 활용해서 공부를 잘하면 좋겠다는 생각이 드네요. 심리학적으로 검증된 공부 방법을 추천해 주신다면 어떤 것이 있는지요?"

"스님께서 질문해 주신 것과 관련해서는 학습 심리학이라는 분야가 있을 정도로 아주 다양한 공부 원리와 전략이 있습니다. 그것을 이 자리에서 다 소개해 드리기는 힘드니 대표적인 것 5가지를 말씀드리도록 하겠습니다.

첫 번째는 '분산 학습'입니다. 초기 심리학에 큰 공헌을 했던 에빙하우스Ebbinghaus 이후에 사람들이 왜 새롭게 학습한 내용을 망각하게 되는가에 대한 연구가 이루어졌습니다. 그 결과 제한된 능력이 있음에도 너무 많은 항목을 단시간에 머릿속으로 두들겨 넣으려 해서 문제가 생기는 것임을 알게 되었습니다. 기억해야 하는 것이 서로 간섭을 일으키니 헷갈리거나 아예 머리만 복잡해지고 무엇을 배웠는지 모르게 되지요. 그래서 주입식으로 마구 외우는 것보다는 시간을 두고 공부시간을 나눠서 반복을 하며 외우는 것이 효과적이라고 할 수 있습니다.”

“급하게 먹은 밥이 체하는 법이지요. 박사님, 그게 공부에도 해당이 되는군요.”

“둘째, 순서에 신경을 쓰며 공부하기입니다. 공부하는 순서대로 저장이 되고, 나중에 머릿속에서 회상이 됩니다. 그러니 일정한 순서대로 공부하는 게 좋습니다. 만약 교과서가 있다면 그 교과서를 그 순서대로 만든 목적이 있을 것입니다. 그런데 학생이 마음대로 뒤섞어 공부한다면 내용이 뒤죽박죽으로 기억날 것입니다. 그래서 결국 그것을 배우지 않은 사람과 별반 차이가 없는 성적을 받을 수도 있습니다. 그러니 지식을 체계적으로 받아들일 수 있도록 순서에 신경 쓰며 공부를 해야 합니다.

“박사님, 생각해보면 스승이 해야 할 가장 중요한 것이 올바른 순서로 제자를 이끄는 것이네요. 마치 생각의 징검다리를 놓는 심정으로요. 자신이 뛸 수 없는 뒤에 있는 돌부터 밟게 돌을 놔주면 안 되겠군요.”

“네, 그럴 것입니다. 스님, 셋째 방법은 자신의 특성에 맞는 기억술을 활용하기입니다. 만약 자신이 일화적 기억에 더 자신이 있다면 일반적인 지식, 즉 의미적 지식도 하나의 이야기를 만들어서 외우는 것입니다. 만약 절차적 기억에 자신이 있다면 공부 분야도 그런 기술이 들어가는 쪽을 선택해야 공부의 효과를 제대로 거둘 수 있습니다.”

“자신에게 맞지 않는 옷을 입으면 거동이 불편하고, 아무리 흥거운 여행길이라도 결국 중도에 포기하게 되니까요."

"넷째, 맥락에 맞는 공부를 해야 합니다. 맥락일치 학습이라고 합니다. 즉 자신이 공부한 바가 쓰여지는 주변 맥락을 고려해서 애초에 공부를 해야 합니다. 배들리Baddley 와 같은 심리학자는 맥락의 중요성을 보여주기 위해 다음과 같은 실험을 했습니다. 잠수부에게 한 번은 육지에서 단어를 외우게 해고, 한 번은 물속에서 단어를 외우게 했습니다. 그리고 시험을 육지에서도 보고, 물속에서도 봤습니다. 그 결과 공부를 육지에서 했으면 육지에서 시험을 볼 때 점수가 좋았고, 물속에서 공부했으면 물속에서 시험을 볼 때 점수가 좋은 사실을 밝혀냈습니다. 맥락이 다르게 육지에서 공부했다가 물에서 시험을 보는 경우나 그 반대의 경우 모두 결과가 좋지 못했습니다."

"박사님, 이 실험 결과를 어떻게 해석해야 하는지요?"

"스님, 보통의 경우에는 물속에서 시험을 볼 이유가 없지요. 이 실험은 맥락의 중요성을 강조하는 연구로 해석해야 합니다. 만약 시험을 봐야 하는 경우라면 나중에 그 시험을 봐야 하는 환경적 맥락과 사회적 맥락 등을 고려해서 공부해야 합니다. 면접상황에서 문답법으로 시험을 본다면 질문을 스스로 만들면서 공부를 하고요. 집단토론을 하는 경우라면 혼자 공부하기보다는 동료들을 모아서 토론연습을 해야 하고, 직접 눈앞에서 시연을 해야 하는 경우라면 그에 맞게 다른 사람 앞에서 발표를 준비하는 식으로 공부를 해야 합니다."

"박사님, 그렇게 공부한다면 그냥 교과서만 달달 외우는 것이 아니라, 응용력과 순발력도 좋아지겠네요."

"네, 맞습니다. 다섯 번째는 네 번째 공부법과 연관이 된 것인데요. 체험 학습법입니다. 철학자이자 심리학자였던 윌리엄 제임스 William James 나 존 듀이 John Dewy 모두 강조한 교육방법입니다. 그리고 21세기에도 여전히 강조하고 있습니다. 공부가 이론을 단순히 암기하는 것에만 머물면 개인이나 사회, 모두 발전이 있을 수 없습니다. 그래서 직접체험을 하면서 세세한 사항을 챙기고, 지식을 직접 적용하는 기술을 익히며 자신이 알고 있는 지식을 개선시킵니다. 이 체험학습 과정에서 서술적 기억과 절차적 기억을 다 형성할 수 있으니, 아주 좋은 학습방법이라고 할 수 있습니다. 요즘에는 '템플스테이'라는 이름으로 사찰을 찾아서 사찰 내에서 여러 가지를 체험하고 차분하게 공부하는 사람들이 있는데, 스님들은 거꾸로 세상에 나가서 체험학습을 하시는 것도 좋을 듯합니다."

"수행을 할 때 속세에 나아가 만행을 하며 세상을 직접 느끼는 이유와 다르지 않을 듯합니다. 박사님께서 말씀하신 것 모두 다 참으로 좋은 공부법들입니다. 분산 학습, 순서 외우기 학습, 기억 특성별 학습, 맥락일치 학습, 체험 학습을 적절히 활용해서 효율적으로 공부하도록 하겠습니다. 학생회의 아이들에게도 이 공부법을 설명해 주도록 하겠습니다."

왜 재미있던 기억과 슬픈 기억은
더 잘 떠오르는 것일까?

49

"박사님, 그런데 공부를 열심히 하지 않아도 기억이 잘 나는 것이 있습니다. 재미있던 일이나 슬펐던 사건에 대한 기억입니다. 별 노력을 하지 않는데도 말이지요. 특히 슬픈 기억은 툴툴 털어버리려 해도 잘 잊혀지지 않습니다. 오히려 생각할수록 더 사무치지요. 왜 이런 두 기억은 잘 잊혀지지 않는 것인가요?"

"기억이라고 하면 흔히 사진기로 사진을 찍는 것이라 생각하십니다. 딱 고정된 형상으로 뭔가를 찍어놓는 것이라고 생각하기 쉽지요. 하지만 앞에서도 말씀드렸듯이 기억은 사진기에 비유하기보다는 상황에 아주 민감해서 그때그때 잡을 때마다 형태가 달라지는 점토에 더 가깝습니다. 내가 강하게 잡느냐, 약하게 잡느냐에 따라 형태가 달라지지요. 원래 동그랗던 것도 내가 강하게 손바닥으로 돌돌 말면 동그란 막대기 모양으로 바꿀 수 있습니다. 그런데 제 힘 말고 이런 점토에 가장 영향을 주는 것이 무엇일까요?"

"박사님, 물이겠지요. 애초에 그 점토가 포함하고 있던 수분에 따라 부드럽게 휘느냐, 아니면 뻣뻣하냐가 결정 나겠지요."

"스님, 맞습니다. 제가 잡는 힘, 즉 기억을 꺼내는 힘 말고 원래 점토가 갖고 있던 특성이 중요합니다. 그 점토의 특성 중에 수분이 가장 중요합니다. 이 수분을 감정이라고 볼 수 있습니다. 즉 기억은 원래감정에 굉장히 민감하답니다. 그냥 덤덤하게 본 것과 놀라거나 즐거운 상태에서 본 것이 다르게 기억되는 것도 그 때문입니다. 예를 들어 창고에 있던 밧줄은 언제 보았는지 구체적으로 잘 기억이 나지 않는데, 그것이 수풀에 떨어져 있는 것을 뱀인 줄 알고 놀랐던 기억은 잘 납니다. 똑같은 밧줄이라고 해도 말입니다. 똑같은 점토라고 해도 거기에 얼마나 수분을 묻히느냐에 따라 성질이 달라지는 것처럼……."

"아하, 기억은 감정의 영향을 많이 받아서, 감정의 동요가 큰 아주 재미있었던 기억과 슬픈 기억은 잘 기억된다는 말씀이군요."

"네, 맞습니다. 스님, 감정의 동요가 클 때 정보가 뇌에 쉽게 입력되고 잘 저장됩니다. 뇌의 활동이 활발해지기 때문입니다. 메마른 물감이 아니라 촉촉한 물감으로 그림을 그리는 것처럼 더 쉬워지지요. 그리고 감정의 변화가 바닥인 우울할 때보다는 즐거운 상태에서 기억을 좀 더 쉽게 떠올릴 수 있지요."

"박사님, 그렇다면 기분이 좋을 때 공부를 하면 더 효과적이겠네요?"

"맞습니다. 단순히 스트레스가 없어서 공부를 잘하게 된다라는 설명보다는, 즐거운 상태가 뇌를 주의집중 잘하게 해서 외부 정보를 쉽게 기억하게 하면 효과가 있다는 설명이 더 낫습니다."

"저희는 명상을 하면서 기분을 다스리는데, 그것도 도움이 되는지요?"

"네, 도움이 됩니다. 좋은 기억력을 유지하려면, 뇌의 망상활성화
계RAS: reticular activating system의 역할도 중요합니다. 망상활성화계는
뇌의 밑바닥 줄기 한가운데 있는 부위입니다. 정신을 맑고 깨어 있게
유지해 주고 집중할 수 있게 해주는 신경세포의 그물로 이해하시면
됩니다. 이 신경세포의 그물이 뇌의 맨 위쪽에 있는 대뇌 신경세포에
계속 자극을 보내 정신을 맑게 유지해주고, 한 곳으로 집중할 수 있
게 해주지요. 그런데 감정이 너무 복잡하면, 망상활성화계가 억제되
어 주의력이 산만해지고 저장도 잘 안 되고 회상도 잘 안 됩니다. 그
러니 좋은 기억력을 유지하려면 즐거운 마음상태를 갖고 감정을 안
정시키는 것이 중요합니다. 명상을 하는 것이 좋은 것도 이 때문입니
다. 물론 혼나거나 억지로 명상을 하는 경우라면 나쁜 결과를 얻겠지
만요."

왜 똑똑한 사람은 무슨 공부든
잘하게 되는 것인가?

50

"박사님, 저는 제자들을 쉽고 재미있게 공부하도록
이끌려고 노력하는 편입니다. 하지만 막상 제자를 가르치다 보면 안

타까우면서 신기한 것이 있습니다. 어떤 제자는 아무리 공부를 해도 진도가 잘 나가지 않습니다. 하지만 특정 분야에 대해서 지식이 많은 스님은 다른 것에 대해서도 쉽게 공부를 잘하게 됩니다. 물론 저절로 아는 것이 아니라, 나름대로 공부를 하기는 해야 합니다. 그래도 똑같은 시간을 앉아서 공부해도 더 효과가 좋습니다. 왜 그런 것인지요?"

"스님의 질문에 대해서는 여러 가지 설명이 가능합니다. 제자분이 남다른 공부전략을 갖고 있거나, 직관력을 갖고 있거나, 사전에 해당 분야에 대한 적성을 갖고 있거나, 사전 배경지식을 갖고 있거나 등등 좋은 학습효과의 원인에서 많이 찾아볼 수 있습니다. 그런데 오늘은 기억에 대해서 주로 이야기가 나왔으니 기억의 측면에서 말씀을 드리도록 하겠습니다. 실례지만 스님은 바둑을 두실 줄 아시는지요?"

"박사님, 갑자기 바둑 이야기는 왜 물어보시는지요? 네, 조금 둘 줄 압니다."

"잘 되었습니다. 왜 공부를 잘하는 사람이 다른 분야에 대해서도 공부를 잘하게 되는지 바둑을 예로 설명을 드리겠습니다. 당연한 말씀이지만, 바둑의 초보자는 바둑을 두는 게 힘듭니다. 뿐만 아니라 자신이 어떻게 두었는지 기억하는 것도 힘들지요. 한 수 한 수 놓기에도 마음이 급합니다. 그런데 바둑의 고수들은 대국 후에 자신이 둔 것을 정확히 기억해내서 상대방과 이야기를 나누거나, 다시 똑같이 두기도 합니다. 옆에서 대국을 구경한 고수도 바둑돌의 위치와 순서를 잘 기억합니다. 이 차이가 무엇일까요?"

"초보자와 전문가의 경험의 차이가 아닐까요?"

"네, 그런데 그 경험의 차이도 놓고 보면 단순히 대국의 경험이 많고 적음은 아닐 것입니다. 바둑에 입문한 지 얼마 되지 않았어도 기보를 쉽게 외우는 사람이 있고, 오랜 시간이 흘렀어도 도통 수를 제대로 이해하지 못하는 사람도 있으니까요. 그러니 경험이라는 말은 부정확한 단어이니, '의미화의 차이'라고 표현하면 어떨까요?"

"의미화라……. 아까 이야기를 나눴던 것이 기억나네요."

"네, 스님, 사람의 인지능력은 한계가 있습니다. 그런데 주어진 자극에 대한 적절한 지식이 없으면 많은 낱개 내용을 일일이 따로따로 기억해야 하지요. 바둑알 하나하나를 기억하려는 초보자처럼 말입니다. 이러면 정보처리 부담이 늘어나서 고차원적인 생각을 할 여유가 없습니다. 반대로 적절한 지식을 바탕으로 바둑알의 배치를 본다면 그냥 바둑알이 퍼져 있는 것이 아니라 어떤 의미, 즉 전후좌우가 있는 이야기로 이해될 것입니다. 실제로 미국의 심리학자 사이먼Simon 과 체이스Chase 가 서양의 장기인 체스의 고수와 초보자를 비교한 연구에서도 이러한 차이는 발견되었습니다."

"혹시 고수가 남다른 기억력을 갖고 있거나 원래 머리가 좋아서 그런 것은 아닐까요?"

"지능지수가 남다른 체스 세계챔피언도 있습니다. 하지만 사이먼Simon 과 체이스Chase 가 연구한 바로는 고수라고 해서 다른 분야에서도 통하는 남다른 능력을 갖고 있지는 않았습니다. 심지어는 체스에 있어서도 무작위로 말을 배치해 놓으면 초보자와 마찬가지로 말의 위치를 잘 기억해내지 못했습니다. 즉 고수는 '의미'를 중심으로 처리할 줄 알았기에 말을 별 의미 없이 놓으면 일반인과 비슷한 정도의 능력을 보일 수밖에 없었던 것입니다."

"박사님, 참 신기하군요."

"네, 인간의 인지능력은 가혹하게도 '빈익빈貧益貧 부익부富益富'의 원리를 따릅니다. 하찮은 것에서는 고수와 초보자가 별로 구별되지 않지요. 하지만 복잡한 것에서는 초보자와 고수의 차이가 확 드러났습니다. 의미화를 잘 시키며 적절한 지식을 연결시키는 고수는 그런 방식으로 새로운 분야에 대한 공부도 합니다. 그리고 지식이 많다 보니 또 초보자와 비교가 안 될 수준으로 의미를 잘 연결시킵니다. 그리고 또 다른 분야의 공부를 해도 그런 패턴이 반복됩니다. 즉 부익부富益富 현상이 계속 되는 것이지요."

"반대로 초보자는 적절하게 연결시킬 지식이 없다보니 뭘 해도 계속 빈익빈貧益貧이 될 수밖에 없겠군요."

"네, 그렇습니다. 스님, 그래서 처음에 일정 수준으로 지식을 형성하는 게 힘들지요. 바둑을 처음 두었을 때를 생각해 보세요. 하지만 어느 정도 지식이 쌓이면 금방 수를 내다보게 되고 다른 수와 연결시키고, 기보에서 본 것을 그대로 따라 하는 것이 아니라 자신만의 전략도 개발하게 되지요. 그리고 그 전략을 다른 사람과 비교하기도 하고, 점검하면서 개선합니다. 이렇게 그냥 공부를 하는 것에 급급한 것이 아니라 자신을 돌아보게 되어 적절한 학습전략을 활용하는 것이 아주 중요하게 됩니다. 고수들은 자신들의 한계에 부딪혔을 때 방법을 바꾸면서 한 차원 더 높은 수준으로 도약을 하지요.”

“박사님, 그래서 불교에서는 예전부터 용맹정진을 강조했나 봅니다. 공부를 못하는 사람은 자신이 무엇을 모르는지, 자신이 무슨 전략을 쓰는지, 무엇을 개선해야 하는지를 모르고 점검을 하지 않지요. 한마디로 자신의 수준에 대한 통찰 없이, 그냥 빨리 깨달음을 얻겠다는 욕심으로 무작정 덤빕니다. 하지만 아까 박사님께서도 말씀하셨던 이유로, 좋은 지식을 얻어도 의미화를 못 시키니 이해가 되지 않습니다.”

“스님께서 불교와 심리학의 연결점에 대해서 좀 더 자세히 설명해 주시겠습니까?

“네, 부끄럽지만 제 생각을 박사님께 말씀드리겠습니다. 당연히 기억이 잘 안 되니 계속 새로운 지식과 연결시키는 공부를 잘 못하게 되지요. 그래서 항상 빈익빈貧益貧인 한계를 뛰어넘게 하고자 불교에서는 초보자라고 할 수 있는 수련기간에 강제적인 방법으로 수행하도록 하나 봅니다. 일정한 지식과 통찰을 얻을 때까지는 끊임없어 보이는 반복적인 수행을 하며 기억 흔적을 강화시키고, 정보의 처리 속도도 나름대로 높여가면서 길을 닦는 훈련을 하는 것이지요. 그리고 훈련이 익숙해지면 자신의 생각을 위에서 바라보게 될 여유도 생기게 되어 한계를 뛰어넘게 됩니다. 생각해보니 바둑뿐만 아니라 불교 수행 속에는 심리학적 원리가 숨어 있었습니다."

"네, 그렇군요. 스님의 말씀을 들으니 저야말로 심리학과 불교의 연결점이 참으로 신기합니다. 부디 인지의 부익부 빈익빈 원리에 따라 의미 중심적으로 정보를 더 처리하도록 불자들을 이끌어 공부를 잘 할 수 있도록 지도해 주시기 바랍니다."

생각을 많이 하면 현명해질 텐데도, 실패를 하는 이유는 무엇인가?

51

"박사님, 우리는 주로 생각을 많이 하면서 살지요. 그런데 스님이 중생을 이끄는 정신적 지도자라고 하지만 어떤 때는 지도자로서 부끄러울 정도로 일을 형편없이 할 때가 있는 것도 사실입니다. 수련을 받았고 평소에 생각하기를 즐기는 편인데도 왜 이런 결과가 있는 것일까요?"

"일이 잘못 되었다면 모든 것이 스님 탓은 아닐 것입니다. 개인의 능력 문제 이외에 주변 상황 등 복잡한 원인이 그 안에 있을 수 있습니다. 하지만 스님께서 이왕 이렇게 치부라고 생각되는 점까지 솔직하게 물으시니 한 말씀드리도록 하겠습니다. 아까 초보자는 자신의 생각에 대한 통찰이 부족하다고 말씀을 하셨지요?"

"네, 그랬습니다."

"그게 답이 될 수 있습니다. 생각을 많이 하는 것이 중요한 것이 아니라, 어떤 생각을 하느냐가 더 중요합니다."

"박사님, 그건 맞는 말씀입니다만, 좀 더 자세히 설명해 주시겠습니까?"

"초보자는 자신에 대한 성찰이 부족합니다. 즉 자기가 무엇을 모르는지를 모르지요. 그리고 자신이 모른 것을 잘 알고 있다고 생각합니다. 그래서 유용한 생각보다는 적절하지 못한 생각을 더 많이 합니다. 심지어 자신도 이해하기 힘든 어려운 단어를 많이 이야기 할 줄 알면 더 똑똑해지는 줄 알고 지식을 뽐내기도 하지요. 하지만 그렇게 의미 없게 지식을 쌓는 식으로는 생각을 아무리 해도 생각을 더 복잡하게 하는 것일 뿐, 생각을 잘하는 것은 아닙니다. 생각을 잘한다면 머리와 가슴이 모두 시원해져야지요."

"박사님, 하긴 진리는 아주 단순한 것이지요. 그리고 현자賢者의 깊은 한숨보다는 어린 아이의 미소 속에도 있을 수 있는 것입니다."

"스님, 심리학에서는 자신에 대한 통찰을 통해 무엇을 모르는지 아는 게 중요하다고 합니다. 모르는 것을 아는 것이 참으로 아는 것입니다. 그래서 자신이 모르는 것을 보충하기 위한 공부를 해야 생각이 커집니다. 그냥 생각을 많이 하는 것으로 생각이 커진다면, 바둑판을 무턱대고 많이 본 사람이 가장 고수가 될 것입니다. 하지만 현실은 그렇지 않지요. 적절한 지식을 갖추며 판을 보고 직접 경험을 하고 반성하고 개선하는 과정을 거쳐야만 고수가 됩니다."

"박사님, 생각을 잘 하기 위해서는 자신의 부족한 점을 잘 볼 줄 알아야 하는군요. 이것은 불교의 수행에서도 강조하는 바이기도 합니다."

"그런데 또 하나 더 말씀드릴 것이 있습니다. 생각을 잘해도 실패할 수 있습니다. 왜냐하면 생각을 잘하는 것은 일이 잘되기 위해 필요한 조건 중 하나이지 전부는 아니기 때문입니다."

"맞습니다. 박사님, 그렇다면 어떤 것이 더 필요한가요?"

"저는 심리학자로서 일반적인 교훈보다는 심리학 이론에서 나온 답을 말씀드리도록 하겠습니다. 능력이 있어도 하고자 하는 동기가 부족하면 인내와 끈기를 다해 일을 추진하지 못합니다. 그래서 실패를 하게 됩니다."

"박사님, 맞습니다. 그래서 이 일을 왜 해야 하는가 하는 동기를 갖고 작업에 착수하는 것이 중요합니다."

"때로는 내적인 동기 motive 가 떨어지면, 외부에서 칭찬을 하거나 처벌을 내려 동기를 높이기도 하지요. 그러니 일을 맡긴 관리자는 일을 추진하는 사람의 동기수준이 어떠냐에 대해서 민감해야 합니다. 애초에 동기가 있는 사람을 선택해야 하고, 동기가 떨어지면 적절하게 칭찬과 처벌조치를 취해야 합니다."

"박사님, 그 밖에 다른 고려할 점은 없나요?"

"일에 대한 스트레스도 실패를 가져옵니다. 실패할지도 모른다는 두려움에 눌려서 일이 잘 안되는 경우가 많지요. 그러니 두려움을 없애도록 격려를 하는 것이 중요합니다. 그렇다고 너무 느슨하게 풀어 주면 일을 자꾸 뒤로 미루게 되니 결과에 대한 명확한 인식을 할 수 있도록 하는 회의나 평가를 꼭 만들어 놓아야 합니다."

"그렇군요. 내성內省을 하고, 내적인 동기를 높이고, 스트레스를 줄여 그릇된 판단에 빠지지 않도록 하겠습니다. 제가 절에서 행정적인 일을 하는 데 꼭 참고하도록 하겠습니다."

심리학은 최면이나 독심술을
연구하는 학문 아닌가?

52

"박사님, 저는 부끄럽게도 박사님을 만나 뵙기 전에는 심리학을 최면이나 독심술과 관련된 학문일 것이라 오해했습니다. 학부 때 심리학을 공부했으면서도 말입니다. 혹시 저 같은 사람이 또 있을지 모르니까 설명해 주시지요."

"스님뿐만 아닙니다. 학계에 계신 다른 전공 교수님의 경우에도 흔히 그런 오해들을 하십니다. 사실 현대의 심리학에서도 최면을 다루기는 합니다. 그러나 심리학은 분명히 최면을 연구하거나 독심술을 연구하는 학문은 아닙니다. 최면은 심리학에서 다루는 수많은 연구대상 중의 하나일 뿐입니다.”

“박사님, 최면이 연구대상이라면 사람의 마음을 알아보려고 그렇게 하는 것인가요?”

“최면에 사람들이 어떻게 걸리는지를 연구합니다. 사람의 마음을 알아보기 위해서 반드시 꼭 최면을 쓸 필요가 없습니다. 심리학은 설문지나 면접을 활용한 조사기법과 실험, 사례분석 등의 다양한 연구방법이 있습니다. 최면은 현대 심리학에서는 거의 쓰지 않는 방법입니다. 대신에 실험을 많이 합니다. 신문기사를 보시면 심리학자들이 대학생이나 일반인 등을 대상으로 실험을 한 내용이 많이 소개되는 것을 확인하실 수 있을 것입니다. 오늘 제가 스님께 말씀드린 내용에서도 실험을 통해 증명된 사실이 많았습니다.”

“생각해보니 최면을 통해서 사람의 마음을 알아낸 것이라고 박사님께서 말씀하신 것은 없었네요. 실험이나 사례연구를 통한 이론을 말씀하신 것이 대부분이었습니다. 그렇다면 심리학에서는 독심술도 연구하시나요?”

“독심술이라고 하면 척 보고 바로 사람의 마음을 읽어내는 기술을 뜻하는 것이겠지요? 심리학자로서 그런 독심술을 가졌으면 하는 순간은 있습니다. 하지만 심리학자는 점쟁이가 아니라 과학자입니다. 직감적으로 상대방의 마음을 알아차렸다고 해도 그것을 과학적으로 분석하고 증명을 해야 합니다.”

“박사님, 심리학이 과학이라는 말씀이 깊게 다가옵니다. 하지만 그러면서도 심리학은 인문학에 속하지 않나요?”

“인문학과 사회과학, 나아가 자연과학과도 관련이 깊습니다. 인간에 대한 기본 가정을 건드린다는 측면에서 철학 등 인문학적인 소양이 필요합니다. 그리고 인간은 사회활동을 하는 존재이다보니 인간을 이해하기 위해서는 사회과학적 접근도 할 줄 알아야 합니다. 사람에게 편리한 시스템을 만드는 것이나 마음을 움직이는 뇌에 대한 이해를 더 잘하기 위해서는 자연과학적 소양도 있어야 합니다. 굳이 말씀드리자면 심리학은 어느 분야에 속한다기보다는 여러 학문을 아우르는 종합학문이라고 할 수 있습니다.”

“아, 어느덧 저녁 공양 시간이 다 되었네요. 재미있고 유익하지만 이야기를 여기에서 마무리 져야 하겠습니다. 제가 이렇게 박사님을 초청해서 한 말씀을 듣고자 한 보람이 컸습니다.”

“스님께 도움이 되었다니 다행입니다. 하지만 그것은 제 학식이 대단해서가 아니라 스님께서 열린 마음으로 학구적인 자세로 속세의 지식을 받아들이시려는 태도를 갖고 있어서였을 것입니다.”

“아닙니다. 박사님의 학식과 품성이 워낙 탁월하셔서 그런 것입니다.”

“혹시라도 그런 느낌을 받으셨다면, 제가 아니라 심리학의 힘이 워낙 강하기 때문일 것입니다. 일상생활 문제에 대한 재미있는 분석뿐만 아니라, 기억과 관련된 논의에서도 확인할 수 있었듯이 심리학을 통해 분석을 하면 그 본질에 대한 이해와 응용처방이 동시에 나옵니다."

"네, 박사님, 그런 심리학의 힘을 느낄 수는 있었습니다."

"지금 심리학은 종합학문이자 중심학문이 되고 있습니다. 서양의 중세에는 신학과 철학이 모든 학문의 중심학문이었지요. 그 이후 근대에 물리학이 나왔고, 여기에 수학이 연결되어서 20세기까지의 모든 과학의 중심학문이 되었습니다. 그러나 최근에는 그 추세가 바뀌고 있습니다."

"박사님, 어떻게요?"

"요즘은 모든 연구결과들이 디지털화 되어 있고, 인터넷으로 각종 지표를 점검할 수 있습니다. 그래서 미국의 보이액Boyack 박사 연구팀은 2000년에 발표된 7121개의 자연과학 및 사회과학 학술지의 1백만 개 이상의 학술논문 목록을 검색하여 분석해서 중심학문을 찾아 확인해 보았습니다. 그리고 그 결과를 기존의 수학mathematics, 물리학physics 이외에 화학chemistry, 지구과학earth sciences, 의학medicine, 사회과학social sciences, 그리고 심리학psychology 이 중심학문으로 나타났습니다. 사회과학의 한 분야 안에 심리학이 있는 것이 아니라 심리학이 독립적인 중심학문이 된 것입니다."

"심리학이 기본적으로 인간의 마음을 다루는 학문이고, 점차 사회가 인간을 중시하고, 인간과 관련된 정책이나 서비스 등이 강조되다 보니 심리학의 중요성이 달라지나 보군요. 그냥 개인의 심리를 꿰뚫어 보는 정도가 아니라, 좀 더 진지하게 사회 전체를 아우르는 학문으로 부상하는 것을 보니 말입니다."

심리학은 무엇을
하는 학문인가?

53

"스님, 심리학의 위상은 이제 중심학문이 될 정도로 변화했습니다. 위상이 변화하면서 심리학을 이해하기 위해서는 더 다양한 분야의 지식이 필요하게 되었지요. 행동을 이끌어내는 마음의 요소간의 역동을 이해하는 '심리학' 본유의 지식 이외에, '마음의 자리'인 뇌를 중심으로 한 생리학적 지식과 마음의 형성 및 발현의 그릇이 되는 사회에 대한 이해를 중심으로 한 사회학적 지식, 그리고 세부적 상황 맥락에 따라 철학, 경제학, 법학, 경영학, 공학 등의 지식이 필요합니다."

"네, 최근에 저는 인간이 어떻게 생각의 오류에 빠지고 그릇된 판단을 할 수밖에 없는지를 보여주는 〈행동경제학〉이라는 분야에 대한 책을 읽었습니다. 그런데 그 내용의 대부분이 심리학자가 직접 연구한 이론이거나 공동연구를 한 것에 바탕을 두고 있다는 것에 놀랐습니다."

"스님께서 행동경제학 책을 보셨다니, 물건 구매를 예로 들어서 제 의견을 밝히도록 하겠습니다. 철학적으로는 인간은 합리적인 동물이라고 전제하지요. 특히 서양철학은 그리스철학에 바탕을 두고 있는데, 그리스철학은 인간의 이성, 즉 로고스Logos를 강조했습니다. 그 이후 20세기 포스트모던 철학이 나오기 전까지 이성을 계속 강조했습니다. 그런 이성주의 철학에 바탕을 두고 경제학이나 법학, 경제학, 행정학 등 소위 합리적인 시스템을 강조하는 학문이 쏟아져 나왔지요."

"아, 무슨 말씀을 하시려는지 알겠군요. 학문에서는 합리적인 모형을 강조해서 '무엇이 옳다, 그르다'고 이야기하며 현상을 그에 맞춰 설명하려고 하지요. 그런데 현실은 그 모형과 달랐어요. 다른 결과가 나오면 그냥 오류라고만 생각했지, 그런 현상이 왜 그렇게 나올 수밖에 없었는지에 대한 과학적인 성찰은 부족했지요. 그냥 철학적으로 이성은 모든 것의 잣대가 되어야 한다고 강요한 꼴이 되었지요. 합리적인 구매가 아니라, 어떤 사람이 충동구매를 하게 되면 그냥 잘못된 행동이다라고 말하는 식으로요. 그 원인이 무엇이고, 쇼핑중독에 빠지는 식으로 왜 인간은 그런 비합리적인 행동을 반복할 수밖에 없는지를 설명했어야 하는데도 말입니다."

"맞습니다. 제가 드리려는 말씀도 그것입니다. 이성이 중심이 될 수밖에 없는 철학을 통해 인간을 이해하는 것에도 한계가 있습니다. 실제로 인간의 생활과 머릿속에서 벌어지고 있는 일을 관찰해서 그 이유를 밝혀야 합니다. 철학적 선언이 아니라, 실제현상을 세밀하게 분석해서 현실적으로 타당한 조치를 하기 위해서는 심리학의 도움이 절대적입니다. 현대의 심리학은 단순히 주관적인 차원에서 '마음이 어떻다'라고 하는 직관에 가까운 성찰에서 벗어나, 객관적으로 검증하고 현실적으로 활용하는 과학으로서의 가치를 더욱 더 높이고 있습니다."

이규민 박사는 미국 심리학회의 사이트 www.apa.org 와 한국심리학회의 사이트 www.koreanpsychology.or.kr 를 소개하며 예전보다 더 다양해진 심리학적 주제를 소개했다.

"스님, 심리학이 발달한 미국의 심리학회 내 분과의 수만 해도 54개에 이르고 있고, 한국심리학회의 경우 12개에 이르고 있습니다. 이 사이트를 보시면 심리학이 얼마나 많은 지식과 교류하고 있는지와 '심리학은 무엇을 하는 학문인가'라는 질문과 관련된 학문적 주제 범위를 가늠할 수 있을 것입니다."

"박사님, 지금 대표적인 주제들을 이야기해 줄 수 있겠습니까?"

"두서없겠지만, 머리에 떠오르는 것만 한번 말씀드리겠습니다. 실험심리, 평가/측정/통계, 생리심리, 문화심리, 발달심리, 사회심리, 성격심리, 미학/창의성/예술심리, 임상심리, 컨설팅심리, 상담심리, 산업 및 조직심리, 교육심리, 학교심리, 공공서비스심리, 군사심리, 공학심리, 재활심리, 소비자심리, 이론 및 철학 심리, 행동분석, 지역사회심리, 심리약리학, 심리치료, 최면심리, 인구 및 환경심리, 재난심리, 여성심리, 종교심리, 아동/가족정책심리, 건강심리, 정신분석, 임상신경심리, 법률심리, 가족심리, 레즈비언 및 게이 연구, 인종적 소수 집단 연구, 매체 심리, 생활체육 및 스포츠 심리, 평화/갈등/폭력심리, 중독심리, 국제심리 등입니다.”

“심리학이 영향을 미치지 않는 분야가 없을 정도군요.”

심리학의
대표 분야는 무엇인가?

54

“정말 많고 다양하군요. 개인과 사회와 관련된 거의 모든 분야에 영향을 미치는 듯합니다. 하지만 주제가 너무 많으니 좀 헷갈리기도 합니다. 심리학을 한 번도 접해보지 않은 다른 스님들에게 심리학을 설명해줄 때 도움이 될 수 있도록 10개만 따로 뽑는다면 어떻게 될 수 있는지요?”

“10개라……. 제가 고민을 한 다음에 가장 핵심적인 분야 10개를 선정하여 이메일로 답변을 보내드리고자 합니다.”

나중에 이규민 박사가 스님에게 보내드린 메일 속의 분야는 다음과 같았다.

무릎을 탁치는
심리학 이야기

심리학의 대표 분야 10가지

1) 계량심리

  – 계량심리학은 인간의 마음을 계량적으로 측정하고 하는 심리학의 연구방법론이다. 겉으로 드러난 행동뿐만 아니라 동기나 느낌과 같은 내적인 심리 상태에 대해서도 수량화하여 객관적으로 측정할 수 있는 방법을 연구한다. 심리학의 거의 모든 분야에 대한 과학적 연구 방법의 토대를 제공하는 분야이다.

2) 교육심리

  – 교육심리학은 교육방법이 피교육자에게 미치는 영향을 연구한다. 단지 정책적인 선언에 머무는 것이 아니라, 구체적으로 해당 교육방법이 어떤 과정을 거쳐 피교육자에게 긍정적·부정적 영향을 주고 있는지를 밝힌다. 연구를 통해 좀 더 나은 교육방법과 교재를 설계하도록 한다. 학교와 연수원들에 응용되고 있는 분야이다.

3) 발달심리

  – 발달심리학은 인간의 전 생애를 걸쳐 보이는 변화, 즉 발달하는 양상에 대한 연구를 주목적으로 하고 있다. 발달심리학의 구체적인 연구주제는 전 생애에 걸친 신체변화, 성격, 사고방식, 감정, 행동, 대인관계, 역할 변화 등이다. 발달심리 연구의 초기에는 출생부터 아동기까지 혹은 출생부터 청년기까지의 변화, 발달에만 관심을 가지고 연구하였으나, 평균 수명의 연장과 성인기에 대한 관심 증가에 따라 최근에는 성

인기와 노년기에 대한 연구가 활발히 진행되고 있다.

4) 사회심리

– 사회심리학은 사람들 간의 상호작용과 행동에 대한 사회적 영향력을 탐구하는 것을 주목적으로 하고 있다. 따라서 사회심리학자들은 때로는 개인을 대상으로 연구하기도 하지만, 집단에 대해서 더 많이 연구를 한다. 주요 연구주제는 태도, 매력, 편견, 공격성 등이 있다.

5) 산업 및 조직심리

– 심리학 원리와 연구방법을 기업, 정부, 군대 등의 각 기관에서의 생산성 향상 및 근로자의 복지 향상을 위해 적용하는 것과 관련된 심리학이 바로 산업 및 조직 심리학이다. 흔히 컨설팅으로 알려진 실무 프로젝트를 많이 수행하고 있다. 리더십, 의사결정과정, 조직문화 개선, 직무 만족도 향상, 인재선발 및 관리 등 현장의 요구와 부합하는 연구가 그 특징이다.

6) 상담심리

– 상담심리는 학교, 기업, 정부, 사회 등에서 적응문제를 겪고 있는 사람들을 도와주는 것을 주목적으로 하고 있다. 예를 들어 청소년상담센터, 대학교의 학생생활연구소, 산업체와 정부, 군대에서 운영하는 각종 상담센터가 상담심리와 관련이 있다. 상담은 개인적으로 이뤄지기도 하지만, 집단적으로 실시할 수도 있다.

7) 생리심리

– 생리심리는 인간과 동물의 행동 및 심리 변화와 관련된 현상을 설명할 때 생물학적인 측면에서 연구하는 분야이다. 예를 들어 치매 환자

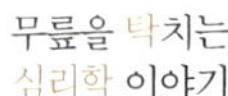

의 경우 당사자의 성격변화의 원인을 뇌의 변화에서 찾는 것이 바로 생리심리학적 접근방법이다. 생리심리학은 추상적인 추론으로 끝날 수 있는 심리학적 이론을 생물학적 기제들로 확인할 수 있게 해주어 이론을 더욱 명쾌하게 검증할 수 있도록 한다.

8) 성격심리

– 성격심리학은 같은 상황에서 사람들마다 왜 서로 다른 행동을 보이게 되는지 그 이유를 탐색하며, 그 결정요소가 되는 각자의 특성을 살펴보고자 한다. 성격심리학은 개개인을 특정 성격유형으로 분류하게 하는 지침을 제공할 수 있다. 덕분에 비슷한 유형의 다른 사람에 대한 연구 결과를 활용하여 특정 인물을 오랜 시간 연구하지 않아도 효율적으로 이해할 수 있게 된다.

9) 임상심리

– 심리학이라고 하면 비정상적인 행동에 대한 치료를 하는 장면을 쉽게 떠올릴 수 있다. 이것은 바로 임상심리학clinical psychology에 관련된 것이다. 임상심리학은 심리측정 등을 활용한 심리치료, 인간의 심리적 고통 및 심리적 건강에 관한 연구, 교육, 자문, 예방, 재활 등을 다루고 있다.

10) 인지심리

– 인지심리학은 마음의 구조와 과정 등 원론적 내용을 실험을 통해 밝히는 것이 주목적이다. 원론적인 접근을 하고 있지만 인지 심리학은 마음이나 지능과 관련된 새로운 시스템이나 제품, 서비스 개발 시 대안을 제시할 수 있어 그 응용적 가치도 높다. 인지 심리 연구 초기에는 감각, 지각, 학습 등의 분야를 주로 연구하였지만, 현재는 뇌, 언어, 사고, 정서, 문제해결, 추론 등의 연구에 더욱 힘을 쏟고 있다.

스님은 더 깊은 심리학에 대한 말씀을 나누고 싶다며 다음 약속 가능시간을 물었다. 박사는 사계의 최신지식을 접하면서까지 득도와 중생구제에 매진하는 스님의 모습을 보면서 큰 감동을 받았다. 앞으로 심리학을 전파한다기보다는 오히려 많은 가르침을 받을 것이라는 기대 속에서 기꺼이 다음 약속을 잡았다. 절에서 공양을 하고 스님께 가슴에서 우러나오는 존경심으로 합장을 했다. 다음번에는 불교예법에 맞게 인사를 드리리라 다짐하며 절에서 나왔다.

이규민 박사는 세속의 지식까지 적극적으로 받아들여 도를 행하고자 하는 마하스님의 열린 마음을 느꼈다. 더불어 이규민 박사는 과학자로서 자신은 종교에 대해서 얼마나 열린 마음을 갖고 있는지를 반성해 보았다. 집에 돌아온 이규민 박사는 심리학에 관심 있어 더 공부하고 싶어 할 스님을 위한 추천도서 목록을 정리했다.

심리학의 미래

　심리학은 과거 철학적이었던 접근방법에서 벗어나 과학적인 실험을 중심으로 마음의 비밀을 밝히고 있다. 또한 앞으로 신경과학의 발달에 힘입어 뇌와 마음의 관계에 대한 신비를 밝히려는 노력을 중심으로 한 생물학적인 접근이 더 강력해질 것이다. 그리고 컴퓨터를 통해 인간의 마음을 본 따서 새로운 지능적인 시스템을 만드는 작업도 가속화될 것이다. 이렇게 보면 심리학은 인문학이나 사회과학이 아니라, 차라리 공학에 가까운 자연과학적 특성을 갖게 된다. 그렇기 때문에 심리학을 인문과학과 자연과학을 아우르는 새로운 종합학문이라고 하는 것이다.

　한편 심리학은 개인 내의 문제, 개인 간의 사건 등에 대한 개인중심이 아닌 사회문화적인 차원으로 더 발전하게 될 것이다. 인간은 사회와 문화라는 환경과 상호작용하며 삶을 영위하는 존재이다. 따라서 인간의 마음에 대한 연구도 사회문화적인 요소를 충분히 고려해야 한다. 이에 따라 관련 주제를 좀 더 체계적으로 살펴보기 위해 사회학, 문화인류학, 진화론과의 교류가 활발히 일어나고 있다. 따라서 앞으로는 문화심리학, 사회심리학, 진화심리학 등이 더욱 조명을 받게 될 것이다.

　세계 각국에서 심리학이 전반적으로 발달하면서 토착적인 주제의 심리학도 발달하게 될 것이다. 성균관대 한덕웅 교수가 퇴계 이황의 사상을 심리학적으로 접근한 〈퇴계 심리학〉을 연구하고, 율곡 이이의 성리학과 다산 정약용의 실학연구를 통해 한국 유학심리학의 이론적 구조를 정립하고자 했던 것처럼 말이다. 최상진 박사의 경우 한국인의 삶과 일상 언어를 연결시켜 한국인 고유의 특성에 대해서 연구하기도 했다. 최상진 박사의 연구에 따르면 한국인의 특성은 정情, 한恨, 우리 공동체 의식, 체면, 눈치, 핑계, 팔자 등 다양하다. 그런데 그 중에서 정情은 현실적 이해타산에 의한 것이라기보다는 편안함과 같은 심리적 의존과 정서적 안정과 관련된 개념이라고 주장했다. 그러면서 한국인에게 정이 중요한 이유의 일종은 '심리적 보험'과 같은 역할을 하기 때문이라고 주장했다. 이는 서구의 심리학 이론과는 별개의 개념인 것으로 토착심리학이 어떻게 발전할 수 있는지 나타내주는 사례라고도 할 수 있다. 이런 식으로 세계 각국에서는 저마다 다른 문화적 배경을 가진 심리학자들이 자국민들의 특성을 설명하고 사회현상을 설명하기 위해 독자적인 연구를 할 것으로 예상할 수 있다.

기존의 심리학은 마음을 분석적으로 나눈다. 그런데 무의식이나, 기氣라고 하는 일종의 정신물리적인 에너지, 즉 영성spirit은 우리 마음의 한 요소로 생각이 되어지지만, 이런 분석적 접근법으로는 밝힐 수 없는 영역의 것이었다. 그러나 앞으로 연관 과학의 발달에 힘입어 초심리학parapsychology을 중심으로 심리학의 연구주제로 자리 잡게 될 가능성이 크다.

현실의 세계를 넘어선 영역에서의 마음의 작동 원리에 대한 심리학 연구도 활발히 진행하게 될 것이다. 과학기술이 발달하면서 흔히 사이버 세계라고 하는 가상세계virtual reality가 생겼다. 그리고 그 영향력은 갈수록 커지고 있다. 인터넷 중독자가 아니더라도 직장, 가정, 학교 등에서 컴퓨터를 통해 인터넷에 접촉하는 비율이 커지고 있다. 방송과 통신이 융합되어 휴대기기를 통한 무선 인터넷을 활용하는 등 거의 모든 생활영역이 가상 세계로 이동할 가능성까지 있다. 현재 생겨나는 인터넷 채팅에서의 이중인격의 문제, 사이버 악플 테러, 해킹 등의 제문제를 일으키는 심리적 원인을 찾는 부정적 측면의 연구 이외에 어떻게 하면 가상 세계에서의 삶을 행복하게 살 수 있는가 하는 긍정적 측면의 연구도 활발히 진행될 것이다. 가상세계 자체가 새로운 영역이니만큼 이와 관련된 가상 심리학의 발전 가능성은 거의 무한대에 가깝다.

심리학이 발전하면서 일상생활에서의 심리학 응용도가 증가될 것이다. 기업에서는 산업 및 조직심리학을 활용해서 실제적 문제해결을 도모할 것이다. 기업은 여러 환경변화에 신속하게 대처해야 하며 소비자의 기호를 파악하고 내부 인적자원을 효과적으로 관리해야 하기 때문에 인간의 심리에 대한 이해가 절실하게 필요하다. 군대에서도 군대 인력의 선발과 배치를 위해 각종 심리검사를 하는 것이 발달할 것이다. 또한 병사의 교육에 학습심리학을 활용하는 정도가 커지고, 사기 진작을 위해 병사들의 심리상태를 살피고 적절한 지원을 해주기 위해 동기부여와 관련된 심리학적 지식을 활용하는 정도가 커질 것이다.

정부에서는 리더십, 정책 홍보, 실제 국민이 원하는 정책 아이디어 모집을 위해 심리학을 활용하게 될 것이다. 예를 들어 노년문제 중에 심리적인 요인으로는 무엇이 있는지 파악해서 사회문제를 줄이는 연구가 있을 수 있다. 또한 인간의 착각이나 착시현상 등과 관련된 심리학 연구를 활용해서 교통 표지판을 수정하는 식으로 교통문제를 활용할 수도 있다.

학교에서는 적성에 맞는 진로상담에 이미 심리학이 응용되고 있다. 이 뿐만 아니라 앞으로는 학교 폭력문제를 예방하거나 자살방지, 부모의 이혼 후 심리적 상처회복, 기타 각종 심리적 문제를 해결하는 것에 응용될 수 있다. 또한 학습 심리학의 연구결과를 적극적으로 활용해서 학습자가 자기주도적 학습으로 유의미한 지식을 생성할 수 있도록 도울 수 있다. 그리고 교육용 소프트웨어 개발 시에도 학습이론을 활용하여 효과를 높일 수 있다.

공학에 심리학을 응용해서 제품을 만들 때 사용자에게 좀 더 편한 설계를 할 수 있다. 예를 들어 자동차의 계기판을 사람들이 쉽게 이해할 수 있게 디자인하는 것이나 휴대폰 사용 메뉴를 시력이 떨어진 노인도 사용하기 쉽게 만들 수 있다. 현재 대기업의 HCI Human Computer Interaction 전담 분야에서 인간과 컴퓨터의 상호작용을 전문적으로 다루고 있는 것도 이 분야의 잠재성이 어느 정도인지를 미리 알 수 있는 대목이다.

이외에도 스포츠, 법, 광고, 학교 등등 인간의 심리적 요인을 고려해야 하는 분야라면 심리학이 골고루 응용될 수 있다. 당연히 종교도 심리학 응용분야의 예외가 될 수 없다. 어떻게 수행을 하는 것이 효과적인지, 어떻게 신도를 대해야 하는지, 어떻게 하면 좀 더 받아들이기 쉽게 교리를 설명할 것인지, 문제를 해결할 수 있는 창의적 지평에 어떻게 설 수 있는지, 어떻게 명상으로 심리적 상처를 치유할 수 있는지, 어떻게 하면 중생을 심리적으로 편안하게 계도를 할 것인지 등등 심리학의 응용 부분은 무궁무진하다.

<상담심리학>이나 <인지심리학> 등 주요 심리학 분과의 이름
을 제목으로 한 개론서들은 추천 목록에 포함시키지 않았다. 그
종류가 워낙 많고, 대학교재로 쓰이고 있으며 서점 등에서 검색
이 쉽기 때문이다. 본 추천도서 36권은 일반적으로 검색을 하기
힘들거나 좋은 내용을 담고 있음에도 불구하고 제목에서 그 뜻
을 유추하기 힘든 경우를 고려하여 우선적으로 선정했다. 책의
제시 순서는 저자가 생각하기에 심리학 입문자가 보면 좋을 수
준별로 선정한 것이다. 하지만 자신의 관심에 따라 순서를 무시
하고 자유롭게 보는 것이 더 좋을 수도 있다. 심리학을 잘하기
위해서는 우선 즐기는 것이 가장 중요하니 말이다.

> 본 부록은 독자의 심리학 심화공부를 돕고 특히 불교지도자인 스님들의 교양
> 필수 교과서에 따르는 참고자료로 쓰기 위한 필자의 순수한 목적으로 구성하
> 였으며, 소개된 책의 저자나 출판사와는 무관함을 밝힌다.

생활 속의 심리학

서창원, 민윤기 지음 | 시그마프레스

● 딱딱한 개론서가 아니라 일반인이 일상생활 속에서 일어나는 현
상을 심리학적으로 해석하고 이해할 수 있는 구성이 돋보이는 책이
다. 심리학에 대한 이해를 좀 더 넓게 하고 싶은 독자는 이런 종류의
입문서를 보는 것이 좋다. 각 장에서 흥미 있는 것을 골라 나중에 전
문 전공도서를 선택해서 봐도 좋다. 각 장에 인용된 학자 이름을 검
색해서 논문이나 책을 찾아보면 심도 있는 공부를 할 수도 있다.

심리학과 삶

필립 짐바르도, 리차드 게릭 지음 / 박권생 옮김 | 시그마프레스

● 실생활과 관련된 심리학 이론을 중심으로 책을 구성했다. 왜 사
람들은 두려움을 싫어하면서도 공포영화를 관람하러 가는지, 왜 어
떤 사람들은 매운 고추를 좋아하는데 또 어떤 사람들은 매운 것을

입에도 못 대는지, 왜 사람들은 똑같은 말을 듣고도 서로 다르게 이해하는지 등등 일상생활에서 겪게 되는 다양한 경험을 과학적인 방식으로 설명한다.

현대 심리학사

제임스 굿윈 지음 / 박소현 외 옮김 | 시그마프레스

● 역사적 뿌리를 안다면 해당 학문의 이해에 도움이 되는 법이다. 철학 등에서 이어진 심리학의 역사를 전체적으로 훑어보고 싶을 때 좋은 책이다. 비교적 쉽게 내용 구성이 되어 있어 입문자에게 적당하다.

심리학을 변화시킨 40가지 연구

로저 R. 호크 지음 / 유연옥 옮김 | 학지사

● 심리학 교과서에 많이 인용되는 연구 40개를 선정해서 요약하고 정리한 책이다. 번역투의 문장에 대한 거부감이 있는 경우라면 읽기 힘들 수 있다. 하지만 그런 단점에도 불구하고 이 책에 소개된 연구를 접하다 보면 과학으로서의 심리학에 대한 이해를 더 넓힐 수 있는 장점이 있다.

심리학의 오해

K. E. 스타노비치 지음 / 신현정 옮김 | 혜안

● 오해를 수정하는 것으로도 이해를 할 수 있다. 이 책은 심리학에 대한 오해와 편견을 불식시켜 심리학에 대한 이해를 돕는 책이다. 심리학뿐만 아니라, 비판적 사고나 인간의 문제에 관심을 가지고 있다면 한번 읽어볼 만한 책이다.

스키너의 심리상자 열기:
세상을 뒤바꾼 위대한 심리실험 10장면

로렌 슬레이터 지음 / 조증렬 옮김 | 에코의서재

● 인간 본성에 대한 기존의 개념을 완전히 뒤엎었던 20세기의 가장 놀라운 심리실험과 그 연구 결과를 정리하고 있다. 이 책에는 20

무릎을 탁치는
심리학 이야기

세기 심리학 발전에 지대한 공헌을 한 천재적인 심리학자, 정신의학자 10사람의 이야기가 나와 있다. 어렵지 않고 흥미진진하게 이야기를 풀어낸 것이 가장 큰 장점이다.

당신의 고정관념을 깨뜨릴 심리실험 45가지

더글라스 무크 지음 / 진성록 옮김 | 부글북스

● 심리학의 고전이 된 실험들 중 필수적인 연구만 모아놓은 책이다. 연구 주제 선택과 실험, 이론화 과정을 하나의 이야기로 풀어낸 교양서이다. 심리학 연구의 발전 과정을 살펴볼 수 있다.

심리학의 즐거움

크리스 라반, 쥬디 윌리암스 지음 / 김문성 옮김 | 휘닉스

● 두꺼운 책이지만 내용은 이야기식으로 구성되어 쉽다. 심리학의 전반적인 내용이 담겨져 있다. 전체를 통독하는 것도 좋지만 부담이 된다면, 중간에 자신이 마음에 드는 부분을 골라서 읽어도 좋다.

아내를 모자로 착각한 남자

올리버 색스 지음 / 조석현 옮김 | 이마고

● 인간의 뇌가 얼마나 신비한지를 알 수 있게 해주는 책이다. 기이한 신경장애를 겪고 있는 환자들의 기적과도 같은 감동적인 삶을 신경학자의 전문적 식견과 따뜻한 시선으로 조명해내었다. 이 책의 저자인 올리버 색스는 '신경학계의 계관시인'이라는 별명을 갖고 있다. 따뜻한 문체 속에 번득이는 통찰을 보는 재미가 대단하다.

스피노자의 뇌 :
기쁨, 슬픔, 느낌의 뇌과학양장

안토니오 다마지오 지음 / 임지원 옮김 | 사이언스북스

● 20세기 들어 마음은 어떻게 만들어지는가, 마음은 어떻게 작용하는가 등 마음의 문제까지도 진화생물학과 신경생물학 등에서 활발히 다루어지기 시작했다. 하지만, 느낌과 감정, 정서만은 여전히

과학의 영역으로 편입되지 못한 채 철학적 담론에 머물러 있었다. 이런 한계를 극복하고자 뇌과학 분야 최고 권위자인 안토니오 다마지오는 새로운 통찰을 이 책을 통해 정리하고 있다. 그는 느낌과 감정, 정서가 우리 마음의 토대를 이루고 있으며, 이들 또한 마음과 마찬가지로 과학적 연구의 대상이 될 수 있음을 주장한다. 이 책에는 그의 주장을 지지하는 최신 뇌과학적 연구 성과와 실제 임상 사례 등이 나온다. 느낌과, 감정, 정서의 본질에 관심이 있는 독자는 일독할 것을 권한다.

라마찬드란 박사의 두뇌 실험실 :
우리의 두뇌 속에는 무엇이 들어 있는가?

빌라야누르 라마찬드란, 샌드라 블레이크스리 지음 / 신상규 옮김 | 바다출판사

● 〈뉴스위크〉가 센추리클럽(가장 주목해야 할 21세기 뛰어난 인물) 100인 가운데 한 명으로 선정한 세계적인 신경과학자 라마찬드란. 그는 환자들의 이상행동은 뇌 손상이 가져온 당연한 현상임을 증명해 보인다. 라마찬드란은 최고 권위자로서 현재의 뇌과학의 현주소를 솔직하게 이 책에 소개하고 있다. 무분별한 뇌과학 교양서를 비판적으로 볼 수 있는 지침을 이 책을 통해 얻을 수 있다.

딥스 :
자아를 찾은 아이

버지니아 M.액슬린 지음 / 주정일 · 이원영 공역 | 샘터

● 아동심리 치료의 영원한 고전이라는 평가를 받고 있는 책이다. 마음에 깊은 상처를 안고 있던 어린이가 자신 속에 있는 건강하고 강인한 성품을 발견해 가는 과정을 담고 있다. 한 편의 소설을 읽는 듯한 기분을 느끼게 하는 심리학서이다.

어린 시절 상처가 나에게 말한다

울리케 담 지음 / 문은숙 옮김 | 펼침

● 심리치료에서는 '내면 아이'의 문제를 중요시한다. 이 책은 내면 아이의 중요성을 알게 해주는 좋은 책이다. 겉모습은 성인이지만 어

린아이처럼 느껴지는 사람이 주변에 있을 것이다. 혹은 자기 자신이 그렇게 느껴질 수 있다. 이것은 어린 시절의 상처에서 비롯되었을 가능성이 있다. 가정상담 치료사인 저자는 이 책을 통해 자신의 어린 시절을 심도 있게 바라보는 것과 내면의 목소리와 대화하는 방법들을 알려주고 있다.

비폭력 대화 :
일상에서 쓰는 평화의 언어, 삶의 언어

마셜 B.로젠버그 지음 / 캐서린 한 옮김 | 바오

● 어떤 기관에 가서 직접 상담을 하게 될 경우 처방을 받을 수 있는 내용이 잘 정리된 책이다. 이 책은 우리가 의식적이든 무의식적이든 일상적으로 사용하고 있는 폭력적인 대화를 극복하고자 만들어졌다. 모두 13장으로 구성된 이 책은, 각 장에서는 비폭력 대화의 개념을 쉽게 이해할 수 있는 설명과 함께 일상생활에서 활용할 수 있는 지침과 사례들이 상세하게 수록되어 있다. 이 책에서 제시하고 있는 비폭력 대화방법을 쉽게 익혀서 활용할 수 있다는 장점이 있다. 사람들에게는 더 친밀한 관계를 형성하는 데 도움이 되고, 가족, 학교, 조직과 기관들, 상담과 치료에 또는 어느 상황에서나 일어날 수 있는 갈등과 분쟁 해결에도 사용할 수 있다.

피해의식의 심리학 :
피해자의 역할에서 벗어나는 법

야야 헤롭스트 지음 / 이노은 옮김 | 양문

● 삶을 살다 보면 상처를 받게 된다. 그러나 어떤 사람은 그것을 극복하고, 어떤 사람은 주저앉는다. 이 책은 한번 빠지면 탈출하지 못하고 거미줄에 걸린 듯 무력하게 버둥거릴 수밖에 없는 피해자 역할에 대한 심리를 다루고 있다. 저자는 이러한 무의식을 바깥으로 끌어내어 피해의식을 극복하는 방법들을 제시한다. 또한 트레이닝을 통해 자신의 피해의식을 구체화시키는 기술을 알려준다. 세상이 항상 자신에게 상처를 준다고 생각하는 사람을 위한 책이다. 상담자로서 그런 피해의식을 가진 사람에게 조언을 할 때도 필요한 정보를 담고 있다.

사람은 왜 만족을 모르는가? :
원하는 것을 가져도 늘 부족한 사람들의 7가지 심리 분석

로리 애슈너, 미치 메이어슨 지음 / 조영희 옮김 | 에코의서재

● 무언가를 성취해도 늘 무언가가 불만족스럽고 불안한 사람들이 있다. 기쁜 일이 생겨도 애써 자신은 행복하지 않다고 강박관념에 스스로 사로잡히는 사람들. 이들은 '만성 불안정 증후군'에 빠진 사람들이다. 현대인들은 이 증후군에 빠져 있는 듯하다. 이 책은 만성 불안정 증후군에 빠진 이들을 위한 심리분석서이다. 자포자기, 완벽주의, 희생양 콤플렉스, 기분저하증, 비교 콤플렉스 등의 구체적인 사례를 제시하고 그 증상과 대처법을 소개하고 있다.

심리 게임 :
교류 분석으로 읽는 인간관계의 뒷면

에릭 번 지음 / 조혜정 옮김 | 교양인

● 인간은 참 오묘한 존재이다. 경험을 하면서도 계속 바보같은 짓을 하니 말이다. 이 책은 그런 현상을 계속 보여주는 심리적 이유가 무엇인지를 소개한다. 저자는 이 책에서 '알코올 중독자' 게임을 비롯하여, '당신만 아니었으면', '나 좀 차주세요', '당신 때문이야', '너 이번에 딱 걸렸어', '받아가보시지' 등의 실제 사례를 들어가며 무려 100여 가지의 심리적 이유를 소개한다. 이 책을 읽고 개인적 고립에서 벗어나 다른 사람과 진정한 교류를 하는 대인관계를 하게 되기를 바란다.

사람의 마음을 사로잡는 6가지 불변의 법칙 :
설득의 심리학

로버트 치알디니 지음 / 이현우 옮김 | 21세기북스

● 사회심리학자인 저자는 사람들이 생각지도 않았던 잡지를 정기구독 한다거나 턱없이 비싼 옷을 선뜻 사버리고 나서 후회하는 이유를 궁금해 했다. 그래서 어떻게 설득을 당하고 순응을 하는지에 대한 불변의 법칙을 찾게 되었다. 이 책은 다른 사람이 베푼 호의를 그대로 갚아야 한다는 강박관념이 작용하는 상호성의 법칙, 말이나 행동에 일관성을 보여야 한다는 부담을 느낀다는 일관성의 법칙,

예쁘면 모든 것이 용서된다는 호감의 법칙 등 인간심리를 여실히 보여준다. 실생활에서 응용할 이야기가 많이 들어가 있다. 속편으로 나온 『설득의 심리학2』에는 설득의 구체적 기술 50가지가 들어가 있다. 두 책 중 어느 한 권을 봐도 무방하다.

우리는 어쩌다 적이 되었을까? :
평범한 인간에게 숨어 있는 괴물의 그림자, 증오

로버트 J. 스턴버그, 카린 스턴버그 지음 / 김정희 옮김 | 21세기북스

● 사랑에 대한 삼각형 이론으로 유명한 미국 터프츠대학교 심리학 교수 로버트 J. 스턴버그가 '증오'의 본질에 관해 서술한 책이다. 이 책을 통해 스턴버그는 사랑과 증오의 비슷한 본질에 대한 통찰을 보여주고 있다. 왜 인류사에 끔찍한 학살과 증오가 끊이지 않는지. 평화를 이야기하는 종교 간에도 왜 증오가 생기는지를 설명하고 있다. 증오의 원인과 결과, 치유 방안을 알고 싶은 독자는 꼭 읽어보기 바란다.

디자인과 인간심리 :
인간 중심의 디자인을 위한 생활용품의 심리학

도널드 노먼 지음 / 이창우 등 옮김 | 학지사

● 일상생활에서 흔하게 접할 수 있는 사물들 속의 심리학적 원리를 설명한 책이다. 디자인을 전공하지 않는 일반인도 사물을 새로운 시각으로 바라볼 수 있도록 만드는 책이다. 또한 생활 주변에서 겪게 되는 여러 가지 실수나 사고의 배후에 있는 심리학적 원리들을 여러 사례를 통해 쉽고 재미있게 소개한다.

눈먼 시계공

리처드 도킨스 지음 / 이용철 옮김 | 사이언스북스

● 진화론이 인간과 자연에 대한 통찰을 어떻게 바꿔 놓을 수 있는지를 알려주는 책이다. 이 책의 제목으로 사용된 〈시계공(watchmaker)〉이라는 말은 19세기 신학자인 페일리의 논문에서 따온 것이다. 이 논문에 따르면 시계공의 의도대로 시계가 만들어지듯이 이 세계 또한

신의 의지대로 창조되었다. 하지만 다윈이 발견한 〈자연선택〉에 따르면 모든 생명체의 형태와 그들의 존재에는 어떠한 계획이나 의도 따위는 들어 있지 않다. 저자는 풍부한 예와 비유를 통해 진화론을 옹호하면서, 만약 어느 누군가가 자연의 시계공 노릇을 한다면 그는 〈눈먼 시계공〉일 것이라고 주장한다. 리처드 도킨스의 주장은 신의 오묘한 자연 설계를 강조한 기독교 신자들의 반대에 부딪혔다. 그렇다면 저자의 진화론적 주장이 불교계에는 어떤 파장을 줄 수 있을까?

마음은 어떻게 작동하는가

스티븐 핑커 지음 / 김현명 옮김 | 소소

● '빈서판 이론'으로 인간의 본질에 대한 기본 가정을 뒤흔든 세계적인 인지과학자인 스티븐 핑커의 교양서이다. 그는 이 책에서 마음이란 무엇이고, 어떻게 진화했으며, 마음을 통해 우리가 어떻게 보고, 생각하고, 느끼고, 웃고, 교류하고, 예술을 즐기고, 인생의 신비를 음미하는지를 설명한다. 이 책은 진화심리학을 바탕으로 신경과학에서부터 경제학과 사회심리학에 이르는 다양한 분야들을 깊이 있게 통찰하고 있다. 종합적 지식이 무엇인지 확인할 수 있다.

다윈 이후 :
다윈주의에 대한 오해와 이해를 말하다

스티븐 제이 굴드 지음 / 홍욱희, 홍동선 공역 | 사이언스북스

● '다윈의 해' 2009년을 맞아 도처에서 다윈 이야기가 봇물 터지듯 나왔다. 이는 우리나라뿐 아니라 전 세계적 현상이지만, 그 결과물은 만족스럽지 않았다. 이 책은 '다윈 붐' 속에서 다윈 사상의 핵심을 정확하게 집어내는 데 도움을 주는 과학 교양서의 고전이다. 그는 '단속 평형설'을 제시해 다윈 이후 100여 년간 진화 생물학자들을 곤혹스럽게 한 진화 과정상의 단절을 설명했으며, 다윈의 사상이 과학사적으로 어떻게 발전했는지를 해명하고, 에드워드 윌슨의 사회 생물학, 분자 생물학자들의 유전자 결정론 등이 범할 수 있는 과학주의적 오류를 과학자의 입장에서 비판해 진화 생물학의 논의를 심화시켰다. 이 책은 과학 대중서 작가와 학자로서의 저자의 능력을 맘껏 보여주는 역작이다.

개성의 탄생 :
나는 왜 다른 사람과 다른 나인가

주디스 리치 해리스 지음 / 김미경 옮김 | 동녘사이언스

● 주디스 리치 해리스는 "무엇 때문에 사람들은 개성과 행동이 다른가?"라는 질문을 한다. 이 질문은 단순히 본성이냐, 양육이냐에 관한 것이 아니다. 즉, 같은 유전자를 지니고 같은 부모에게서 자란 일란성 쌍둥이조차도 개성이 다르기 때문이다. 이 질문에 답하기 위해 탐정이 된 저자는 과학의 샛길을 다니면서 단서를 찾는다. 사회심리학의 고전적 실험에서부터 최근의 신경과학에 이르기까지, 쌍둥이와 자폐아에 대한 연구에서부터 침팬지와 새와 개미에 대한 연구에 이르기까지 전 방향에서 접근한다. 저자가 찾은 해답은 프로이트 이후 개성에 대한 가장 독창적인 것이다. 진화심리학에 바탕을 둔 저자는 한편으로 우리 모두를 똑같이 만드는 것들이, 다른 한편으로는 우리 모두를 다르게 만든다고 주장한다.

성격의 탄생 :
뇌과학, 진화심리학이 들려주는 성격의 모든 것

대니얼 네틀 지음 / 김상우 옮김 | 와이즈북

● 이 책은 외향성, 신경성, 성실성, 친화성, 개방성의 5대 성격 특성을 기본 틀로 하여 수많은 사람들의 라이프스토리와 과학적 연구를 토대로 성격의 특징을 살펴본다. 책 속에 독자 스스로 자신의 성격을 진단할 수 있도록 '성격진단표'를 첨부해 놓았다. 저자는 인간 성격을 규명하는 다양한 심리 실험과 뇌과학 이야기도 다루고 있다. 과학적인 통찰력으로 성격의 잠재력과 위험요인을 지적함으로써, 자신의 성격을 이해할 수 있도록 도와주는 책이다.

정서란 무엇인가?

제롬 케이건 지음 / 노승영 옮김 | 아카넷

● 최신 심리학은 인간의 정서에 집중하고 있다. 그러나 정서에 대한 과학적이고 학문적인 연구 결과를 담은 책은 부족하다. 이 책은 현재 나온 정서 연구의 종합판이라고 할 수 있어 해당 지식에 목말라 있는 독자가 참고할 만하다. 저자인 제롬 케이건 하버드대 석좌

교수는 발달심리학계의 대가이다. 400여 편에 이르는 논문을 쓴 그
는 이 책을 통해 정서에 대한 우리의 잘못된 상식과 무지를 일깨워
준다.

프레임 :
나를 바꾸는 심리학의 지혜

최인철 지음 | 21세기북스

● '프레임(Frame)'은 심리학에서 '세상을 바라보는 마음의 창'을
의미한다. 어떤 문제를 바라보는 관점, 세상을 관조하는 사고방식,
세상에 대한 비유, 사람들에 대한 고정관념 등이 모두 여기에 속한
다. 인지심리학의 주요 주제이기도 한 판단과 결정의 분야에서 프레
임이 차지하는 비중은 상당하다. 저자 최인철 교수는 착각과 오류,
오만과 편견, 실수와 오해가 '프레임'에 의해 생겨남을 보여주면서
극복방법도 제시한다.

확신하는 그 순간에 다시 생각하라

시드니 핀켈스타인 등 공저 / 최완규 옮김 | 옥당

● 심리학과 경제학의 접경 지대에 있는 행동경제학을 쉽게 풀어 쓴
책이다. 유능하고 현명하게만 보이는 경영자와 정치인, 각 분야에
서 단연 으뜸으로 꼽히는 전문가들이 어처구니 없는 실수를 저지르
게 되는 이유가 무엇인지를 분석한다. 저자는 판단 오류가 인간이
결정을 내리는 과정에서 두뇌가 익숙한 패턴을 인식해 사고하기 때
문에 발생한다고 주장한다. 판단 오류의 원인을 안다고 상황이 잘
나아지지 않는 이유까지 확인할 수 있다. '부처님 손바닥 안의 손오
공'이 생각나는 장면이 많이 있다.

생각의 함정 :
무엇이 우리의 판단을 지배하는가

자카리 쇼어 지음 / 임옥희 옮김 | 에코의서재

● 의사결정을 앞두고 흔히 빠지게 되는 7가지 인지함정의 심리적
실체를 유형별로 분석하고, 사고의 전개 과정과 문제해결 방식을

역사적 사건을 통해 소개한 책이다. 저자는 우리가 극복해야 할 7가지 인지함정으로 노출 불안, 원인 혼란, 평면적 관점, 만병통치주의, 정보집착, 거울이미지, 정태적 집착 등을 소개하고 있다. 저자에 따르면 우리가 커다란 실책을 저지르는 핵심 원인은 문제에 접근하고 해결하는 사고방식과 관련이 있다. 이는 지능지수가 아니라 인식의 문제임을 강조하고 있다.

거짓말의 진화 :
자기정당화의 심리학

엘리엇 애런슨, 캐럴 태브리스 지음 / 박웅희 옮김 | 추수밭

● 사회심리학자 엘리엇 애런슨과 캐럴 태브리스가 인지부조화 이론에 입각하여 자기정당화의 심리적 메커니즘을 설명한다. 사이비 종교와 각종 상술 등 속임수와 거짓말과 변명이 번성하는 사례와 그 이유, 그리고 해결책까지 명쾌하게 설명하고 있다. 세상의 거짓에 대해서 정확한 인식과 대처 방법을 알려주는 책이다.

긍정 심리학

마틴 셀리그만 지음 / 김인자 옮김 | 물푸레

● '학습된 무기력' 이론을 만든 마틴 셀리그만이 방향을 180도 수정해서 긍정적인 측면을 강조한 책. 심리학 전체의 흐름이 어떻게 바뀌고 있는지, 앞으로 어떻게 바뀔지를 확인할 수 있다. 행복에 대한 철학적 성찰뿐만 아니라 구체적인 심리학적 처방을 받을 수 있다.

행복에 걸려 비틀거리다

대니얼 길버트 지음 / 최인철 등 옮김 | 김영사

● 긍정심리학의 권위자인 대니얼 길버트가 특유의 유머 감각을 발휘해서 쓴 행복지침서이다. 행복은 왜 우연히 찾아 올 수밖에 없는지를 과학적인 연구와 생활적 사례를 통해 이야기하고 있다.

마음 vs 뇌 :
마음을 훈련하라! 뇌가 바뀐다

장현갑 지음 | 불광출판사

● 저자는 심리학 박사로서 서울대학교 심리학과 교수와 한국심리학회 회장 등을 역임했다. 그리고 현재 영남대학교 명예교수와 가톨릭 의과대학 외래교수로 재직하고 있는 남다른 경력을 갖고 있다. 자신의 연구 경험을 바탕으로 이 책에서 독특한 통찰을 보여주고 있다. 저자는 뇌와 마음의 관계는 일방통행이 아니라 쌍방향으로 이뤄진다는 것에 주목할 것을 주장하고 있다. 이를 위해 저자는 마음 훈련을 통해 뇌와 몸을 바꾼 사례들을 제시한다. 수많은 사례와 연구 결과를 통해 자세히 소개하고 있으며, 치유를 위한 마음수련을 강조하고 있다.

생각의 지도 :
동양과 서양, 세상을 바라보는 서로 다른 시선

리처드 니스벳 지음 / 최인철 옮김 | 김영사

● 리처드 니스벳은 미국 미시간대 심리학과 석좌교수이다. 그리고 그는 동서양의 차이에 대한 연구에 주목해왔다. 저자는 이 책을 통해 그동안 우리가 막연하게 알고 있던 동양과 서양의 사고방식 차이를 실험을 통하여 증명하고 있다. 동양인은 애니메이션을 보여줄 때에도 전체와 부분이라는 관계 속에서 사물을 파악하지만 서양인은 사물 그 자체를 파악한다. 동양인은 같은 갈등 이야기를 들을 때 조화를 중시하며 융화를 주장하지만 서양은 양자택일의 논쟁문화로 자신의 의견을 제시한다. 이러한 근본적인 사고방식의 차이가 동·서양의 경제, 사상, 교육 전 분야에 걸쳐 차이를 보여준다. 그는 이러한 과학적 실험을 통하여 두 가지의 극명하게 다른 문화가 충돌하거나 어느 한 쪽이 소멸되는 것이 아니라 중간지점을 찾아갈 것이라고 주장한다. 그리고 독자들에게 다른 세상의 사람들이 가진 새로운 시각을 이해하도록 유도하는 것이 이 책의 가장 큰 장점이다.

붓다의 심리학

마크 엡스타인 지음 / 전현수 등 옮김 | 학지사

● 불교의 명상 등의 수련 방법이 어떤 심리치료적 효과를 가질 수 있는지를 분석한 책이다. 저자는 20년 이상 불교와 심리치료의 연결점을 찾았고 그 결과를 이 책에 쏟아 놓았다. 저자인 마크 엡스타인은 정신과 전문의이자 정신치료자로 하버드 의대를 졸업했다. 하버드 의대 재학 당시부터 남방불교를 접했으며 지금까지 정신치료와 불교명상을 통합하여 환자를 치료하고 있다. 마음이 아픈 사람들을 다루는 방법에 대한 새로운 통찰을 얻을 수 있을 것이다.

앎의 나무

움베르또 마뚜라나 · 프란시스코 바렐라 지음 / 최호영 옮김 | 갈무리

● 비록 저자는 강조하지 않았지만, 불교적 세계관이 들어가 있는 책이다. 저자는 "무릇 '함' 이 '앎' 이며, '앎' 이 곧 '함' 이다. '삶' 이 곧 '앎' 이다"라고 하는 화두에 가까운 주장을 한다.
신경생물학자 움베르또 마뚜라나와 프란시스코 바렐라는 이 책을 통해 삶과 앎의 근본과정에 관한 자신들의 이론을 소개한다. 그들의 이론은 생물학의 세계관뿐 아니라 우리의 전통적인 세계관까지 뒤엎고 있다. 인류 역사 속에서 특히 현인과 신비주의자와 철학자들이 주장해 온 주체와 객체의 통일, 나눌 수 없는 존재의 전체성이 이 책에서는 자연과학의 연구 성과를 바탕으로 증명된다.

● 마하통달 摩訶通達 스님

　그는 이른바 초기 신세대로 보통사람들이 보면 엉뚱할 정도로 생각이 튄다. 그렇지만 매사에 사고思考와 처신이 분명하여 경우에 벗어나거나 도리에 어긋나지 않는다. 또 순수하고 감정이 풍부하여 곧잘 자기감정에 빠져들기도 하는 천진한 면모를 갖고 있기도 하다. 성취동기가 높으며 불같은 호기심을 가지고 있고, 진리에 대한 뜨거운 열정을 가지고 있다. 또한 인류가 지금까지 축적한 모든 분야의 지적인 산물을 소중히 여겨 이해하려고 노력한다. 이지적이면서도 열정적인 인물이다.

　그는 출가하기 전 대학 학부에서는 심리학을 전공했고, 석·박사 과정에서는 인문학을 전공하여 인간학에 폭넓은 관심과 시야를 갖췄다. 그 밖에 사회과학이나 자연과학에도 진중한 관심을 가짐으로 그의 탐구적인 천성의 자질을 볼 수 있고, 특히 스포츠를 좋아하고, 배구는 고등학교 시절 지역대표 선수를 지내기도 했다. 한국 젊은이의 한사람으로서 의당 군軍의무를 마쳤고, 그후 대기업 광고회사에서 직장생활도 했다. 학부 때는 교내 불교 동아리의 회장 소임을 보느라 군 입대도 연기했었다. 출가 전에 『나는 누구인가』라는 책을 역출譯出하여 일찍이 인간 내면에 대한 깊은 관심과 이해를 위한 수행법을 찾았다.

이후 출가하여 스님으로서 거쳐야 할 한국불교의 전통적인 과정을 이수했다. 먼저 율원律院에서 출가자로서 몸에 익혀야 할 위의威儀를 닦았고, 이어 강원講院에서 한문漢文을 위주로 한 내전內典을 두루 공부한 뒤, 선원禪院으로 가서 10하夏 안거安居를 목숨 건 용맹정진으로 성만했다.

그는 현대인들의 고뇌와 질문에 불교적인 명쾌한 대답을 주기 위해 남방으로 가서 상좌부를 4년에 걸쳐 이론과 실제를 공부했으며, 다시 인도 다람살라로 가서 달라이라마 회하會下에서 티베트불교를 4년 동안 공부했다.

그는 현대인의 고뇌와 질문에 우리 불교가 명쾌하게 대답하기 위해서는 과학기술문명의 주인공인 현대인에게 알맞는 새로운 수행법을 제시해야 한다고 생각한다. 그 방법을 체득하기 위해 그는, 오로지 그 한 가지 일에만 매달렸다. 그러나 남방이나 북방, 티베트 등, 어느 쪽 수행에도 치우치지 않고 자신이 몸소 수행해서 겪어본 뒤 제

3의 수행법을 제시하고자 줄기찬 노력을 기울였다. 그 결과물이 행원수행 行願修行이다. 바로 이 점이 그가 부처님으로부터 계승한 대비구세 大悲救世의 정신이다.

그는 언어감각이 뛰어나고, 매사에 섬세하고 또한 대범하여, 업무를 통찰하는 판단능력이 탁월하다. 외모는 불교의 전형적인 선풍강골 禪風講骨이다. 일상에서는 유머가 넘치고 언제나 웃는 얼굴로 사람을 대한다. 주로 상대의 이야기를 경청하는 쪽이며, 타인에 대한 이해와 공감의 폭이 유난히 컸다. 따라서 질문자나 내담자는 그와 대화하는 것으로 이미 상담은 완성된 느낌이 들 정도였다. 이 점은 그를 처음 잠깐 스치듯 대하는 사람에게도 곧 친근감을 느끼게 하고 공경심을 일으키게 한다.

그는 자신이 하는 말과 글은 (무조건) 쉽고 (무조건)재미있되, 논리적으로 표현하려고 무진장 노력을 기울인다. 설법을 하든 대화를 하든 미리 생각을 하여 스스로를 잘 정리한다. 가끔 설법초청을 받으면 일주일 가량 준비할 정도다. 그의 주장인즉, 현대인들은 생존자체에 심한 스트레스와 고통을 받고 있기에, 또 다른 일로 스트레스와 고통을 받게 되면 생리적으로 그 일을 거부하거나 멀어진다고 보았다.

나아가 출가자는 '불교전문가'이기에 당연히 자기분야를 쉽고 재미있게 표현할 수 있는 능력을 충분히 갖추어야 세상에 대한 도리이며 의무이고, 상대에 대한 배려 내지 자비심의 출발이라고 주장한다. 결국 세상에 대한 연민과 깊은 고뇌가 출가자의 가슴에 있어야 한다는 말이다. 또한 위기에 처한 현재의 인류와 지구를 구할 불교적인 패러다임은 자성청정의 '연기·중도'라는 신앙심을 가슴에 간직하고 있다.

그는 세상이나 사물의 이치와 지식을 앞세우려는 것보다 마음의 이치와 뜻을 알아 실천하므로 언행에 막힘이 없다. 또한 문화예술에 대한 이해와 관심이 깊고, 무엇보다 인간의 존재와 그 존재의 궁극적이고 현실적인 삶의 양식인 '자유와 평화'에 지대한 관심을 가지고 있다. 인류가 축적한 지식체계를 더욱 발전시켜, 올바른 방향으로 나아가려면 인생과 우주의 근원인 마음을 밝히는 불교의 이법과 진리성의 예지력을 바탕으로 삼지 않으면 안 된다는 신념으로 살고, 부처님 대비구세의 한국적인 계승의 대각행원구국구세를 사상토대로 한 우주적인 사고의 틀을 형성하고 있다. 이는 시간·공간의 무시무종을 바탕으로 하는 '불교우주관'의 확립이기도 하다. 그는 인간 탐진치의 결과물인 병든 지구를 살리려는 깊은 고뇌를 가지고 있다. 그 대안으로 불교적인 이념을 퍼뜨리려 노력한다. 그는 출가수행자로서 신분에 맞게 모든 사회적인 문제를 불교 안에서 답을 찾아 제시하려고 한다.

그는 무엇보다 불교의 핵심인 '자유와 평화'를 실현하기 위해 고뇌하고 정진하는 우리사회의 대표적인 정신지도자며, 21세기 한국을 대표하는 불교사상가이고, 법의 증거자가 되며 보살행의 중심이 되어야 할 출가자의 표상과도 같은 '스님 지성인'이다.

통달通達은 그의 법명法名이며, 금강경에서 얻은 이름이다. 마하摩訶

는 법호法號이고, 반야심경에서 얻었다. 법호인 마하는 '크다, 넓다'
의 뜻이지만, 대對의 언어사량을 넘어선 말이다. 세속에서는 음속을
넘어선 속도를 나타내는 말로도 쓰인다. 도반이나 지인들에게나 네
티즌들에게 통하는 별명은 '맘짱'이다.